陈久金 编著

歷史紀年表

——中朝日越四国

公元前二〇七〇年—公元一九四九年

第2版

群言出版社
QUNYAN PRESS
·北京·

图书在版编目（CIP）数据

中朝日越四国历史纪年表 / 陈久金编著 . -- 2 版（修订本）. -- 北京：群言出版社，2020.9
ISBN 978-7-5193-0510-9

Ⅰ. ①中… Ⅱ. ①陈… Ⅲ. ①中国—通史—历史年表②朝鲜—通史—历史年表③日本—通史—历史年表④越南—通史—历史年表 K108 ⑤中国—历史年表⑥朝鲜—历史年表⑦日本—历史年表⑧越南—历史年表 Ⅳ. ① K300.8

中国版本图书馆 CIP 数据核字（2018）第 302958 号

策划编辑：盛利君
责任编辑：李　群
特约编辑：闻立鼎
封面设计：李士勇

出版发行：群言出版社
地　　址：北京市东城区东厂胡同北巷 1 号（100006）
网　　址：www.qypublish.com（官网书城）
电子信箱：qunyancbs@126.com
联系电话：010-65267783　65263836
经　　销：全国新华书店

印　　刷：北京柏力行彩印有限公司
版　　次：2020 年 9 月第 2 版　2020 年 9 月第 1 次印刷
开　　本：880mm × 1230mm　　1/32
印　　张：11.75
字　　数：310 千字
书　　号：ISBN 978-7-5193-0510-9
定　　价：49.80 元

谨向对《中朝日越四国历史纪年表》的编辑出版给予无私帮助和指教的下列各位先生表示敬意和感谢

（以姓氏笔画为序）

丁原植　台湾辅仁大学哲学系教授、博士生导师

万辅彬　广西民族大学（原广西民族学院）原副校长、教授

王　尧　中央民族大学藏学研究院名誉院长、博士生导师

王　巍　中国社会科学院考古所所长、研究员、博士生导师

王卫平　苏州大学社会学院院长、教授、博士生导师

王荣彬　北京市科学技术委员会副主任、研究员

王晓秋　北京大学历史系教授、博士生导师，中外关系史研究所所长

王绶琯　中国科学院院士，中国天体物理学家。历任中国科学院北京天文台研究员、台长、名誉台长，曾任中国科学院数学物理学部主任、中国天文学会理事长等

仇士华　中国社会科学院考古所博士生导师、所学术委员会委员，国家重点项目“夏商周断代工程”首席专家

邓文宽　国家文物局文物研究所研究员

龙村倪　台湾综合研究院二所原所长、高级研究员

田　松　北京师范大学哲学与社会学学院科技哲学研究所教授

冯锦荣　香港大学中文系教授，香港大学亚洲研究中心管理委员会委员、研究员兼传统中国研究项目主席

刘华祝　北京大学历史系教授，中国秦汉史学会理事

刘晓群　北京天文台副台长

余太山　中国社会科学院历史研究所中外关系史研究室主任、研究员

杜升云　北京师范大学天文系教授

杨怀中　宁夏社会科学院名誉院长、研究员、《回族研究》主编

吴松弟　复旦大学历史地理研究所教授、博士生导师

张明昌　南京炮兵学院信息系教授，国际天文学联合会、中国天文学会会员，紫金山天文台客座研究员

张培瑜　南京市紫金山天文台研究员、博士生导师

李伯谦　北京大学考古系教授、博士生导师，北京大学考古系原主任

李学勤　清华大学文科高等研究中心主任、国际汉学研究所所长、历史系/思想研究所教授，中国社会科学院古代文明研究中心主任、国际欧亚科学院院士

李晓岑　北京科技大学冶金与材料史研究所研究员、博士生导师

李维宝　云南天文台副研究员

李朝远　上海博物馆研究员、副馆长

李锡厚　中国社会科学院历史研究所研究员

汪前进　中国科学院自然科学史研究所副所长、研究员、研究室主任

陈祖武　中国社会科学院学部委员，历史研究所所长、研究员、博士生导师，所学术委员会主任

陈智超　中国社会科学院历史所研究员、博士生导师

何培忠　中国社会科学院国外中国学研究中心副主任、研究员

郭世佑　中国政法大学学位评定委员会副主席、历史研究所所长、教授、博士生导师

席泽宗　中国科学院院士，国际科学史研究院院士，国际欧亚科学院院士。中国科学院自然科学史研究所研究员、前所长

目录

出版说明

历史纪年表，是每个想了解历史、研究历史的人所必备的重要工具书。要了解朝代政权的变迁以及丰富多彩的历史文化，必须具备准确的历史年代知识。群言出版社在历法和天文史专家陈久金先生十数年呕心沥血创作的基础上，历经数年，反复推敲，编辑加工，终于向广大读者奉献出这本最新最详尽的《中朝日越四国历史纪年表》。

《中朝日越四国历史纪年表》最大的优点是在编排上汲取了以往历史年表的长处，补正了其不足，并将国家“九五”期间重点攻关项目“夏商周断代工程”的重要成果吸收进此书，将中国有纪年的历史由西周共和元年上推至约公元前2070年夏王朝建立之初。而有确切纪年的历史也上推到了殷商晚期。同时，为了方便广大读者了解数千年中国与东亚近邻在政治、经济、文化等方面频繁交流的历史，本书也收入了朝鲜、日本和越南的历史纪年。

这是一本迄今为止最为详尽的历史纪年表。它以历代中国中央政府纪年为主体，兼及地方政权和少数民族政权的兴替纪年，时间跨度最长、涉及范围最广。

历史年表，尤其是四国历史并列的年表这样的工具书，无论是作者的编制，抑或出版社的编辑设计加工，都是一项非常复杂细致的工作。为了使内容及编排更精确、科学、合理，为了对广大读者负责，在编辑过程中，我们和作者一起，聘请了国内数十位包括院士在内的著名历史、考古、天文历法及其他相关学科领域的专家学者，帮助我们审定原稿及样书。专家学者们对本年表的出版给予了高度的评价，并以极大的热情认真审阅了全稿。特别让人感动的是席泽宗院士以及李学勤、廖育群、汪前进、陈祖武、商传、陈智超、王晓秋、梁志明、刘华祝、邓文宽、李晓岑等先生，为了帮助我们完善此书的内容，提高其质量，多次以电话、电子邮件、书信等形式，提出了许多极有见地的修改意见，甚至对年表内容不厌其烦地一条一条进行校核，不仅指出错误，还提供了很多重要参考资料。可以说，本书几乎每一页都倾注有他们的心血，洒有他们的汗水。

为了对各位专家学者给予的帮助和支持表示敬意和感谢，我们特将其名单列于书前，以志不忘。

群言出版社

二〇〇八年五月

序

李学勤

中国科学院自然科学史研究所陈久金先生编著的《中朝日越四国历史纪年表》一书，即将由群言出版社出版。这是一部内容精详，用途广泛，又非常便于查检的工具书，相信一经问世，就会风行，成为关注历史的广大读者案头必备。

中国和朝鲜、日本、越南都有久远的历史，朝代政权的变迁十分繁复，要了解其丰富多彩的历史文化，读其书而论其世，不能不对其历史年代有准确的知识。即使对其一人一事，情形也是如此。从而在中国的史学传统中，有所谓表谱之学，例如清代李兆洛的《历代纪元编》，曾经长期流行，正是由于在一定程度上适应了这方面的需要。

不少前辈学者关心过编制现代化的历史年表这一工作。大家知道，著名学者陈垣先生亲手编纂了《二十史朔闰表》和《中西回史日历》。我记得年轻时读书，总是离不开《二十史朔闰表》，手头的一本很快被翻破了。

事实上，以现代的形式和方法编写历史年表，尤其是不但在中国历史范围内力求完备精确，还要扩大到邻国朝鲜、日本、越南，以更好地满足读者，绝对不是一件简单的事。这项任务包含着许多研究性的因素，必须投入大量的心思和精力。

没有这样一种工具书，给大家造成很大的困难障碍。曾经有人做过先行的试探，据闻上世纪七十年末，山西省图书馆编印有《中国日本朝鲜越南四国历史年代对照表》，还有一种朱桂昌编的《中越朝日四国历史年表》，都罕见流传，我没有看到过。大家遇到必须查阅各国年代的问题，只能用日本、韩国出版的年表，像日本藤岛达朗、野上俊静的《东方年表》，韩国李铉淙的《东洋年表》等等。2005 年，湖南大学邓洪波先生编有《东亚历史年表》，是一本很好的书，不过是由台湾大学出版中心印行的，在我们这里不易找到。现在有了陈久金先生的《中朝日越四国历史纪年表》，不知有多少人将在学习和工作里得到帮助。

陈久金先生是天文历法史的专家，编著这部历史年表，正是他的优长。他是江苏金坛人，1964 年在南京大学天文系毕业后，到中国科学院自然科学史研究所（当时还称为研究室）任职，曾任副所长。自然科学史所曾经是我多年工作的历史所的一部分，互相关系密切，所以陈久金先生来了不久，我便有机会与他相识。1964 年的大事是“四清”，随后“文革”就开始了。陈久金先生在“文革”期间，没有放弃科学研究的壮志，他参加了“中国天文学史整理研究小组”，写出《中国天文学简史》《中国天文学史》这样的集体著作。引起我们惊异的是，“文革”刚刚终结的 1976 年，他便与民族学界结合，奔赴云南、西藏、新疆等少数民族地区深入考察，完成了一系列报告和论著。如席泽宗先生在 1993 年出版的《陈久金集》序中所说，“为中国天文学史的研究开辟了一个崭新的领域，在世界新兴的民族天文学这门新学科中做出了重要的贡献”。

1996 年，国家“九五”期间重点科技攻关项目“夏商周断代工程”启动，我与陈久金先生有更多合作的机会。他在“工程”的许多方面，特别是金文历谱等西周年代学研究中，起了非常重要的作用，促进了这一项目的进展。我们高兴地看到，陈久金先生在这部《中朝日越四国历史纪年表》中采用了“工程”的阶段性成果。

2007 年 12 月 25 日

于清华园寓所

前 言

陈久金

西周共和元年以前的纪年，史载不明，给开展中国上古史的研究造成很大的缺憾。正因为这样，中国学术界于 1996 年至 2000 年发起了“夏商周断代工程”的研究，组织了 200 名历史学、考古学、天文学和碳十四测年的专家进行联合攻关，取得了重要成果，将中国的历史纪年大大地向前推进了。笔者参加了这项断代研究。为了在历史纪年表中及时反映这一最新成果，我们编撰了这本新的中国历史纪年表。

历史纪年表，是了解历史具体沿革状况，从事历史研究工作的重要工具书，几乎一刻也不能离开它。中国历史纪年表，在社会上已见有多种编排方式。笔者认为，以方诗铭的《中国历史纪年表》（上海辞书出版社，1980 年。以下简称“方表”）较为具体且便于使用，故本纪年表大致采用方表的编排方式，以公元纪年带头，与干支、各帝王纪年相对应，一年一格，查阅起来一目了然。从资料来说，以陆峻岭、林干《中国历代各族纪年表》更为详尽，故本表吸收了陆表的许多资料。

这是一本迄今为止最为详尽的历史纪年表：1. 资料最为详尽，它以历代中国中央政府的纪年为主体，搜集了尽可能多的地方政权的纪年。2. 时间最为长久，以往中国的历史纪年一般始于公元前 841 年（西周共和元年），作者亲自参加了夏商周断代工程的研究，将最新的科研成果吸收到表中。3. 范围最广，不仅收载中国历史纪年，同时收载对应的朝鲜、日本、越南的历史纪年。

尽可能多地吸收容纳相对独立的地方政权于表中，是方表的一个特色。例如，表中记载了于公元1207年（南宋开禧三年）仅存在一个月便灭亡的吴曦政权，可谓细致。但我们又不得不指出它同时存在的相应比例严重失调的缺点，在记载吴曦这个历史上很少发生影响的政权的同时，却不记载在历史上建立政权长达数百年之久，发生过重大历史影响的匈奴、突厥、回鹘、薛延陀、西辽、北辽、哈密、吐鲁番、北元、鞑靼、郑成功等政权。方表虽然也刊载了吐蕃、高昌等纪年表，但不完整，例如，吐蕃有229年完整的纪年历史（617—846），方表仅载28年。本表补足了这些缺憾。

根据现存的历史文献，中国有完整明确历史纪年的时间可追溯至西周共和元年（公元前841年）。共和以前，仅留下一些不够完整并且存在矛盾的王年记载。为了尽可能地将历史纪年向前推进，国家自1996年至2000年开展了“夏商周断代工程”的研究，并且宣布了这项断代研究结果。本表吸收了其研究成果，将中国有纪年的历史上推到了约公元前2070年夏王朝建立之初。而有确切纪年的历史也上推到了殷商晚期。

中、朝、日、越是亚洲东部的近邻。在长达数千年的历史长河中，政治、经济、文化交流频繁。要了解、研究这四国的历史和交流，编制一份四国历史纪年对照表是不可或缺的。为了满足这一要求，本表同时收入朝鲜、日本、越南的历史纪年。

《中朝日越四国历史纪年表》在编撰过程中，主要参考了方诗铭的《中国历史纪年表》和陆峻岭的《中国历代各族纪年表》，还有万国鼎的《中国历史纪年表》和李崇智的《中国历代年号考》等也在参考之列。朝鲜、日本、越南的历史纪年，则主要参考了韩国李铉淙《东洋年表》和越南社会科学委员会编《越南通史》、陶维英《越南古代史》等，在校订少数民族纪年时，林干的《匈奴历史纪年表》和《突厥史》也有重要的参考价值。由于各种情况复杂，加之缺乏编表经验，本表肯定还存在错误和不足，欢迎批评指正。

修订版前言

陈久金

以往，笔者参加中国夏商周断代工程，在编撰《西周全文历谱》和《西周诸王王年》时采取互相迁就的态度，产生一些相互矛盾的结果，不能令人满意。《中朝日越四国历史纪年表》出版以后，笔者从历法的角度独立思考，撰《武王伐纣之年可以用科学的方法推定》和《对西周诸王王年的最终修正意见》。现正值群言出版社再版本书之际，笔者将以上两文附于书后，并在下文陈述修订意见。

公元前 1046 年作为伐纣之年，已有充分可靠的历史文献为依据推得，并得到当前史学界、科技界许多学者支持和赞同。在考古界和史学界，已有数十位学者公开表示支持前 1046 年为克商之年。科技界有美国人班大为，国家天文台赵永恒所推结果与前 1046 年一致。早先，紫金山天文台张钰哲、张培瑜虽没有明确表示前 1046 年为伐纣之年，但已著文明确肯定前 1046 年为备选之年。与此同时，他们并不赞同前 1027 年为克商之年。因为前 1027 年的有关日序明显不合。

笔者在新的论文中，首先考定被前人论定的十条宣王、幽王四要素齐全的青铜器于表一。由于宣王王年是已知的，利用张培瑜《中国先秦史历表》，可推得记载的王年和阴历日期。初吉、既生霸、既望、既死霸名称后面都载有固定的年月日干支。《中国先秦史历表》是用科学方法推定的，其精确度不小于一小时，是足够精密的，所以人们称其为合天历。

表一所得青铜器的日期，与前人所推金文历谱在性质上完全不同。

前人都只是试排性质。所得结果也只是试推性质。表一则不同。它可以明确显示出，该件青铜器的初吉、既生霸、既望、既死霸名称，干支名和阴历月名日序。只要前人对王世的分配是正确的，则其阴历日期就肯定正确。这一点很有用。可以不用论证，便可得知，该器的初吉、既生霸、既望、既死霸，日期的阴历日序，也就可以据此确定是什么历法。

在西周纪日中，常常用到朏这个名词。朏日是什么呢？《说文解字》曰："朏，月未盛之明也，从月出。《周书》曰丙午朏。霸，月始生，魄然也。承大月二日，承小月三日。"段玉裁注曰："《乡饮酒义》曰：月者，三日则成魄，从霸声，《周书》曰哉生霸。"正义云："前月大，则月二日生魄；前月小则三日始生魄，《白虎通》曰：月三日成魄，八日成光。已上皆谓月初生明为霸。"可见古注大多以生魄、生明为"霸"，与刘歆说不同。故古注从未有所谓四分月说。这里还特别指出，上月若是大月三十日，则此月二日为朏；上月若是小月二十九日，则该月三日为朏日。是二日还是三日为朏，与上月大月还是小月有关。

那么，西周使用的究竟是什么历法呢？其初一是朏日还是朔，可以确定吗？《修正意见》表一选载了十条前人已经基本论定是宣幽时期的四要素具全的记录，利用合天历表，便可看出这些纪录的可靠年代和日期。由此便可判断，所谓"四要素"在阴历月中的日期。由此一看便明白，宣王十七年"此鼎"既生霸为阴历三日。宣王十九年趋鼎既望为阴历十八日。宣王五年兮甲盘既死霸庚寅为阴历二十四日，颂鼎为阴历二十七日。由此可以看出，按"此鼎"和吴虎鼎既生霸可以是阴历初三和十日，非但第二周可称既生霸，第一周的初三日也可称既生霸。那么，所谓四分月说完全不成立，同时也可看出，既生霸、既死霸可以分布在上半月或下半月中的任何一天。

《先秦史历表》既可以称为合天历，那么，推得的表一究竟有什么意义呢？既称合天历，是据此推得的干支日序，与当时的天象基本相合。据此推得的阴历日期，虽然不能说与当时实际日期完全相合，但应该是大致相合的。例如，据表一，颂鼎之三年为宣王三年，前 825 年，五月戊申朔，既死霸二十七日；兮甲盘为宣王五年，前 823 年，三月丁卯朔，既死霸庚寅二十四日。又“此鼎”为宣王十七年，前 811 年，十二月癸丑朔，乙卯为阴历初三；吴虎鼎为宣王十八年，前 810 年，十三月丁丑朔，既生霸丙戌阴历十日。

由兮甲盘的既死霸为二十四日，颂鼎的既死霸为二十七日，以后的伯克父盨推得为厉王三十三年前 845 年八月既死霸辛卯二十日。由此可知，既死霸不是如王国维所说的是一个月中的第四周，而是整个下半月。由此推理，既生霸并不是如王国维所说的是一个月中的第二周，而是上半月。

“此鼎”的既生霸乙卯为初三，当是该月的第一天。又鄄簋为宣王二年，前 826 年，正月丙戌朔丁亥初二为初吉，又趞鼎为宣王十九年，前 809 年，四月甲戌朔，既望辛卯十八日。又寰盘为厉王二十八年，前 850 年，五月壬申朔，既望庚寅十七日。这些迹象都表明，西周的历法，至迟到宣王时代，仍行用以朏日（前大月二日，前小月三日）为初一的二分法，大小月相间，每隔若干个大小月相间，加一连大月。逢大月时，前后半月均为十五天；逢小月时，前半月十五天，下半月十四天。下半月的第一天又名既望。朏日若是初二，则既望为十七日，若是初三，当为十八。朏日若为初四，既望为十九或二十日。既望为二十日，当是几十年难遇一次的少见现象。

善夫山鼎的王世，是近代金文学家争议最多的一件铜器。有铭文“卅十又七年正月初吉庚戌”十一字。依据器形和铜器人物的历史环境判断，该器当在宣王世。但据此推得宣王三十七年正月癸已朔，初吉庚戌十八日。不合四分月说的日序。以往金文学家编排历谱时有一个不成文的规矩：出土铜器所推王世之四要素干支日序，不合四分月说所推日序时，可以前后移动一个王世，由此多半相合。则移动的这个王世，便可定为出土铜器的王世。不巧的是，善夫山鼎是一件高王年器。幽王不足三十七年，厉王正为三十七年，但所推日序也不理想。有人便不考虑相距王世，试排到夷王，甚至康王世。这种办法当然是不理想。我们的办法是，一面不同意四分月说，采用黄盛璋的初干吉日说，又期望所定初吉日序，尽可能接近前十天。故简稿善夫山鼎的历谱，定为“先晦一日”。

所谓先晦一日，是说所载这个山鼎正月初吉庚戌，为上个月的晦日的前一天。意思是说，辛亥为晦日，厉王三十七年正月，朔日为壬子日。如果厉王三十七年正月以朔日为初一，有古注曰：“初吉，朔日也，”如果该器之正月朔日为庚戌初吉朔日，只有两天误差，若两天误差是允许的，那么所推山鼎的王世，也就是厉王三十七年了。

但是，这个假设是不成立的。据表一，这十件器都为宣王器，�鼎、伊簋分别为宣王十九、二十七年之既望，四月辛卯十八和正月丁丑既望十八日，则该月之初一当均为其十五日前之朏日，而非朔日，是互相矛盾的。因此，山鼎之王世只能是表一宣王二十七年正月庚寅十八日。山鼎之正月庚寅初吉就不是四分月说之第一周，而可以是阴历十八日。由此在我们面前就建立起一个西周新的历法模型：以初见新月之日的朏日为初一，以距朏日十五日之日为既望，以大小月相间，大月三十日，小月二十九日，相距若干大小月，设一连大月的历法体系，称为二分月。自朏日至既望之十五日，均可称为既生霸；自既望至下半月最后一日，均可称既死霸，初吉为月中的第一个吉日，可以是月中的任何一天。(初吉的定义，论文中有解释)

王国维的四分月说和我们按铜器资料的确定王世，和合天历确定的资料纪录的日期，来定历法的意义是不一样的。前面是先假设历法，再安排历日纪录。后者是先利用资料日序定历法，历法确定后才安排金文历谱。前者只要假设历法不成立，其结果便不成立，故不断引起是非的讨论。后者只要金文历谱成立，所定王年便可确定无疑。因此新的方法是，确定金文历谱是很重要的，也是十分严肃的问题。

厉王世出土的四要素俱全的青铜器资料，是检验判定西周历法和金文历谱的最好标准。从该文表二可以看出，可以纳入厉王世的青铜器可达23件之多，是西周青铜器制作最丰富的时代。尤其是最重要的既望纪录，竟达3件之多。首先是晋侯苏钟，可以说，绝大多数学者都认当属厉王世。对寰盘，《铜器断代研究》明载是“厉王前后器”。第三件是大师虘簋，《断代研究》虽然说是孝王前后，但孝王和夷王在位时间都不长，只要理由充分，将其三器合为同一王世，学者们是容易理解的。厉王末年与共和元年非重合不可。其实本纪年表于厉王世并无修正，只是改用新历模型之后，其科学性、既望与朏之间的关系，可以看得更清楚一些。

本纪年表的修正，虽然改用新的历法模型，只与两件器有关，第一件是新出土的觌公簋有“二十八年唐伯侯于晋”的记录。原表成康二王在位均小于二十八年。修改意见听取李学勤、朱凤翰二先生的意见，将唐伯侯晋置于成王器。同时也涉及到《召诰》、庚嬴鼎和小宇鼎之事。第二器是所谓共王标准器的改动。虽然只关系到二件器，但却涉及到好几个王的王年调整。个人认为，这是非调整不可的事。是否妥当，请诸位明鉴。

使用说明

中国的干支纪年，使用十分广泛，同时也传播到朝鲜、日本、越南等国，它大约创建于西汉，已经连续使用了两千多年而没有中断。为了表达和使用方便，在汉以前也用干支纪年推记。秦以后中国主要使用寅正，它与公历大约存在一至二个月的差别。所以公历年和干支年的对应关系，是跨年度的。为了能够反映和表示出这种差别，本表第三栏沿用方表方法，不过年界则略有变动，注出公历元旦之日的农历日期，与方表差了一个阳历年差一天。它是跨越两种历法的两年的分界日期，利用它可作分属具体年份的推算。例如，清末代皇帝溥仪于辛亥年十二月二十日宣布退位，这个日子在公历是 1911 年还是 1912 年呢？查本年表元旦为农历十一月十三日，则溥仪退位之日已是公历下一年的 2 月 12 日了，故清朝终年不是 1911 年而是 1912 年。

通常，以帝王在位次年开始纪年。帝王纪年比干支纪年使用得还要早。国不可一日无君，老皇帝去世以后，新皇帝便在当月或下月即位。本表一般都载明每个帝王在位的年次，并且载明去世或退位的月份。大约从春秋时代开始，新皇帝便已固定地从即位后的第二年正月开始纪元。故本表对新帝王纪年如果不注明始年月份，便从正月开始。所注月份，表示继位之月。

使用帝王纪年之后，还进一步发展成年号纪年，一个帝王可以使用好几个年号。本表中已载明改年号的公历年份和农历月份，正月改年号时，通常不注明月份。

新王朝建立之年的计算，与同一王朝帝王继位始年的计算方法不同。新王朝从政治上来说是开创而不是继承，故从实际立国之年起算。例如，公元1644年既是明代最后一年崇祯帝十七年，又是清代开国之年顺治元年。中间是有重复计算的。同一王朝的帝王纪年原则上不重复，但也有例外。

关于朝鲜、日本等纪元，存在一些互相矛盾的文献记载，当然有些可以证明其正误。本表主要依据李铉淙《东洋年表》。涉及到日本、朝鲜新王纪元时，仍以中国纪元传统，按接位第二年起算。

在帝王年号栏中，有一些带括弧的数字，通常都是表示农历月份，数字前标有“闰”字的为闰月。置于帝王姓名后的序数表示继位之月，而年号后的数字即表示建年号之月。若帝王姓名后无月数，即表示建年号与继位在同一月。帝王在位年数中最后一年后的括弧中的数字，表示死亡或退位之月份，若括弧中先载新帝王名号而后载月份数，则表示新旧帝王同月完成权力交接。

《中朝日越四国历史纪年表》中的正表共分西周纪年表、春秋纪年表、战国纪年表、秦纪年表、西汉纪年表、东汉纪年表、三国纪年表、两晋纪年表、南北朝纪年表、隋纪年表、唐纪年表、五代十国纪年表、北宋纪年表、南宋纪年表、元纪年表、明纪年表、清纪年表、民国纪年表共十八份，各自独立编排，相互衔接。除正表外，还穿插有中国历史年代总表、夏商世系表，两周诸侯兴亡表、十六国兴亡表、南北朝兴亡表、五代十国兴亡表以及四国王年庙号年号顺检表。最后还附有四国历史年号索引表，以资查阅和浏览。

《中朝日越四国历史纪年表》有多种使用功能：①已知某帝王庙号，要知其总的基本情况，通过查正表或顺检表，便可知其所在朝代，帝王姓名，继位之年月，其使用的所有年号，在位年数，相应的甲子纪年和公元年数以及死亡或下台之时的年月。②仅知帝王名及所在年之干支，但不知其在位的第几年及公历的年数，可以查正表立即解决。反之亦然。③利用正表不仅可查知朝、日、越三国帝王在位的所有状况，同时也可查知中、朝、日、越四国纪年的相互对应关系。④要知某朝所在历史的大致年代框架以及与其它朝代的相互位置，可以查总表和顺检表。⑤要知夏商各王世系先后状况，可以查夏商世系表。⑥要知两周诸侯、十六国、南北朝各国、五代十国兴亡状况，可以查相应的四份兴亡表。⑦要想知道公元的某个年份是属于中、朝、日、越某国的某帝王、某年号，也可通过查表解决。⑧知道某个年号的名称，可通过“四国历史年号索引表”查到它是哪国哪朝代哪个帝王或政权使用的年号。⑨本书年表刊载中国少数民族地方政权纪年较为齐全，故除供文、史、考古、理工等研究和广大文史爱好者参考外，也可供研究少数民族历史时使用。

查检例释

5 4 7

	公元	干支	公历元旦的农历日期	南宋	西夏	金	大理	高丽	日本	越南	
3	1158	戊寅	11.29	绍兴 28	天盛 10	正隆 3	龙兴 ?	毅宗王晛12	二条天皇 保元 3⑧	大定 19	8
6	1159	己卯	12.10	29	11	4		13	平治 1	20	
	1160	庚辰	11.21	30	12	5	盛明 ?	14	永历 1	21	
	1161	辛巳	12.3	31	13	世宗(完颜雍)⑩ 大定⑩ 1		15	应保 1	22	
	1162	壬午	12.14	32⑥	14	2		16	2	23	
2 1	1163	癸未	11.25	孝宗(赵昚) 隆兴 1	15	3		17	长宽 1	政(正)隆宝应 1	
	1164	甲申	12.6	2	16	4		18	2	2	
	1165	乙酉	闰11.17	乾道 1	17	5	建德 ?	19	六条天皇 永万 1⑥	3	

1. “孝宗”为当时即位的中国皇帝的庙号，接位之年为南宋宋高宗绍兴32年6月，对应于公元1162年。建元元年为公元1163年癸未。“11.25”为该年公历元旦的农历日期。年号为隆兴，对应于西夏仁宗天盛15年，金世宗大定3年，高丽毅宗17年，日本二条天皇长宽1年，越南英宗政（正）隆宝应1年。
2. “赵昚”为当时即位皇帝的姓名。

3、4. “绍兴”“正隆”为当时在位帝王的年号。

5. 此处的“⑩”为金世宗（完颜雍）即位的月份，其后“大定⑩”表明同月使用大定年号。
6. 此处的“29”为当时帝王在位的年序。
7. “?”指该年号起年或迄年不详。
8. 此处的“⑧”指当时在位帝王退位的月份，如“8”之前有“闰”字则说明此月为闰月。

表 2　夏商世系表

夏世系表 *

约公元前2070—1600	禹				⑪扃	
	①启		⑥予		⑫廑	不降弟
	②太康		⑦槐		⑬孔甲	
	③中康	太康弟	⑧芒		⑭皋	不降子
	④相		⑨泄		⑮发	
	⑤少康		⑩不降		⑯履癸(桀)	

* 据《史记·夏本纪》。

商世系表 *

约公元前1600—公元前1046	①大乙(汤)		⑪中丁		㉑小辛	盘庚弟
	②大丁		⑫外壬		㉒小乙	小辛弟
	③外丙	大丁弟	⑬河亶甲	中丁弟	㉓武丁	
	④中壬	外丙弟	⑭祖乙	外壬弟	㉔祖庚	
	⑤大甲	大丁子	⑮祖辛		㉕祖甲	祖庚弟
					㉖廪辛	
	⑥沃丁		⑯沃甲	祖辛弟	㉗康丁	廪辛弟
	⑦大庚	沃丁弟	⑰祖丁	祖辛子	㉘武乙 ***	前1147—前1113
	⑧小甲		⑱南庚	沃甲子	㉙文丁	前1112—前1102
	⑨雍己	小甲弟	⑲阳甲	祖丁子	㉚帝乙	前1101—前1076
	⑩大戊	雍己弟	⑳盘庚 **	阳甲弟	㉛帝辛(纣)	前1076—前1046

* 据《史记·殷本纪》及甲骨文。

《古本竹书纪年》载商代 29 王 496 年。缺最后二王，推得商代总年 550 余年，故得商汤建国之年约为前 1600 年，又《竹书纪年》载夏十七世 471 年，推得夏建国之年约为前 2070 年。

** 盘庚迁都殷（今河南安阳小屯村一带）后，商也被称为殷。

*** 夏商周断代工程据甲骨文周祭资料，已推得殷最后四王的在位年数，今载在商世系表中。据甲骨文五次月食纪录，可又推得武丁在位年代为约前 1250—前 1192 年。又据文献所载盘庚迁殷至灭纣之年数，可推知迁殷之年约为公元前 1300 年。

“西周纪年表”表前说明：

《史记》所载汉以前诸王纪年，始自西周共和元年。共和以前的西周诸王在位年数不全，而且不同历史文献也有差异。为了进一步从科学上研究解决夏商周三代的纪年问题，在中国九五计划中，设立了国家重大科研项目夏商周断代工程。由历史、考古、天文、C^{14}测年等学科联合攻关，试图找出解决的途径。今根据其研究成果，补足西周诸王纪年资料。《古本竹书纪年》虽有西周总年为 257 年的记载，但诸王纪年不全。《今本竹书纪年》诸王在位年数及西周总年虽然齐全，但与《古本竹书纪年》迥异。刘歆通过自己的研究，提出了武王伐纣之年为公元前 1122 年，但他的这个结论，现今几乎没有人再采用。西周丰镐遗址灰坑出土碳样作出C^{14}测年所公布的结果，得到伐纣之年介于公元前 1050—前 1020 年之间的结论。对于伐纣之年的研究，必须充分重视这一测定结果。

工程西周组研究所得伐纣之年的最优解为前 1046 年，次优解为前 1026 年。它必须大致符合《周书·武成》所载月相历日干支，和出土西周铜器 60 余条有关既生霸、既死霸等月相历日的记载，及历史文献中诸王纪年的综合平衡，并且参照文献中所载伐纣之年的天象记录。对于西周历法中生霸、死霸的定义，经过工程内十余次学术讨论会交换意见，绝大多数已认同二分说，即将一个塑望月分为生霸、死霸两半，初见新月为既生霸的开始，初见月亏为既死霸的开始，既望为月初亏以后的几天。《武成》历日及西周铜器月相历日，除个别特殊情况外，都满足这种月相条件。

据《古本竹书纪年》记载总年所推理论结果，伐纣之年为前 1027 年。但它却与《武成》月相根本不符，经研究，在它的前一年即前 1026 年却可以大致相符。这一年之差可用帝王继位当年纪元和第二年纪元的误差来解释。所谓最优解，是指文献、金文所有月相，比前 1026 年符合得更为理想，也与文献所载伐纣天象相合。前 1046 年这个总年数，虽然不符合《古本竹书纪年》，恰与其提出的西周总年应为 257 之误写 275 相合（最后两位数颠倒），本书采用这一结果，并根据主要历史纪年文献和月相资料，向读者逐个交待最优解的理由。

表3　西周纪年表

公元	干支	周		鲁	
前1046	乙未	周武王(发) *	1		
前1045	丙申		2		
前1044	丁酉		3		
前1043	戊戌		4		
前1042	己亥	成王(诵) **	1		
前1041	庚子		2		
前1040	辛丑		3		
前1039	壬寅		4		
前1038	癸卯		5		
前1037	甲辰		6		
前1036	乙巳		7		
前1035	丙午		8	伯禽 ***	1
前1034	丁未		9		2
前1033	戊申		10		3
前1032	己酉		11		4
前1031	庚戌		12		5
前1030	辛亥		13		6
前1029	壬子		14		7
前1028	癸丑		15		8
前1027	甲寅		16		9
前1026	乙卯		17		10
前1025	丙辰		18		11
前1024	丁巳	康王(钊)	19		12

*　李学勤著文《武王在位有四年说》，引《尚书·金縢》和日本高山寺藏古抄本《史记·周本纪》，均载“武王克殷后二年有疾，疾瘳，后二年崩”。故武王在位有四年说。本表据《武成》月相历日的要求推为四年。按照李学勤先生的建议，周代以前没有姓名连用的习惯，故王名前不用“姬”姓。

**　成王在位年数，包含周公执政七年在内。成王七年有《召诰》“惟三月丙午朏”，限定了该年三月初见新月的干支。又据《古本竹书纪年》成康之世“刑措四十年不用”，已大致限定了成王的在位年数。今推成王在位32年，加康王15年，与记载相合。

***　《鲁世家》仅缺第一代伯禽在位年数，但据《今本竹书纪年》等记载，伯禽受封于成王亲政元年。又据载周公、伯禽共辅成王、康王，故在位之年不会太短，但据《鲁世家》载，管蔡之乱时，伯禽曾率师伐淮夷、徐戎于肸，年岁应比成王大，故在位也不能太长。今推为37年合适。

公元	干支	周	鲁
前1023	戊午	20	伯禽 13
前1022	己未	21	14
前1021	庚申	22	15
前1020	辛酉	23	16
前1019	壬戌	24	17
前1018	癸亥	25	18
前1017	甲子	26	19
前1016	乙丑	27	20
前1015	丙寅	28	21
前1014	丁卯	29	22
前1013	戊辰	30	23
前1012	己巳	31	24
前1011	庚午	32	25
前1010	辛未	康王 * 1	26
前1009	壬申	2	27
前1008	癸酉	3	28
前1007	甲戌	4	29
前1006	乙亥	5	30
前1005	丙子	6	31
前1004	丁丑	7	32
前1003	戊寅	8	33
前1002	己卯	9	34
前1001	庚辰	10	35
前1000	辛巳	11	36
前999	壬午	12	37
前998	癸未	13	考公酋 1
前997	甲申	14	2
前996	乙酉	15	3
前995	丙戌	昭王(瑕) ** 1	4
前994	丁亥	2	炀公熙 1
前993	戊子	3	2
前992	己丑	4	3
前991	庚寅	5	4
前990	辛卯	6	5
前989	壬辰	7	6
前988	癸巳	8	幽公宰 1
前987	甲午	9	2

* 朱凤瀚撰《觌公簋与唐伯侯于晋》一文（载《考古》2007年3月），觌公簋载有“王令唐伯侯于晋唯廿又八祀”。唐伯即唐叔虞，是晋国第一代晋侯，受封之时当不出成康世。断代专家组就此专门召开了会议，认定此二十八祀之王当为成王。即该器可作为成王在位大于28年的证据。

** 据《古本竹书纪年》《今本竹书纪年》均载昭王在位19年，推静方鼎金文历谱也合。

公元	干支	周		鲁	
前 986	乙未	昭王	10	幽公宰	3
前 985	丙申		11		4
前 984	丁酉		12		5
前 983	戊戌		13		6
前 982	己亥		14		7
前 981	庚子		15		8
前 980	辛丑		16		9
前 979	壬寅		17		10
前 978	癸卯		18		11
前 977	甲辰		19		12
前 976	乙巳	穆王(满) *	1		13
前 975	丙午		2		14
前 974	丁未		3	魏公濆	1
前 973	戊申		4		2
前 972	己酉		5		3
前 971	庚戌		6		4
前 970	辛亥		7		5
前 969	壬子		8		6
前 968	癸丑		9		7
前 967	甲寅		10		8
前 966	乙卯		11		9
前 965	丙辰		12		10
前 964	丁巳		13		11
前 963	戊午		14		12
前 962	己未		15		13
前 961	庚申		16		14
前 960	辛酉		17		15
前 959	壬戌		18		16
前 958	癸亥		19		17
前 957	甲子		20		18
前 956	乙丑		21		19
前 955	丙寅		22		20
前 954	丁卯		23		21
前 953	戊辰		24		22
前 952	己巳		25		23
前 951	庚午		26		24
前 950	辛未		27		25
前 949	壬申		28		26

* 《史记》《今本竹书纪年》《帝王世纪》等均载穆王在位 55 年，穆王有标准器鲜簋等，据金文历谱推为 53 年。

公元	干支	周		鲁	
前948	癸酉	穆王	29	魏公濞	27
前947	甲戌		30		28
前946	乙亥		31		29
前945	丙子		32		30
前944	丁丑		33		31
前943	戊寅		34		32
前942	己卯		35		33
前941	庚辰		36		34
前940	辛巳		37		35
前939	壬午		38		36
前938	癸未		39		37
前937	甲申		40		38
前936	乙酉		41		39
前935	丙戌		42		40
前934	丁亥		43		41
前933	戊子		44		42
前932	己丑		45		43
前931	庚寅		46		44
前930	辛卯		47		45
前929	壬辰		48		46
前928	癸巳		49		47
前927	甲午		50		48
前926	乙未		51		49
前925	丙申		52		50
前924	丁酉		53	厉公擢	1
前923	戊戌	恭王(緊扈)*	1		2
前922	己亥		2		3
前921	庚子		3		4
前920	辛丑		4		5
前919	壬寅		5		6
前918	癸卯		6		7
前917	甲辰		7		8
前916	乙巳		8		9
前915	丙午		9		10
前914	丁未		10		11
前913	戊申		11		12
前912	己酉		12		13

* 据《太平御览》引皇甫谧《帝王世纪》曰："自恭王至夷王四世，年纪不明。"现懿王元年既有天再旦日食确定为公元前899年，则恭王在位年数可单独求得。由于懿、孝、夷三王总计仅22年，且需安排牧簋、元年、五年师旋簋（趞曹鼎与走簋，休盘的干支，不容于同一王世）等15件四要素俱全的铜器；恭王又有走簋、休盘等9件器物，且恭王在位年数不允许太长，其超过20的理由是休盘只能在恭王。由此便确定了该四王的在位年数。十五年趞曹鼎当属孝王时器。

公元	干支	周		鲁	
前911	庚戌	恭王	13	厉公擢	14
前910	辛亥		14		15
前909	壬子		15		16
前908	癸丑		16		17
前907	甲寅		17		18
前906	乙卯		18		19
前905	丙辰		19		20
前904	丁巳		20		21
前903	戊午		21		22
前902	己未		22		23
前901	庚申		23		24
前900	辛酉		24		25
前899	壬戌	懿王(囏)*	1		26
前898	癸亥		2		27
前897	甲子		3		28
前896	乙丑	孝王(辟方)**	1		29
前895	丙寅		2		30
前894	丁卯		3		31
前893	戊辰		4		32
前892	己巳		5		33
前891	庚午		6		34
前890	辛未		7		35
前889	壬申		8		36
前888	癸酉		9		37
前887	甲戌		10	献公具	1
前886	乙亥		11		2
前885	丙子		12		3
前884	丁丑		13		4
前883	戊寅		14		5
前882	己卯		15		6
前881	庚辰	夷王(燮)	1		7
前880	辛巳		2		8
前879	壬午		3		9
前878	癸未		4		10
前877	甲申	厉王(胡)***	1		11

*　当今学术界一般都认为《古本竹书纪年》所载"懿王元年天再旦于郑"是一次日食记录。天文史家张培瑜、刘次沅均认为如果是日食记录，那么前899年是唯一解。由此便推定懿王元年为前899年。

**　对于孝王在位年数，《太平御览》引《史记》曰："孝王在位十五年崩，诸侯复立孝懿王太子燮是为夷王。"与推算一致。司马迁是一位严肃的史学家，由他记载的西周王年很少，看来，孝王在位15年有一定的依据。

***　厉王在位年数，《史记》有37年奔彘的记载，《今本竹书纪年》作12年。今人有37、16—24年不等的意见。今据晋侯苏墓 C^{14} 测年，得墓葬年代为前808年±8年，苏钟铭文载王33年伐夙夷事，那么，此33年之王只可能是厉王，由此可确定厉王亲政必在33年以上，以《史记》所载较为可靠。今据金文所载月相，以厉王37年为共和元年，有一年相重合。

公元	干支	西周	鲁	齐	晋	秦	楚
前 876	乙酉	厉王 2	献公具 12				
前 875	丙戌	3	13				
前 874	丁亥	4	14				
前 873	戊子	5	15				
前 872	己丑	6	16				
前 871	庚寅	7	17				
前 870	辛卯	8	18				
前 869	壬辰	9	19				
前 868	癸巳	10	20				
前 867	甲午	11	21				
前 866	乙未	12	22				
前 865	丙申	13	23				
前 864	丁酉	14	24				
前 863	戊戌	15	25				
前 862	己亥	16	26				
前 861	庚子	17	27				
前 860	辛丑	18	28	以上纪年不详			
前 859	壬寅	19	29	献公山 1	以上纪年不详		
前 858	癸卯	20	30	2	靖侯宜臼 1	以上纪年不详	
前 857	甲辰	21	31	3	2	秦侯 1	
前 856	乙巳	22	32	4	3	2	
前 855	丙午	23	真公濞 1	5	4	3	
前 854	丁未	24	2	6	5	4	
前 853	戊申	25	3	7	6	5	
前 852	己酉	26	4	8	7	6	
前 851	庚戌	27	5	9	8	7	
前 850	辛亥	28	6	武公寿 1	9	8	
前 849	壬子	29	7	2	10	9	
前 848	癸丑	30	8	3	11	10	以上纪年不详
前 847	甲寅	31	9	4	12	公伯 1	熊勇 1
前 846	乙卯	32	10	5	13	2	2
前 845	丙辰	33	11	6	14	3	3
前 844	丁巳	34	12	7	15	秦仲 1	4
前 843	戊午	35	13	8	16	2	5
前 842	己未	36	14	9	17	3	6
前 841	庚申	共和 * 1	15	10	18	4	7
前 840	辛酉	2	16	11	釐侯司徒 1	5	8

*　自此以下，本表采用《史记·十二诸侯年表》，几乎没有改变。由于须将其分为西周、春秋二表，且需加上其他政权纪年，不再用十二诸侯年表之名。

**　《卫世家》载“顷侯厚赂周夷王，夷王命卫为侯，顷侯立十二年卒”“釐侯立十三年，周厉王

宋	卫	陈	蔡	曹	燕	公元
						前 876
						前 875
						前 874
						前 873
						前 872
						前 871
						前 870
						前 869
						前 868
	以上纪年不详					前 867
	顷侯 ** 1					前 866
	2			以上纪年不详	以上纪年不详	前 865
	3		以上纪年不详	夷伯喜 1	惠侯 1	前 864
	4		武侯 1	2	2	前 863
	5		2	3	3	前 862
	6		3	4	4	前 861
	7		4	5	5	前 860
以上纪年不详	8		5	6	6	前 859
釐公举 1	9		6	7	7	前 858
2	10		7	8	8	前 857
3	11		8	9	9	前 856
4	12	以上纪年不详	9	10	10	前 855
5	釐侯 1	幽公宁 *** 1	10	11	11	前 854
6	2	2	11	12	12	前 853
7	3	3	12	13	13	前 852
8	4	4	13	14	14	前 851
9	5	5	14	15	15	前 850
10	6	6	15	16	16	前 849
11	7	7	16	17	17	前 848
12	8	8	17	18	18	前 847
13	9	9	18	19	19	前 846
14	10	10	19	20	20	前 845
15	11	11	20	21	21	前 844
16	12	12	21	22	22	前 843
17	13	13	22	23	23	前 842
18	14	14	23	24	24	前 841
19	15	15	24	25	25	前 840

出奔于彘”。由于苏钟已证厉王执政 33 年以上，卫顷侯 12 年加釐侯 13 年合计不足厉王年数，故“赂夷王”应为厉王之误。

*** 《陈杞世家》载幽公、釐公在位年自相矛盾，不能尽合。今在位年数据方表。

公元	干支	西周	鲁	齐	晋	秦	楚
前839	壬戌	共和 3	真公濞 17	武公寿 12	釐侯司徒 2	秦仲 6	熊勇 9
前838	癸亥	4	18	13	3	7	10
前837	甲子	5	19	14	4	8	熊严 1
前836	乙丑	6	20	15	5	9	2
前835	丙寅	7	21	16	6	10	3
前834	丁卯	8	22	17	7	11	4
前833	戊辰	9	23	18	8	12	5
前832	己巳	10	24	19	9	13	6
前831	庚午	11	25	20	10	14	7
前830	辛未	12	26	21	11	15	8
前829	壬申	13	27	22	12	16	9
前828	癸酉	14	28	23	13	17	10
前827	甲戌	宣王(静) 1	29	24	14	18	熊霜 1
前826	乙亥	2	30	25	15	19	2
前825	丙子	3	武公敖 1	26	16	20	3
前824	丁丑	4	2	厉公无忌 1	17	21	4
前823	戊寅	5	3	2	18	22	5
前822	己卯	6	4	3	献侯籍 1	23	6
前821	庚辰	7	5	4	2	庄公 1	熊徇 1
前820	辛巳	8	6	5	3	2	2
前819	壬午	9	7	6	4	3	3
前818	癸未	10	8	7	5	4	4
前817	甲申	11	9	8	6	5	5
前816	乙酉	12	10	9	7	6	6
前815	丙戌	13	懿公戏 1	文公赤 1	8	7	7
前814	丁亥	14	2	2	9	8	8
前813	戊子	15	3	3	10	9	9
前812	己丑	16	4	4	11	10	10
前811	庚寅	17	5	5	穆侯弗生 1	11	11
前810	辛卯	18	6	6	2	12	12
前809	壬辰	19	7	7	3	13	13
前808	癸巳	20	8	8	4	14	14
前807	甲午	21	9	9	5	15	15
前806	乙未	22	孝公称 1	10	6	16	16
前805	丙申	23	2	11	7	17	17
前804	丁酉	24	3	12	8	18	18
前803	戊戌	25	4	成公说 1	9	19	19
前802	己亥	26	5	2	10	20	20
前801	庚子	27	6	3	11	21	21
前800	辛丑	28	7	4	12	22	22

宋	卫	陈	蔡	曹	郑	燕	公元
釐公举 20	釐侯 16	幽公宁 16	武侯 25	夷伯喜 26		惠侯 26	前 839
21	17	17	26	27		27	前 838
22	18	18	夷侯 1	28		28	前 837
23	19	19	2	29		29	前 836
24	20	20	3	30		30	前 835
25	21	21	4	幽伯彊 1		31	前 834
26	22	22	5	2		32	前 833
27	23	23	6	3		33	前 832
28	24	釐公孝 1	7	4		34	前 831
惠公覸 1	25	2	8	5		35	前 830
2	26	3	9	6		36	前 829
3	27	4	10	7		37	前 828
4	28	5	11	8		38	前 827
5	29	6	12	9		釐侯 1	前 826
6	30	7	13	戴伯鲜 1		2	前 825
7	31	8	14	2		3	前 824
8	32	9	15	3		4	前 823
9	33	10	16	4		5	前 822
10	34	11	17	5		6	前 821
11	35	12	18	6		7	前 820
12	36	13	19	7		8	前 819
13	37	14	20	8		9	前 818
14	38	15	21	9		10	前 817
15	39	16	22	10		11	前 816
16	40	17	23	11		12	前 815
17	41	18	24	12		13	前 814
18	42	19	25	13		14	前 813
19	共伯余 1 武公和 1	20	26	14		15	前 812
20	2	21	27	15		16	前 811
21	3	22	28	16		17	前 810
22	4	23	釐侯所事 1	17		18	前 809
23	5	24	2	18		19	前 808
24	6	25	3	19	以上纪年不详	20	前 807
25	7	26	4	20	桓公友 1	21	前 806
26	8	27	5	21	2	22	前 805
27	9	28	6	22	3	23	前 804
28	10	29	7	23	4	24	前 803
29	11	30	8	24	5	25	前 802
30	12	31	9	25	6	26	前 801
31	13	32	10	26	7	27	前 800

公元	干支	西周	鲁	齐	晋	秦	楚
前799	壬寅	宣王 29	孝公称 8	成公说 5	穆侯弗生 13	庄公 23	熊鄂 1
前798	癸卯	30	9	6	14	24	2
前797	甲辰	31	10	7	15	25	3
前796	乙巳	32	11	8	16	26	4
前795	丙午	33	12	9	17	27	5
前794	丁未	34	13	庄公购 1	18	28	6
前793	戊申	35	14	2	19	29	7
前792	己酉	36	15	3	20	30	8
前791	庚戌	37	16	4	21	31	9
前790	辛亥	38	17	5	22	32	若敖 1
前789	壬子	39	18	6	23	33	2
前788	癸丑	40	19	7	24	34	3
前787	甲寅	41	20	8	25	35	4
前786	乙卯	42	21	9	26	36	5
前785	丙辰	43	22	10	27	37	6
前784	丁巳	44	23	11	殇叔 1	38	7
前783	戊午	45	24	12	2	39	8
前782	己未	46	25	13	3	40	9
前781	庚申	幽王(宫涅) 1	26	14	4	41	10
前780	辛酉	2	27	15	文侯仇 1	42	11
前779	壬戌	3	28	16	2	43	12
前778	癸亥	4	29	17	3	44	13
前777	甲子	5	30	18	4	襄公 1	14
前776	乙丑	6	31	19	5	2	15
前775	丙寅	7	32	20	6	3	16
前774	丁卯	8	33	21	7	4	17
前773	戊辰	9	34	22	8	5	18
前772	己巳	10	35	23	9	6	19
前771	庚午	11	36	24	10	7	20

宋	卫	陈	蔡	曹	郑	燕	公元
戴公 1	武公和 14	釐公孝 33	釐侯所事 11	戴伯鲜 27	桓公友 8	釐侯 28	前799
2	15	34	12	28	9	29	前798
3	16	35	13	29	10	30	前797
4	17	36	14	30	11	31	前796
5	18	武公灵 1	15	惠伯雉 1	12	32	前795
6	19	2	16	2	13	33	前794
7	20	3	17	3	14	34	前793
8	21	4	18	4	15	35	前792
9	22	5	19	5	16	36	前791
10	23	6	20	6	17	顷侯 1	前790
11	24	7	21	7	18	2	前789
12	25	8	22	8	19	3	前788
13	26	9	23	9	20	4	前787
14	27	10	24	10	21	5	前786
15	28	11	25	11	22	6	前785
16	29	12	26	12	23	7	前784
17	30	13	27	13	24	8	前783
18	31	14	28	14	25	9	前782
19	32	15	29	15	26	10	前781
20	33	夷公说 1	30	16	27	11	前780
21	34	2	31	17	28	12	前779
22	35	3	32	18	29	13	前778
23	36	平公燮 1	33	19	30	14	前777
24	37	2	34	20	31	15	前776
25	38	3	35	21	32	16	前775
26	39	4	36	22	33	17	前774
27	40	5	37	23	34	18	前773
28	41	6	38	24	35	19	前772
29	42	7	39	25	36	20	前771

表 4　春秋纪年表 *

公元	干支	东周	鲁	齐	晋	秦	楚	宋
前 770	辛未	平王（宜臼） 1	孝公称 37	庄公购 25	文侯仇 11	襄公 8	若敖 21	戴公 30
前 769	壬申	2	38	26	12	9	22	31
前 768	癸酉	3	惠公弗湟 1	27	13	10	23	32
前 767	甲戌	4	2	28	14	11	24	33
前 766	乙亥	5	3	29	15	12	25	34
前 765	丙子	6	4	30	16	文公 1	26	武公司空 1
前 764	丁丑	7	5	31	17	2	27	2
前 763	戊寅	8	6	32	18	3	霄敖 1	3
前 762	己卯	9	7	33	19	4	2	4
前 761	庚辰	10	8	34	20	5	3	5
前 760	辛巳	11	9	35	21	6	4	6
前 759	壬午	12	10	36	22	7	5	7
前 758	癸未	13	11	37	23	8	6	8
前 757	甲申	14	12	38	24	9	蚡冒 1	9
前 756	乙酉	15	13	39	25	10	2	10
前 755	丙戌	16	14	40	26	11	3	11
前 754	丁亥	17	15	41	27	12	4	12
前 753	戊子	18	16	42	28	13	5	13
前 752	己丑	19	17	43	29	14	6	14
前 751	庚寅	20	18	44	30	15	7	15
前 750	辛卯	21	19	45	31	16	8	16
前 749	壬辰	22	20	46	32	17	9	17
前 748	癸巳	23	21	47	33	18	10	18
前 747	甲午	24	22	48	34	19	11	宣公力 1
前 746	乙未	25	23	49	35	20	12	2
前 745	丙申	26	24	50	昭侯伯 1	21	13	3
前 744	丁酉	27	25	51	2	22	14	4
前 743	戊戌	28	26	52	3	23	15	5
前 742	己亥	29	27	53	4	24	16	6
前 741	庚子	30	28	54	5	25	17	7

*　周平王于该年东迁，称为东周，国土、地位大为下降，相当于一个中等诸侯国。至前475年，魏、

卫	陈	蔡	曹	郑	燕	杞	公元
武公和 43	平公燮 8	釐侯所事 40	惠伯雉 26	武公掘突 1	顷侯 21		前 770
44	9	41	27	2	22		前 769
45	10	42	28	3	23		前 768
46	11	43	29	4	24		前 767
47	12	44	30	5	哀侯 1		前 766
48	13	45	31	6	2		前 765
49	14	46	32	7	郑侯 1		前 764
50	15	47	33	8	2		前 763
51	16	48	34	9	3		前 762
52	17	共侯兴 1	35	10	4		前 761
53	18	2	36	11	5		前 760
54	19	戴侯 1	石甫 1	12	6		前 759
			穆公武 1				
55	20	2	2	13	7		前 758
庄公杨 1	21	3	3	14	8		前 757
2	22	4	桓公终生 1	15	9		前 756
3	23	5	2	16	10		前 755
4	文公圉 1	6	3	17	11		前 754
5	2	7	4	18	12		前 753
6	3	8	5	19	13		前 752
7	4	9	6	20	14		前 751
8	5	10	7	21	15	武公 1	前 750
9	6	宣侯考父 1	8	22	16	2	前 749
10	7	2	9	23	17	3	前 748
11	8	3	10	24	18	4	前 747
12	9	4	11	25	19	5	前 746
13	10	5	12	26	20	6	前 745
14	桓公鲍 1	6	13	27	21	7	前 744
15	2	7	14	庄公寤生 1	22	8	前 743
16	3	8	15	2	23	9	前 742
17	4	9	16	3	24	10	前 741

赵、韩三家分晋止，史称春秋时代。

公元	干支	东周	鲁	齐	晋
前 740	辛丑	平王 31	惠公弗湟 29	庄公购 55	昭侯伯 6
前 739	壬寅	32	30	56	孝侯平 1
前 738	癸卯	33	31	57	2
前 737	甲辰	34	32	58	3
前 736	乙巳	35	33	59	4
前 735	丙午	36	34	60	5
前 734	丁未	37	35	61	6
前 733	戊申	38	36	62	7
前 732	己酉	39	37	63	8
前 731	庚戌	40	38	64	9
前 730	辛亥	41	39	釐公禄父 1	10
前 729	壬子	42	40	2	11
前 728	癸丑	43	41	3	12
前 727	甲寅	44	42	4	13
前 726	乙卯	45	43	5	14
前 725	丙辰	46	44	6	15
前 724	丁巳	47	45	7	16
前 723	戊午	48	46	8	鄂侯郤 1
前 722	己未	49	隐公息姑 1	9	2
前 721	庚申	50	2	10	3
前 720	辛酉	51	3	11	4
前 719	壬戌	桓王(林) 1	4	12	5
前 718	癸亥	2	5	13	6
前 717	甲子	3	6	14	哀侯光 1
前 716	乙丑	4	7	15	2
前 715	丙寅	5	8	16	3
前 714	丁卯	6	9	17	4
前 713	戊辰	7	10	18	5
前 712	己巳	8	11	19	6
前 711	庚午	9	桓公允 1	20	7
前 710	辛未	10	2	21	8
前 709	壬申	11	3	22	小子侯 1
前 708	癸酉	12	4	23	2
前 707	甲戌	13	5	24	3
前 706	乙亥	14	6	25	晋侯湣 1
前 705	丙子	15	7	26	2
前 704	丁丑	16	8	27	3
前 703	戊寅	17	9	28	4
前 702	己卯	18	10	29	5
前 701	庚辰	19	11	30	6

秦		楚		宋		卫		公元
文公	26	武王通	1	宣公力	8	庄公杨	18	前 740
	27		2		9		19	前 739
	28		3		10		20	前 738
	29		4		11		21	前 737
	30		5		12		22	前 736
	31		6		13		23	前 735
	32		7		14	桓公完	1	前 734
	33		8		15		2	前 733
	34		9		16		3	前 732
	35		10		17		4	前 731
	36		11		18		5	前 730
	37		12		19		6	前 729
	38		13	穆公和	1		7	前 728
	39		14		2		8	前 727
	40		15		3		9	前 726
	41		16		4		10	前 725
	42		17		5		11	前 724
	43		18		6		12	前 723
	44		19		7		13	前 722
	45		20		8		14	前 721
	46		21		9		15	前 720
	47		22	殇公与夷	1		16	前 719
	48		23		2	宣公晋	1	前 718
	49		24		3		2	前 717
	50		25		4		3	前 716
宁公	1		26		5		4	前 715
	2		27		6		5	前 714
	3		28		7		6	前 713
	4		29		8		7	前 712
	5		30		9		8	前 711
	6		31	庄公冯	1		9	前 710
	7		32		2		10	前 709
	8		33		3		11	前 708
	9		34		4		12	前 707
	10		35		5		13	前 706
	11		36		6		14	前 705
	12		37		7		15	前 704
出公出子	1		38		8		16	前 703
	2		39		9		17	前 702
	3		40		10		18	前 701

公元	干支	陈		蔡		曹		郑	
前740	辛丑	桓公鲍	5	宣侯考父	10	桓公终生	17	庄公寤生	4
前739	壬寅		6		11		18		5
前738	癸卯		7		12		19		6
前737	甲辰		8		13		20		7
前736	乙巳		9		14		21		8
前735	丙午		10		15		22		9
前734	丁未		11		16		23		10
前733	戊申		12		17		24		11
前732	己酉		13		18		25		12
前731	庚戌		14		19		26		13
前730	辛亥		15		20		27		14
前729	壬子		16		21		28		15
前728	癸丑		17		22		29		16
前727	甲寅		18		23		30		17
前726	乙卯		19		24		31		18
前725	丙辰		20		25		32		19
前724	丁巳		21		26		33		20
前723	戊午		22		27		34		21
前722	己未		23		28		35		22
前721	庚申		24		29		36		23
前720	辛酉		25		30		37		24
前719	壬戌		26		31		38		25
前718	癸亥		27		32		39		26
前717	甲子		28		33		40		27
前716	乙丑		29		34		41		28
前715	丙寅		30		35		42		29
前714	丁卯		31	桓侯封人	1		43		30
前713	戊辰		32		2		44		31
前712	己巳		33		3		45		32
前711	庚午		34		4		46		33
前710	辛未		35		5		47		34
前709	壬申		36		6		48		35
前708	癸酉		37		7		49		36
前707	甲戌		38		8		50		37
前706	乙亥	厉公他	1		9		51		38
前705	丙子		2		10		52		39
前704	丁丑		3		11		53		40
前703	戊寅		4		12		54		41
前702	己卯		5		13		55		42
前701	庚辰		6		14	庄公射姑	1		43

燕	杞	邾	许	滕	公元
郑侯 25	武公 11				前740
26	12				前739
27	13				前738
28	14				前737
29	15				前736
30	16				前735
31	17				前734
32	18				前733
33	19				前732
34	20				前731
35	21				前730
36	22				前729
穆侯 1	23				前728
2	24				前727
3	25				前726
4	26				前725
5	27				前724
6	28				前723
7	29	仪父克 1			前722
8	30	2			前721
9	31	3			前720
10	32	4			前719
11	33	5			前718
12	34	6			前717
13	35	7			前716
14	36	8		宣公婴齐 1	前715
15	37	9		2	前714
16	38	10		3	前713
17	39	11	穆公(新臣) 1	4	前712
18	40	12	2	5	前711
宣侯 1	41	13	3	6	前710
2	42	14	4	7	前709
3	43	15	5	8	前708
4	44	16	6	9	前707
5	45	17	7	10	前706
6	46	18	8	11	前705
7	47	19	9	12	前704
8	靖公 1	20	10	13	前703
9	2	21	11	14	前702
10	3	22	12	15	前701

公元	干支	东周	鲁	齐	晋
前 700	辛巳	桓王 20	桓公允 12	釐公禄父 31	晋侯湣 7
前 699	壬午	21	13	32	8
前 698	癸未	22	14	33	9
前 697	甲申	23	15	襄公诸儿 1	10
前 696	乙酉	庄王(佗) 1	16	2	11
前 695	丙戌	2	17	3	12
前 694	丁亥	3	18	4	13
前 693	戊子	4	庄公同 1	5	14
前 692	己丑	5	2	6	15
前 691	庚寅	6	3	7	16
前 690	辛卯	7	4	8	17
前 689	壬辰	8	5	9	18
前 688	癸巳	9	6	10	19
前 687	甲午	10	7	11	20
前 686	乙未	11	8	12	21
前 685	丙申	12	9	桓公小白 1	22
前 684	丁酉	13	10	2	23
前 683	戊戌	14	11	3	24
前 682	己亥	15	12	4	25
前 681	庚子	釐(僖)王(胡齐) 1	13	5	26
前 680	辛丑	2	14	6	27
前 679	壬寅	3	15	7	28
前 678	癸卯	4	16	8	武公称 38 *
前 677	甲辰	5	17	9	39
前 676	乙巳	惠王(阆) 1	18	10	献公诡诸 1
前 675	丙午	2	19	11	2
前 674	丁未	3	20	12	3
前 673	戊申	4	21	13	4
前 672	己酉	5	22	14	5
前 671	庚戌	6	23	15	6
前 670	辛亥	7	24	16	7
前 669	壬子	8	25	17	8
前 668	癸丑	9	26	18	9
前 667	甲寅	10	27	19	10
前 666	乙卯	11	28	20	11
前 665	丙辰	12	29	21	12

* 晋昭侯元年（前 745），封季父成师于曲沃，曲沃大于国。晋乱自此始。成师前 731 年卒，子庄伯立。前 716 年，庄伯卒，子武公立，为武公元年。前 679 年武公灭湣侯，周命武公为晋侯。两晋复合为一，

秦		楚		宋		卫		公元
出公出子	4	武王通	41	庄公冯	11	宣公晋	19	前 700
	5		42		12	惠公朔	1	前 699
	6		43		13		2	前 698
武公	1		44		14		3	前 697
	2		45		15	黔牟	1	前 696
	3		46		16		2	前 695
	4		47		17		3	前 694
	5		48		18		4	前 693
	6		49		19		5	前 692
	7		50	湣公捷	1		6	前 691
	8		51		2		7	前 690
	9	文王赀	1		3		8	前 689
	10		2		4		9	前 688
	11		3		5		10	前 687
	12		4		6	惠公(复位)	14	前 686
	13		5		7		15	前 685
	14		6		8		16	前 684
	15		7		9		17	前 683
	16		8		10		18	前 682
	17		9	桓公御说	1		19	前 681
	18		10		2		20	前 680
	19		11		3		21	前 679
	20		12		4		22	前 678
德公	1		13		5		23	前 677
	2	堵敖囏	1		6		24	前 676
宣公	1		2		7		25	前 675
	2		3		8		26	前 674
	3		4		9		27	前 673
	4		5		10		28	前 672
	5	成王恽	1		11		29	前 671
	6		2		12		30	前 670
	7		3		13		31	前 669
	8		4		14	懿公赤	1	前 668
	9		5		15		2	前 667
	10		6		16		3	前 666
	11		7		17		4	前 665

不再改元。

公元	干支	陈		蔡		曹		郑	
前700	辛巳	厉公他	7	桓侯封人	15	庄公射姑	2	昭君忽 厉公突	1 1
前699	壬午	利公跃 庄公林	1 1		16		3		2
前698	癸未		2		17		4		3
前697	甲申		3		18		5		4
前696	乙酉		4		19		6	昭公忽	1
前695	丙戌		5		20		7		2
前694	丁亥		6	哀侯献舞	1		8	子亹	1
前693	戊子		7		2		9	子婴	1
前692	己丑	宣公杵臼	1		3		10		2
前691	庚寅		2		4		11		3
前690	辛卯		3		5		12		4
前689	壬辰		4		6		13		5
前688	癸巳		5		7		14		6
前687	甲午		6		8		15		7
前686	乙未		7		9		16		8
前685	丙申		8		10		17		9
前684	丁酉		9		11		18		10
前683	戊戌		10		12		19		11
前682	己亥		11		13		20		12
前681	庚子		12		14		21		13
前680	辛丑		13		15		22		14
前679	壬寅		14		16		23	厉公突(复位)	1
前678	癸卯		15		17		24		2
前677	甲辰		16		18		25		3
前676	乙巳		17		19		26		4
前675	丙午		18		20		27		5
前674	丁未		19	穆侯肸	1		28		6
前673	戊申		20		2		29		7
前672	己酉		21		3		30	文公捷	1
前671	庚戌		22		4		31		2
前670	辛亥		23		5	釐公夷	1		3
前669	壬子		24		6		2		4
前668	癸丑		25		7		3		5
前667	甲寅		26		8		4		6
前666	乙卯		27		9		5		7
前665	丙辰		28		10		6		8

燕		杞		邾		许		滕		公元
宣侯	11	靖公	4	仪父克	23	穆公	13	宣公婴齐	16	前 700
	12		5		24		14		17	前 699
	13		6		25		15		18	前 698
桓公	1		7		26		16		19	前 697
	2		8		27		17		20	前 696
	3		9		28		18		21	前 695
	4		10		29		19		22	前 694
	5		11		30		20		23	前 693
	6		12		31		21		24	前 692
	7		13		32		22		25	前 691
庄公	1		14		33		23		26	前 690
	2		15		34		24		27	前 689
	3		16		35		25		28	前 688
	4		17		36		26		29	前 687
	5		18		37		27		30	前 686
	6		19		38		28		31	前 685
	7		20		39		29		32	前 684
	8		21		40		30		33	前 683
	9		22		41		31		34	前 682
	10		23		42		32		35	前 681
	11	共公	1		43		33		36	前 680
	12		2		44		34		37	前 679
	13		3		45		35		38	前 678
	14		4	邾子琐	1		36		39	前 677
	15		5		2		37		40	前 676
	16		6		3		38		41	前 675
	17		7		4		39		42	前 674
	18		8		5		40		43	前 673
	19	惠公	1		6		41		44	前 672
	20		2		7		42		45	前 671
	21		3		8		43		46	前 670
	22		4		9		44		47	前 669
	23		5		10		45		48	前 668
	24		6		11		46		49	前 667
	25		7		12		47		50	前 666
	26		8	文公蘧蒢	1		48		51	前 665

公元	干支	东周		鲁		齐		晋	
前664	丁巳	惠王(阆)	13	庄公同	30	桓公小白	22	献公诡诸	13
前663	戊午		14		31		23		14
前662	己未		15		32		24		15
前661	庚申		16	湣公启	1		25		16
前660	辛酉		17		2		26		17
前659	壬戌		18	釐(僖)公申	1		27		18
前658	癸亥		19		2		28		19
前657	甲子		20		3		29		20
前656	乙丑		21		4		30		21
前655	丙寅		22		5		31		22
前654	丁卯		23		6		32		23
前653	戊辰		24		7		33		24
前652	己巳		25		8		34		25
前651	庚午	襄王(郑)	1		9		35		26
前650	辛未		2		10		36	惠公夷吾	1
前649	壬申		3		11		37		2
前648	癸酉		4		12		38		3
前647	甲戌		5		13		39		4
前646	乙亥		6		14		40		5
前645	丙子		7		15		41		6
前644	丁丑		8		16		42		7
前643	戊寅		9		17		43		8
前642	己卯		10		18	孝公昭	1		9
前641	庚辰		11		19		2		10
前640	辛巳		12		20		3		11
前639	壬午		13		21		4		12
前638	癸未		14		22		5		13
前637	甲申		15		23		6		14
前636	乙酉		16		24		7	怀公圉	1
								文公重耳	1
前635	丙戌		17		25		8		2
前634	丁亥		18		26		9		3
前633	戊子		19		27		10		4
前632	己丑		20		28	昭公潘	1		5
前631	庚寅		21		29		2		6
前630	辛卯		22		30		3		7
前629	壬辰		23		31		4		8

秦		楚		宋		卫		公元
宣公	12	成王恽	8	桓公御说	18	懿公赤	5	前 664
成公	1		9		19		6	前 663
	2		10		20		7	前 662
	3		11		21		8	前 661
	4		12		22	戴公申	1	前 660
穆公任好	1		13		23	文公燬	1	前 659
	2		14		24		2	前 658
	3		15		25		3	前 657
	4		16		26		4	前 656
	5		17		27		5	前 655
	6		18		28		6	前 654
	7		19		29		7	前 653
	8		20		30		8	前 652
	9		21		31		9	前 651
	10		22	襄公兹父	1		10	前 650
	11		23		2		11	前 649
	12		24		3		12	前 648
	13		25		4		13	前 647
	14		26		5		14	前 646
	15		27		6		15	前 645
	16		28		7		16	前 644
	17		29		8		17	前 643
	18		30		9		18	前 642
	19		31		10		19	前 641
	20		32		11		20	前 640
	21		33		12		21	前 639
	22		34		13		22	前 638
	23		35		14		23	前 637
	24		36	成公王臣	1		24	前 636
	25		37		2		25	前 635
	26		38		3	成公郑	1	前 634
	27		39		4		2	前 633
	28		40		5		3	前 632
	29		41		6		4	前 631
	30		42		7		5	前 630
	31		43		8		6	前 629

公元	干支	陈	蔡	曹	郑	燕
前664	丁巳	宣公杵臼 29	穆侯肸 11	釐公夷 7	文公捷 9	庄公 27
前663	戊午	30	12	8	10	28
前662	己未	31	13	9	11	29
前661	庚申	32	14	昭公班 1	12	30
前660	辛酉	33	15	2	13	31
前659	壬戌	34	16	3	14	32
前658	癸亥	35	17	4	15	33
前657	甲子	36	18	5	16	襄公 1
前656	乙丑	37	19	6	17	2
前655	丙寅	38	20	7	18	3
前654	丁卯	39	21	8	19	4
前653	戊辰	40	22	9	20	5
前652	己巳	41	23	共公襄 1	21	6
前651	庚午	42	24	2	22	7
前650	辛未	43	25	3	23	8
前649	壬申	44	26	4	24	9
前648	癸酉	45	27	5	25	10
前647	甲戌	穆公款 1	28	6	26	11
前646	乙亥	2	29	7	27	12
前645	丙子	3	庄侯甲午 1	8	28	13
前644	丁丑	4	2	9	29	14
前643	戊寅	5	3	10	30	15
前642	己卯	6	4	11	31	16
前641	庚辰	7	5	12	32	17
前640	辛巳	8	6	13	33	18
前639	壬午	9	7	14	34	19
前638	癸未	10	8	15	35	20
前637	甲申	11	9	16	36	21
前636	乙酉	12	10	17	37	22
前635	丙戌	13	11	18	38	23
前634	丁亥	14	12	19	39	24
前633	戊子	15	13	20	40	25
前632	己丑	16	14	21	41	26
前631	庚寅	共公朔 1	15	22	42	27
前630	辛卯	2	16	23	43	28
前629	壬辰	3	17	24	44	29

＊ 有可靠文字记载的日本历史纪年，始自孝德天皇大化元年（公元645年）。近现代日本的少数学者为了拓展日本历史空间，依据传说和神话，出现两种推演结果，一是始自公元270年的应神天皇，二是始自公元前660年的神武天皇。为了给读者了解有关日本早期传说中的天皇纪年有一个可参照的标准，我

杞	邾	许	滕	日本	公元
惠公 9	文公蘧篨 2	穆公 49	宣公婴齐 52		前 664
10	3	50	53		前 663
11	4	51	54		前 662
12	5	52	55		前 661
13	6	53	56	神武天皇 * 1	前 660
14	7	54	57	2	前 659
15	8	55	58	3	前 658
16	9	56	59	4	前 657
17	10	57	60	5	前 656
18	11	僖公业 1	61	6	前 655
成公 1	12	2	62	7	前 654
2	13	3	63	8	前 653
3	14	4	64	9	前 652
4	15	5	65	10	前 651
5	16	6	66	11	前 650
6	17	7	67	12	前 649
7	18	8	68	13	前 648
8	19	9	69	14	前 647
9	20	10	70	15	前 646
10	21	11	71	16	前 645
11	22	12	72	17	前 644
12	23	13	73	18	前 643
13	24	14	74	19	前 642
14	25	15	75	20	前 641
15	26	16	昭公 1	21	前 640
16	27	17	2	22	前 639
17	28	18	3	23	前 638
18	29	19	4	24	前 637
桓公姑容 1	30	20	5	25	前 636
2	31	21	6	26	前 635
3	32	22	7	27	前 634
4	33	23	8	28	前 633
5	34	24	9	29	前 632
6	35	25	10	30	前 631
7	36	26	11	31	前 630
8	37	27	12	32	前 629

们将日本历史纪年推至公元前 660 年的神武天皇开始。只是需要特别向读者交待清楚的是，公元 270 年的应神天皇以前的历史纪年均缺乏可靠的历史和科学依据，仅供参照之用。

公元	干支	东周		鲁		齐		晋	
前628	癸巳	襄王	24	釐(僖)公申	32	昭公潘	5	文公重耳	9
前627	甲午		25		33		6	襄公驩	1
前626	乙未		26	文公兴	1		7		2
前625	丙申		27		2		8		3
前624	丁酉		28		3		9		4
前623	戊戌		29		4		10		5
前622	己亥		30		5		11		6
前621	庚子		31		6		12		7
前620	辛丑		32		7		13	灵公夷皋	1
前619	壬寅		33		8		14		2
前618	癸卯	顷王(壬臣)	1		9		15		3
前617	甲辰		2		10		16		4
前616	乙巳		3		11		17		5
前615	丙午		4		12		18		6
前614	丁未		5		13		19		7
前613	戊申		6		14		20		8
前612	己酉	匡王(班)	1		15	懿公商人	1		9
前611	庚戌		2		16		2		10
前610	辛亥		3		17		3		11
前609	壬子		4		18		4		12
前608	癸丑		5	宣公俀	1	惠公元	1		13
前607	甲寅		6		2		2		14
前606	乙卯	定王(瑜)	1		3		3	成公黑臀	1
前605	丙辰		2		4		4		2
前604	丁巳		3		5		5		3
前603	戊午		4		6		6		4
前602	己未		5		7		7		5
前601	庚申		6		8		8		6
前600	辛酉		7		9		9		7
前599	壬戌		8		10		10	景公据	1
前598	癸亥		9		11	顷公无野	1		2
前597	甲子		10		12		2		3
前596	乙丑		11		13		3		4
前595	丙寅		12		14		4		5
前594	丁卯		13		15		5		6
前593	戊辰		14		16		6		7
前592	己巳		15		17		7		8
前591	庚午		16		18		8		9
前590	辛未		17	成公黑肱	1		9		10

秦	楚	宋	卫	陈	公元
穆公任好 32	成王恽 44	成公王臣 9	成公郑 7	共公朔 4	前628
33	45	10	8	5	前627
34	46	11	9	6	前626
35	穆王商臣 1	12	10	7	前625
36	2	13	11	8	前624
37	3	14	12	9	前623
38	4	15	13	10	前622
39	5	16	14	11	前621
康公䓨 1	6	17	15	12	前620
2	7	昭公杵臼 1	16	13	前619
3	8	2	17	14	前618
4	9	3	18	15	前617
5	10	4	19	16	前616
6	11	5	20	17	前615
7	12	6	21	18	前614
8	庄王侣 1	7	22	灵公平国 1	前613
9	2	8	23	2	前612
10	3	9	24	3	前611
11	4	文公鲍 1	25	4	前610
12	5	2	26	5	前609
共公和 1	6	3	27	6	前608
2	7	4	28	7	前607
3	8	5	29	8	前606
4	9	6	30	9	前605
5	10	7	31	10	前604
桓公 1	11	8	32	11	前603
2	12	9	33	12	前602
3	13	10	34	13	前601
4	14	11	35	14	前600
5	15	12	穆公遬 1	15	前599
6	16	13	2	成公午 1	前598
7	17	14	3	2	前597
8	18	15	4	3	前596
9	19	16	5	4	前595
10	20	17	6	5	前594
11	21	18	7	6	前593
12	22	19	8	7	前592
13	23	20	9	8	前591
14	共公审 1	21	10	9	前590

公元	干支	蔡	曹	郑	燕	杞
前 628	癸巳	庄侯甲午 18	共公襄 25	文公捷 45	襄公 30	桓公姑容 9
前 627	甲午	19	26	穆公兰 1	31	10
前 626	乙未	20	27	2	32	11
前 625	丙申	21	28	3	33	12
前 624	丁酉	22	29	4	34	13
前 623	戊戌	23	30	5	35	14
前 622	己亥	24	31	6	36	15
前 621	庚子	25	32	7	37	16
前 620	辛丑	26	33	8	38	17
前 619	壬寅	27	34	9	39	18
前 618	癸卯	28	35	10	40	19
前 617	甲辰	29	文公寿 1	11	桓公 1	20
前 616	乙巳	30	2	12	2	21
前 615	丙午	31	3	13	3	22
前 614	丁未	32	4	14	4	23
前 613	戊申	33	5	15	5	24
前 612	己酉	34	6	16	6	25
前 611	庚戌	文侯申 1	7	17	7	26
前 610	辛亥	2	8	18	8	27
前 609	壬子	3	9	19	9	28
前 608	癸丑	4	10	20	10	29
前 607	甲寅	5	11	21	11	30
前 606	乙卯	6	12	22	12	31
前 605	丙辰	7	13	23	13	32
前 604	丁巳	8	14	灵公夷 1 襄公坚 1	14	33
前 603	戊午	9	15	2	15	34
前 602	己未	10	16	3	16	35
前 601	庚申	11	17	4	宣公 1	36
前 600	辛酉	12	18	5	2	37
前 599	壬戌	13	19	6	3	38
前 598	癸亥	14	20	7	4	39
前 597	甲子	15	21	8	5	40
前 596	乙丑	16	22	9	6	41
前 595	丙寅	17	23	10	7	42
前 594	丁卯	18	宣公庐 1	11	8	43
前 593	戊辰	19	2	12	9	44
前 592	己巳	20	3	13	10	45
前 591	庚午	景侯固 1	4	14	11	46
前 590	辛未	2	5	15	12	47

* 莒君己姓，始祖己兹舆期，公元前 11 世纪周武王初建国，至平公共 11 世。鲁隐公 2 年后，始见

邾		许		滕		莒		日本		公元
文公蘧篨	38	僖公业	28	昭公	13			神武天皇	33	前628
	39		29		14				34	前627
	40		30		15				35	前626
	41		31		16				36	前625
	42		32		17				37	前624
	43		33		18				38	前623
	44		34		19				39	前622
	45	昭公锡我	1		20				40	前621
	46		2		21				41	前620
	47		3		22				42	前619
	48		4		23				43	前618
	49		5		24				44	前617
	50		6		25				45	前616
	51		7		26				46	前615
	52		8		27				47	前614
定公貜且	1		9		28				48	前613
	2		10		29				49	前612
	3		11		30	纪公庶其 *			50	前611
	4		12		31	(起年不详)			51	前610
	5		13		32	厉公季佗	1		52	前609
	6		14		33	渠邱公朱	1		53	前608
	7		15		34		2		54	前607
	8		16		35		3		55	前606
	9		17		36		4		56	前605
	10		18		37		5		57	前604
	11		19		38		6		58	前603
	12		20		39		7		59	前602
	13		21		40		8		60	前601
	14		22		41		9		61	前600
	15		23	文公	1		10		62	前599
	16		24		2		11		63	前598
	17		25		3		12		64	前597
	18		26		4		13		65	前596
	19		27		5		14		66	前595
	20		28		6		15		67	前594
	21		29		7		16		68	前593
	22		30		8		17		69	前592
	23	灵公宁	1		9		18		70	前591
	24		2		10		19		71	前590

莒君记事。

公元	干支	东周		鲁		齐		晋		秦	
前589	壬申	定王	18	成公黑肱	2	顷公无野	10	景公据	11	桓公	15
前588	癸酉		19		3		11		12		16
前587	甲戌		20		4		12		13		17
前586	乙亥		21		5		13		14		18
前585	丙子	简王(夷)	1		6		14		15		19
前584	丁丑		2		7		15		16		20
前583	戊寅		3		8		16		17		21
前582	己卯		4		9		17		18		22
前581	庚辰		5		10	灵公环	1		19		23
前580	辛巳		6		11		2	厉公寿曼	1		24
前579	壬午		7		12		3		2		25
前578	癸未		8		13		4		3		26
前577	甲申		9		14		5		4		27
前576	乙酉		10		15		6		5	景公	1
前575	丙戌		11		16		7		6		2
前574	丁亥		12		17		8		7		3
前573	戊子		13		18		9		8		4
前572	己丑		14	襄公午	1		10	悼公周	1		5
前571	庚寅	灵王(泄心)	1		2		11		2		6
前570	辛卯		2		3		12		3		7
前569	壬辰		3		4		13		4		8
前568	癸巳		4		5		14		5		9
前567	甲午		5		6		15		6		10
前566	乙未		6		7		16		7		11
前565	丙申		7		8		17		8		12
前564	丁酉		8		9		18		9		13
前563	戊戌		9		10		19		10		14
前562	己亥		10		11		20		11		15
前561	庚子		11		12		21		12		16
前560	辛丑		12		13		22		13		17
前559	壬寅		13		14		23		14		18
前558	癸卯		14		15		24		15		19
前557	甲辰		15		16		25	平公彪	1		20
前556	乙巳		16		17		26		2		21
前555	丙午		17		18		27		3		22
前554	丁未		18		19		28		4		23
前553	戊申		19		20	庄公光	1		5		24
前552	己酉		20		21		2		6		25
前551	庚戌		21		22		3		7		26
前550	辛亥		22		23		4		8		27

楚	宋	卫	陈	蔡	公元
共公审 2	文公鲍 22	穆公遫 11	成公午 10	景侯固 3	前589
3	共公瑕 1	定公臧 1	11	4	前588
4	2	2	12	5	前587
5	3	3	13	6	前586
6	4	4	14	7	前585
7	5	5	15	8	前584
8	6	6	16	9	前583
9	7	7	17	10	前582
10	8	8	18	11	前581
11	9	9	19	12	前580
12	10	10	20	13	前579
13	11	11	21	14	前578
14	12	12	22	15	前577
15	13	献公衎 1	23	16	前576
16	平公成 1	2	24	17	前575
17	2	3	25	18	前574
18	3	4	26	19	前573
19	4	5	27	20	前572
20	5	6	28	21	前571
21	6	7	29	22	前570
22	7	8	30	23	前569
23	8	9	哀公弱 1	24	前568
24	9	10	2	25	前567
25	10	11	3	26	前566
26	11	12	4	27	前565
27	12	13	5	28	前564
28	13	14	6	29	前563
29	14	15	7	30	前562
30	15	16	8	31	前561
31	16	17	9	32	前560
康王昭 1	17	18	10	33	前559
2	18	殇公狄 1	11	34	前558
3	19	2	12	35	前557
4	20	3	13	36	前556
5	21	4	14	37	前555
6	22	5	15	38	前554
7	23	6	16	39	前553
8	24	7	17	40	前552
9	25	8	18	41	前551
10	26	9	19	42	前550

公元	干支	曹		郑		燕		吴		杞	
前589	壬申	宣公庐	6	襄公坚	16	宣公	13			桓公姑容	48
前588	癸酉		7		17		14				49
前587	甲戌		8		18		15				50
前586	乙亥		9	悼公沸	1	昭公	1				51
前585	丙子		10		2		2	寿梦	1		52
前584	丁丑		11	成公睔	1		3		2		53
前583	戊寅		12		2		4		3		54
前582	己卯		13		3		5		4		55
前581	庚辰		14		4		6		5		56
前580	辛巳		15		5		7		6		57
前579	壬午		16		6		8		7		58
前578	癸未		17		7		9		8		59
前577	甲申	成公负刍	1		8		10		9		60
前576	乙酉		2		9		11		10		61
前575	丙戌		3		10		12		11		62
前574	丁亥		4		11		13		12		63
前573	戊子		5		12	武公	1		13		64
前572	己丑		6		13		2		14		65
前571	庚寅		7		14		3		15		66
前570	辛卯		8	釐(僖)公恽	1		4		16		67
前569	壬辰		9		2		5		17		68
前568	癸巳		10		3		6		18		69
前567	甲午		11		4		7		19		70
前566	乙未		12		5		8		20	孝公匄	1
前565	丙申		13	简公嘉	1		9		21		2
前564	丁酉		14		2		10		22		3
前563	戊戌		15		3		11		23		4
前562	己亥		16		4		12		24		5
前561	庚子		17		5		13		25		6
前560	辛丑		18		6		14	诸樊	1		7
前559	壬寅		19		7		15		2		8
前558	癸卯		20		8		16		3		9
前557	甲辰		21		9		17		4		10
前556	乙巳		22		10		18		5		11
前555	丙午		23		11		19		6		12
前554	丁未	武公胜	1		12	文公	1		7		13
前553	戊申		2		13		2		8		14
前552	己酉		3		14		3		9		15
前551	庚戌		4		15		4		10		16
前550	辛亥		5		16		5		11		17

邾	许	滕	莒	薛	日本	公元
定公貜且 25	灵公宁 3	文公 11	渠丘公朱 20		神武天皇 72	前 589
26	4	12	21		73	前 588
27	5	13	22		74	前 587
28	6	14	23		75	前 586
29	7	15	24		76	前 585
30	8	16	25		（虚位）	前 584
31	9	17	26		（虚位）	前 583
32	10	18	27		（虚位）	前 582
33	11	19	28		绥靖天皇 1	前 581
34	12	20	29		2	前 580
35	13	21	30		3	前 579
36	14	22	31	献公榖 1	4	前 578
37	15	23	32	2	5	前 577
38	16	24	黎比公密州 1	3	6	前 576
39	17	25	2	4	7	前 575
40	18	成公原 1	3	5	8	前 574
宣公牼 1	19	2	4	6	9	前 573
2	20	3	5	7	10	前 572
3	21	4	6	8	11	前 571
4	22	5	7	9	12	前 570
5	23	6	8	10	13	前 569
6	24	7	9	11	14	前 568
7	25	8	10	12	15	前 567
8	26	9	11	13	16	前 566
9	27	10	12	14	17	前 565
10	28	11	13	15	18	前 564
11	29	12	14	16	19	前 563
12	30	13	15	17	20	前 562
13	31	14	16	18	21	前 561
14	32	15	17	19	22	前 560
15	33	16	18	20	23	前 559
16	34	17	19	21	24	前 558
17	35	18	20	22	25	前 557
18	36	19	21	23	26	前 556
悼公华 1	37	20	22	24	27	前 555
2	38	21	23	25	28	前 554
3	39	22	24	26	29	前 553
4	40	23	25	27	30	前 552
5	41	24	26	28	31	前 551
6	42	25	27	29	32	前 550

公元	干支	东周	鲁	齐	晋	秦
前549	壬子	灵王 23	襄公午 24	庄公光 5	平公彪 9	景公 28
前548	癸丑	24	25	6	10	29
前547	甲寅	25	26	景公杵臼 1	11	30
前546	乙卯	26	27	2	12	31
前545	丙辰	27	28	3	13	32
前544	丁巳	景王(贵) 1	29	4	14	33
前543	戊午	2	30	5	15	34
前542	己未	3	31	6	16	35
前541	庚申	4	昭公稠 1	7	17	36
前540	辛酉	5	2	8	18	37
前539	壬戌	6	3	9	19	38
前538	癸亥	7	4	10	20	39
前537	甲子	8	5	11	21	40
前536	乙丑	9	6	12	22	哀公 1
前535	丙寅	10	7	13	23	2
前534	丁卯	11	8	14	24	3
前533	戊辰	12	9	15	25	4
前532	己巳	13	10	16	26	5
前531	庚午	14	11	17	昭公夷 1	6
前530	辛未	15	12	18	2	7
前529	壬申	16	13	19	3	8
前528	癸酉	17	14	20	4	9
前527	甲戌	18	15	21	5	10
前526	乙亥	19	16	22	6	11
前525	丙子	20	17	23	顷公去疾 1	12
前524	丁丑	21	18	24	2	13
前523	戊寅	22	19	25	3	14
前522	己卯	23	20	26	4	15
前521	庚辰	24	21	27	5	16
前520	辛巳	25	22	28	6	17
前519	壬午	悼王(猛) 1	23	29	7	18
		敬王(匄) 1				
前518	癸未	2	24	30	8	19
前517	甲申	3	25	31	9	20
前516	乙酉	4	26	32	10	21
前515	丙戌	5	27	33	11	22
前514	丁亥	6	28	34	12	23
前513	戊子	7	29	35	13	24
前512	己丑	8	30	36	14	25

楚	宋	卫	陈	蔡	公元
康王昭 11	平公成 27	殇公狄 10	哀公弱 20	景侯固 43	前 549
12	28	11	21	44	前 548
13	29	12	22	45	前 547
14	30	献公衎(复位) 1	23	46	前 546
15	31	2	24	47	前 545
郏敖 1	32	3	25	48	前 544
2	33	襄公恶 1	26	49	前 543
3	34	2	27	灵侯班 1	前 542
4	35	3	28	2	前 541
灵王围 1	36	4	29	3	前 540
2	37	5	30	4	前 539
3	38	6	31	5	前 538
4	39	7	32	6	前 537
5	40	8	33	7	前 536
6	41	9	34	8	前 535
7	42	灵公元 1	35	9	前 534
8	43	2	惠公吴 1	10	前 533
9	44	3	2	11	前 532
10	元公佐 1	4	3	12	前 531
11	2	5	4	平侯庐 1	前 530
12	3	6	5	2	前 529
平王居 1	4	7	6	3	前 528
2	5	8	7	4	前 527
3	6	9	8	5	前 526
4	7	10	9	6	前 525
5	8	11	10	7	前 524
6	9	12	11	8	前 523
7	10	13	12	9	前 522
8	11	14	13	悼侯东国 1	前 521
9	12	15	14	2	前 520
10	13	16	15	3	前 519
11	14	17	16	昭侯申 1	前 518
12	15	18	17	2	前 517
13	景公头曼 1	19	18	3	前 516
昭王珍 1	2	20	19	4	前 515
2	3	21	20	5	前 514
3	4	22	21	6	前 513
4	5	23	22	7	前 512

公元	干支	曹	郑	燕	吴	杞	邾
前 549	壬子	武公胜 6	简公嘉 17	文公 6	诸樊 12	文公益姑 1	悼公华 7
前 548	癸丑	7	18	懿公 1	13	2	8
前 547	甲寅	8	19	2	馀祭 1	3	9
前 546	乙卯	9	20	3	2	4	10
前 545	丙辰	10	21	4	3	5	11
前 544	丁巳	11	22	惠公 1	4	6	12
前 543	戊午	12	23	2	5	7	13
前 542	己未	13	24	3	6	8	14
前 541	庚申	14	25	4	7	9	15
前 540	辛酉	15	26	5	8	10	庄公穿 1
前 539	壬戌	16	27	6	9	11	2
前 538	癸亥	17	28	7	10	12	3
前 537	甲子	18	29	8	11	13	4
前 536	乙丑	19	30	9	12	14	5
前 535	丙寅	20	31	悼公 1	13	平公郁 1	6
前 534	丁卯	21	32	2	14	2	7
前 533	戊辰	22	33	3	15	3	8
前 532	己巳	23	34	4	16	4	9
前 531	庚午	24	35	5	17	5	10
前 530	辛未	25	36	6	馀昧 1	6	11
前 529	壬申	26	定公宁 1	7	2	7	12
前 528	癸酉	27	2	共公 1	3	8	13
前 527	甲戌	平公须 1	3	2	4	9	14
前 526	乙亥	2	4	3	僚 1	10	15
前 525	丙子	3	5	4	2	11	16
前 524	丁丑	4	6	5	3	12	17
前 523	戊寅	悼公午 1	7	平公 1	4	13	18
前 522	己卯	2	8	2	5	14	19
前 521	庚辰	3	9	3	6	15	20
前 520	辛巳	4	10	4	7	16	21
前 519	壬午	5	11	5	8	17	22
前 518	癸未	6	12	6	9	18	23
前 517	甲申	7	13	7	10	悼公成 1	24
前 516	乙酉	8	14	8	11	2	25
前 515	丙戌	9	15	9	12	3	26
前 514	丁亥	襄公野 1	16	10	阖闾 1	4	27
前 513	戊子	2	献公虿 1	11	2	5	28
前 512	己丑	3	2	12	3	6	29

许		滕		莒		薛		日本		公元
灵公宁	43	成公原	26	黎比公密州	28	献公穀	30	安宁天皇	1	前549
	44		27		29		31		2	前548
	45		28		30		32		3	前547
悼公买	1		29		31		33		4	前546
	2		30		32		34		5	前545
	3		31		33		35		6	前544
	4		32		34		36		7	前543
	5		33		35		37		8	前542
	6		34	展舆	1		38		9	前541
	7		35	著邱公去疾	1		39		10	前540
	8		36		2		40		11	前539
	9	悼公宁	1		3		41		12	前538
	10		2		4		42		13	前537
	11		3		5		43		14	前536
	12		4		6		44		15	前535
	13		5		7		45		16	前534
	14		6		8		46		17	前533
	15		7		9		47		18	前532
	16		8		10		48		19	前531
	17		9		11		49		20	前530
	18		10		12		50		21	前529
	19		11		13		51		22	前528
	20		12	郊公狂	1		52		23	前527
				共公庚舆	1					
	21		13		2		53		24	前526
	22		14		3		54		25	前525
	23		15		4		55		26	前524
	24		16		5		56		27	前523
男斯	1		17		6		57		28	前522
	2		18		7		58		29	前521
	3		19		8		59		30	前520
	4		20		9		60		31	前519
	5		21	郊公狂*	1		61		32	前518
	6		22		2		62		33	前517
	7		23		3		63		34	前516
	8		24		4		64		35	前515
	9		25		5		65		36	前514
	10	顷公结	1		6		66		37	前513
	11		2		7		67		38	前512

* 是年郊公狂复位。

公元	干支	东周	鲁	齐	晋	秦
前511	庚寅	敬王 9	昭公稠 31	景公杵臼 37	定公午 1	哀公 26
前510	辛卯	10	32	38	2	27
前509	壬辰	11	定公宋 1	39	3	28
前508	癸巳	12	2	40	4	29
前507	甲午	13	3	41	5	30
前506	乙未	14	4	42	6	31
前505	丙申	15	5	43	7	32
前504	丁酉	16	6	44	8	33
前503	戊戌	17	7	45	9	34
前502	己亥	18	8	46	10	35
前501	庚子	19	9	47	11	36
前500	辛丑	20	10	48	12	惠公 1
前499	壬寅	21	11	49	13	2
前498	癸卯	22	12	50	14	3
前497	甲辰	23	13	51	15	4
前496	乙巳	24	14	52	16	5
前495	丙午	25	15	53	17	6
前494	丁未	26	哀公将 1	54	18	7
前493	戊申	27	2	55	19	8
前492	己酉	28	3	56	20	9
前491	庚戌	29	4	57	21	10
前490	辛亥	30	5	58	22	悼公 1
前489	壬子	31	6	晏孺子 1	23	2
前488	癸丑	32	7	悼公阳生 1	24	3
前487	甲寅	33	8	2	25	4
前486	乙卯	34	9	3	26	5
前485	丙辰	35	10	4	27	6
前484	丁巳	36	11	简公壬 1	28	7
前483	戊午	37	12	2	29	8
前482	己未	38	13	3	30	9
前481	庚申	39	14	4	31	10
前480	辛酉	40	15	平公骜 1	32	11
前479	壬戌	41	16	2	33	12
前478	癸亥	42	17	3	34	13
前477	甲子	43	18	4	35	14
前476	乙丑	44	19	5	36	厉共公 1

楚	宋	卫	陈	蔡	公元
昭王珍 5	景公头曼 6	灵公元 24	惠公吴 23	昭侯申 8	前 511
6	7	25	24	9	前 510
7	8	26	25	10	前 509
8	9	27	26	11	前 508
9	10	28	27	12	前 507
10	11	29	28	13	前 506
11	12	30	怀公柳 1	14	前 505
12	13	31	2	15	前 504
13	14	32	3	16	前 503
14	15	33	4	17	前 502
15	16	34	湣公越 1	18	前 501
16	17	35	2	19	前 500
17	18	36	3	20	前 499
18	19	37	4	21	前 498
19	20	38	5	22	前 497
20	21	39	6	23	前 496
21	22	40	7	24	前 495
22	23	41	8	25	前 494
23	24	42	9	26	前 493
24	25	出公辄 1	10	27	前 492
25	26	2	11	28	前 491
26	27	3	12	成侯朔 1	前 490
27	28	4	13	2	前 489
惠王章 1	29	5	14	3	前 488
2	30	6	15	4	前 487
3	31	7	16	5	前 486
4	32	8	17	6	前 485
5	33	9	18	7	前 484
6	34	10	19	8	前 483
7	35	11	20	9	前 482
8	36	12	21	10	前 481
9	37	庄公蒯聩 1	22	11	前 480
10	38	2	23	12	前 479
11	39	3		13	前 478
12	40	起 1		14	前 477
13	41	出公辄后元 1		15	前 476

公元	干支	曹		郑		燕		吴		杞		郳	
前511	庚寅	襄公野	4	献公虿	3	平公	13	阖闾	4	悼公成	7	庄公穿	30
前510	辛卯		5		4		14		5		8		31
前509	壬辰	隐公通	1		5		15		6		9		32
前508	癸巳		2		6		16		7		10		33
前507	甲午		3		7		17		8		11		34
前506	乙未		4		8		18		9		12	隐公益	1
前505	丙申	靖公路	1		9		19		10	隐公乞	1		2
										釐公遂	1		
前504	丁酉		2		10	简公	1		11		2		3
前503	戊戌		3		11		2		12		3		4
前502	己亥		4		12		3		13		4		5
前501	庚子	伯阳	1		13		4		14		5		6
前500	辛丑		2	声公胜	1		5		15		6		7
前499	壬寅		3		2		6		16		7		8
前498	癸卯		4		3		7		17		8		9
前497	甲辰		5		4		8		18		9		10
前496	乙巳		6		5		9		19		10		11
前495	丙午		7		6		10	夫差	1		11		12
前494	丁未		8		7		11		2		12		13
前493	戊申		9		8		12		3		13		14
前492	己酉		10		9	献公	1		4		14		15
前491	庚戌		11		10		2		5		15		16
前490	辛亥		12		11		3		6		16		17
前489	壬子		13		12		4		7		17		18
前488	癸丑		14		13		5		8		18		19
前487	甲寅		15		14		6		9		19	桓公革	1
前486	乙卯				15		7		10	湣公维	1		2
前485	丙辰				16		8		11		2		3
前484	丁巳				17		9		12		3		4
前483	戊午				18		10		13		4		5
前482	己未				19		11		14		5		6
前481	庚申				20		12		15		6		7
前480	辛酉				21		13		16		7		8
前479	壬戌				22		14		17		8		9
前478	癸亥				23		15		18		9		10
前477	甲子				24		16		19		10		11
前476	乙丑				25		17		20		11		12

许	滕	莒	薛	越	日本	公元
男斯 12	顷公结 3	郊公狂 8	献公榖 68		安宁天皇 39	前 511
13	4	9	襄公定 1	允常 1	懿德天皇 1	前 510
14	5	10	2	2	2	前 509
15	6	11	3	3	3	前 508
16	7	12	4	4	4	前 507
17	8	13	5	5	5	前 506
18	9	14	6	6	6	前 505
19	10	15	7	7	7	前 504
元公成 1	11	16	8	8	8	前 503
2	12	17	9	9	9	前 502
3	13	18	10	10	10	前 501
4	14	19	11	11	11	前 500
5	15	20	12	12	12	前 499
6	16	21	13	13	13	前 498
7	17	22	比君 1	14	14	前 497
8	18	23	惠公夷 1	勾践 1	15	前 496
9	19	24	2	2	16	前 495
10	20	25	3	3	17	前 494
11	21	26	4	4	18	前 493
12	22	27	5	5	19	前 492
13	23	28	6	6	20	前 491
14	隐公虞母 1	29	7	7	21	前 490
15	2	30	8	8	22	前 489
16	3	31	9	9	23	前 488
17	4	32	10	10	24	前 487
18	5	33	11	11	25	前 486
19	6	34	12	12	26	前 485
20	7	35	13	13	27	前 484
21	以下世系不明	36	14	14	28	前 483
22	前 286 年为宋所灭	37	15	15	29	前 482
以下世系不明		38	16	16	30	前 481
战国初为楚所灭		以下世系不明	以下世系不明	17	31	前 480
		前 431 年灭于楚	战国初灭于齐	18	32	前 479
				19	33	前 478
				20	34	前 477
				21	35	前 476

表5　战国纪年表 *

公元	干支	东周		秦		赵		晋	
前475	丙寅	元王(仁)	1	厉共公	2	襄子毋恤	1	定公午	37
前474	丁卯		2		3		2	出公错	1
前473	戊辰		3		4		3		2
前472	己巳		4		5		4		3
前471	庚午		5		6		5		4
前470	辛未		6		7		6		5
前469	壬申		7		8		7		6
前468	癸酉	贞定王(介)	1		9		8		7
前467	甲戌		2		10		9		8
前466	乙亥		3		11		10		9
前465	丙子		4		12		11		10
前464	丁丑		5		13		12		11
前463	戊寅		6		14		13		12
前462	己卯		7		15		14		13
前461	庚辰		8		16		15		14
前460	辛巳		9		17		16		15
前459	壬午		10		18		17		16
前458	癸未		11		19		18		17
前457	甲申		12		20		19		18
前456	乙酉		13		21		20		19
前455	丙戌		14		22		21		20
前454	丁亥		15		23		22		21
前453	戊子		16		24		23		22
前452	己丑		17		25		24		23
前451	庚寅		18		26		25	敬公	1
前450	辛卯		19		27		26		2
前449	壬辰		20		28		27		3
前448	癸巳		21		29		28		4
前447	甲午		22		30		29		5
前446	乙未		23		31		30		6

* 三家分晋至秦统一中国的年代，是为战国。现据《史记》将其起始定为周元王元年。系统的战国纪年，还是要依靠《史记·六国年表》，但已发现其有许多错误。今据《古本竹书纪年》和今人的研究加以订正。

楚		燕**		齐		鲁		公元
惠王章	14	献公	18	平公骜	6	哀公将	20	前 475
	15		19		7		21	前 474
	16		20		8		22	前 473
	17		21		9		23	前 472
	18		22		10		24	前 471
	19		23		11		25	前 470
	20		24		12		26	前 469
	21		25		13		27	前 468
	22		26		14	悼公宁	1	前 467
	23		27		15		2	前 466
	24		28		16		3	前 465
	25	孝公	1		17		4	前 464
	26		2		18		5	前 463
	27		3		19		6	前 462
	28		4		20		7	前 461
	29		5		21		8	前 460
	30		6		22		9	前 459
	31		7		23		10	前 458
	32		8		24		11	前 457
	33		9		25		12	前 456
	34		10	宣公积	1		13	前 455
	35	成公	1		2		14	前 454
	36		2		3		15	前 453
	37		3		4		16	前 452
	38		4		5		17	前 451
	39		5		6		18	前 450
	40		6		7		19	前 449
	41		7		8		20	前 448
	42		8		9		21	前 447
	43		9		10		22	前 446

** 《史记·六国年表》中，以战国早期燕国的纪年问题最多，方诗铭表中春秋战国之交燕国纪年让其不相衔接，终属不妥。今主要采用《全注全译史记》中缪文远的意见加以修订。

公元	干支	宋	卫	蔡	郑
前475	丙寅	景公头曼 42	出公辄后元 2	成侯朔 16	声公胜 26
前474	丁卯	43	3	17	27
前473	戊辰	44	4	18	28
前472	己巳	45	5	19	29
前471	庚午	46	6	声侯产 1	30
前470	辛未	47	7	2	31
前469	壬申	48	8	3	32
前468	癸酉	49	9	4	33
前467	甲戌	50	10	5	34
前466	乙亥	51	11	6	35
前465	丙子	52	12	7	36
前464	丁丑	53	13	8	37
前463	戊寅	54	14	9	38
前462	己卯	55	15	10	哀公易 1
前461	庚辰	56	16	11	2
前460	辛巳	57	17	12	3
前459	壬午	58	18	13	4
前458	癸未	59	19	14	5
前457	甲申	60	20	15	6
前456	乙酉	61	21	元侯 1	7
前455	丙戌	62	悼公黔 1	2	8
前454	丁亥	63	2	3	共公丑 1
前453	戊子	64	3	4	2
前452	己丑	65	4	5	3
前451	庚寅	66	5	6	4
前450	辛卯	昭公特 1	敬公弗 1	蔡侯齐 1	5
前449	壬辰	2	2	2	6
前448	癸巳	3	3	3	7
前447	甲午	4	4	4(亡)	8
前446	乙未	5	5		9

吴	杞	郲	越	日本	公元
夫差 21	滑公维 12	桓公革 13	勾践 22	孝昭天皇 1	前475
22	13	14	23	2	前474
23(亡)	14	15	24	3	前473
	15	隐公益 1	25	4	前472
	16	2	26	5	前471
	哀公阏路 1	公子何 1	27	6	前470
	2	2	28	7	前469
	3		29	8	前468
	4		30	9	前467
	5		31	10	前466
	6		32	11	前465
	7		鹿郢 1	12	前464
	8		2	13	前463
	9		3	14	前462
	10		4	15	前461
	出公敕 1		5	16	前460
	2		6	17	前459
	3		不寿 1	18	前458
	4		2	19	前457
	5		3	20	前456
	6		4	21	前455
	7		5	22	前454
	8		6	23	前453
	9		7	24	前452
	10		8	25	前451
	11		9	26	前450
	12		10	27	前449
	简公春 1		朱勾 1	28	前448
	2		2	29	前447
	3		3	30	前446

公元	干支	东周	秦	赵	魏
前 445	丙申	贞定王 24	厉共公 32	襄子毋恤 31	文侯斯 1
前 444	丁酉	25	33	32	2
前 443	戊戌	26	34	33	3
前 442	己亥	27	躁公 1	34	4
前 441	庚子	28	2	35	5
		哀公去疾 1			
		思王叔 1			
前 440	辛丑	考王(嵬) 1	3	36	6
前 439	壬寅	2	4	37	7
前 438	癸卯	3	5	38	8
前 437	甲辰	4	6	39	9
前 436	乙巳	5	7	40	10
前 435	丙午	6	8	41	11
前 434	丁未	7	9	42	12
前 433	戊申	8	10	43	13
前 432	己酉	9	11	44	14
前 431	庚戌	10	12	45	15
前 430	辛亥	11	13	46	16
前 429	壬子	12	14	47	17
前 428	癸丑	13	怀公 1	48	18
前 427	甲寅	14	2	49	19
前 426	乙卯	15	3	50	20
前 425	丙辰	威烈王(午) 1	4	51	21
前 424	丁巳	2	灵公 1	桓子 1	22
前 423	戊午	3	2	献侯浣 1	23
前 422	己未	4	3	2	24
前 421	庚申	5	4	3	25
前 420	辛酉	6	5	4	26
前 419	壬戌	7	6	5	27
前 418	癸亥	8	7	6	28
前 417	甲子	9	8	7	29
前 416	乙丑	10	9	8	30
前 415	丙寅	11	10	9	31
前 414	丁卯	12	简公悼子 1	10	32
前 413	戊辰	13	2	11	33
前 412	己巳	14	3	12	34
前 411	庚午	15	4	13	35
前 410	辛未	16	5	14	36
前 409	壬申	17	6	15	37
前 408	癸酉	18	7	烈侯籍 1	38

韩		晋		楚		燕		公元
		敬公	7	惠王章	44	成公	10	前 445
			8		45		11	前 444
			9		46		12	前 443
			10		47		13	前 442
			11		48		14	前 441
			12		49		15	前 440
			13		50		16	前 439
			14		51	文公	1	前 438
			15		52		2	前 437
			16		53		3	前 436
			17		54		4	前 435
			18		55		5	前 434
		幽公柳	1		56		6	前 433
			2		57		7	前 432
			3	简王仲	1		8	前 431
			4		2		9	前 430
			5		3		10	前 429
			6		4		11	前 428
			7		5		12	前 427
			8		6		13	前 426
			9		7		14	前 425
武子启章	1		10		8		15	前 424
	2		11		9		16	前 423
	3		12		10		17	前 422
	4		13		11		18	前 421
	5		14		12		19	前 420
	6		15		13		20	前 419
	7		16		14		21	前 418
	8		17		15		22	前 417
	9		18		16		23	前 416
	10	烈公止	1		17		24	前 415
	11		2		18	简公	1	前 414
	12		3		19		2	前 413
	13		4		20		3	前 412
	14		5		21		4	前 411
	15		6		22		5	前 410
	16		7		23		6	前 409
景侯虔	1		8		24		7	前 408

公元	干支	齐	田齐	鲁	宋
前445	丙申	宣公积 11		悼公宁 23	昭公特 6
前444	丁酉	12		24	7
前443	戊戌	13		25	8
前442	己亥	14		26	9
前441	庚子	15		27	10
前440	辛丑	16		28	11
前439	壬寅	17		29	12
前438	癸卯	18		30	13
前437	甲辰	19		31	14
前436	乙巳	20		32	15
前435	丙午	21		33	16
前434	丁未	22		34	17
前433	戊申	23		35	18
前432	己酉	24		36	19
前431	庚戌	25		37	20
前430	辛亥	26		元公嘉 1	21
前429	壬子	27		2	22
前428	癸丑	28		3	23
前427	甲寅	29		4	24
前426	乙卯	30		5	25
前425	丙辰	31		6	26
前424	丁巳	32		7	27
前423	戊午	33		8	28
前422	己未	34		9	29
前421	庚申	35		10	30
前420	辛酉	36		11	31
前419	壬戌	37		12	32
前418	癸亥	38		13	33
前417	甲子	39		14	34
前416	乙丑	40		15	35
前415	丙寅	41		16	36
前414	丁卯	42		17	37
前413	戊辰	43		18	38
前412	己巳	44		19	39
前411	庚午	45		20	40
前410	辛未	46	悼子 1	21	41
前409	壬申	47	2	穆公显 1	42
前408	癸酉	48	3	2	43

卫	郑	杞	越	日本	公元
敬公弗 6	共公丑 10	简公春 4(亡)	朱勾 4	孝昭天皇 31	前445
7	11		5	32	前444
8	12		6	33	前443
9	13		7	34	前442
10	14		8	35	前441
11	15		9	36	前440
12	16		10	37	前439
13	17		11	38	前438
14	18		12	39	前437
15	19		13	40	前436
16	20		14	41	前435
17	21		15	42	前434
18	22		16	43	前433
19	23		17	44	前432
昭公纠 1	24		18	45	前431
2	25		19	46	前430
3	26		20	47	前429
4	27		21	48	前428
5	28		22	49	前427
6	29		23	50	前426
怀公亹 1	30		24	51	前425
2	31		25	52	前424
3	幽公已 1		26	53	前423
4	缧公骀 1		27	54	前422
5	2		28	55	前421
6	3		29	56	前420
7	4		30	57	前419
8	5		31	58	前418
9	6		32	59	前417
10	7		33	60	前416
11	8		34	61	前415
慎公颓 1	9		35	62	前414
2	10		36	63	前413
3	11		37	64	前412
4	12		王翳 1	65	前411
5	13		2	66	前410
6	14		3	67	前409
7	15		4	68	前408

公元	干支	东周		秦		赵		魏	
前 407	甲戌	威烈王(午)	19	简公悼子	8	烈侯籍	2	文侯斯	39
前 406	乙亥		20		9		3		40
前 405	丙子		21	敬公 *	1		4		41
前 404	丁丑		22		2		5		42
前 403	戊寅		23		3		6		43
前 402	己卯		24		4		7		44
前 401	庚辰	安王(骄)	1		5		8		45
前 400	辛巳		2		6		9		46
前 399	壬午		3		7		10		47
前 398	癸未		4		8		11		48
前 397	甲申		5		9		12		49
前 396	乙酉		6		10		13		50
前 395	丙戌		7		11		14	武侯击	1
前 394	丁亥		8		12		15		2
前 393	戊子		9	惠公	1		16		3
前 392	己丑		10		2		17		4
前 391	庚寅		11		3		18		5
前 390	辛卯		12		4		19		6
前 389	壬辰		13		5		20		7
前 388	癸巳		14		6		21		8
前 387	甲午		15		7		22		9
前 386	乙未		16	出公	1	敬侯章	1		10
前 385	丙申		17		2		2		11
前 384	丁酉		18	献公	1		3		12
前 383	戊戌		19		2		4		13
前 382	己亥		20		3		5		14
前 381	庚子		21		4		6		15
前 380	辛丑		22		5		7		16
前 379	壬寅		23		6		8		17
前 378	癸卯		24		7		9		18
前 377	甲辰		25		8		10		19
前 376	乙巳		26		9		11		20
前 375	丙午	烈王(喜)	1		10		12		21
前 374	丁未		2		11	成侯种	1		22
前 373	戊申		3		12		2		23
前 372	己酉		4		13		3		24
前 371	庚戌		5		14		4		25
前 370	辛亥		6		15		5		26
前 369	壬子		7		16		6	惠王罃	1

* 秦敬公以下据后人依《竹书纪年》考订。

韩		晋		楚		燕		公元
景侯虔	2	烈公止	9	声王当	1	简公	8	前 407
	3		10		2		9	前 406
	4		11		3		10	前 405
	5		12		4		11	前 404
	6		13		5		12	前 403
	7		14		6		13	前 402
	8		15	悼王疑	1		14	前 401
	9		16		2		15	前 400
烈侯取	1		17		3		16	前 399
	2		18		4		17	前 398
	3		19		5		18	前 397
	4		20		6		19	前 396
	5		21		7		20	前 395
	6		22		8		21	前 394
	7		23		9		22	前 393
	8		24		10		23	前 392
	9		25		11		24	前 391
	10		26		12		25	前 390
	11		27		13		26	前 389
	12	桓公	1		14		27	前 388
	13		2		15		28	前 387
文侯	1		3		16		29	前 386
	2		4		17		30	前 385
	3		5		18		31	前 384
	4		6		19		32	前 383
	5		7		20		33	前 382
	6		8		21		34	前 381
	7		9	肃王臧	1		35	前 380
	8		10		2		36	前 379
	9		11		3		37	前 378
	10		12		4		38	前 377
哀侯	1		13		5		39	前 376
	2		14		6		40	前 375
懿侯若山	1		15		7		41	前 374
	2		16		8		42	前 373
	3		17		9		43	前 372
	4		18		10		44	前 371
	5		19		11		45	前 370
	6		20（亡）	宣王良夫	1	桓公	1	前 369

公元	干支	齐		田齐		鲁		宋	
前407	甲戌	宣公积	49	悼子	4	穆公显	3	昭公特	44
前406	乙亥		50		5		4		45
前405	丙子		51		6		5		46
前404	丁丑	康公贷	1	田和	1		6		47
前403	戊寅		2		2		7	悼公购由	1
前402	己卯		3		3		8		2
前401	庚辰		4		4		9		3
前400	辛巳		5		5		10		4
前399	壬午		6		6		11		5
前398	癸未		7		7		12		6
前397	甲申		8		8		13		7
前396	乙酉		9		9		14		8
前395	丙戌		10		10		15	休公田	1
前394	丁亥		11		11		16		2
前393	戊子		12		12		17		3
前392	己丑		13		13		18		4
前391	庚寅		14		14		19		5
前390	辛卯		15		15		20		6
前389	壬辰		16		16		21		7
前388	癸巳		17		17		22		8
前387	甲午		18		18		23		9
前386	乙未		19		19		24		10
前385	丙申		20		20		25		11
前384	丁酉		21		21		26		12
前383	戊戌		22	齐侯剡	1		27		13
前382	己亥		23		2		28		14
前381	庚子		24		3		29		15
前380	辛丑		25		4		30		16
前379	壬寅		26（亡）		5		31		17
前378	癸卯				6		32		18
前377	甲辰				7		33		19
前376	乙巳				8	共公奋	1		20
前375	丙午				9		2		21
前374	丁未			桓公午	1		3		22
前373	戊申				2		4		23
前372	己酉				3		5	辟公辟兵	1
前371	庚戌				4		6		2
前370	辛亥				5		7		3
前369	壬子				6		8	剔成	1

卫	郑	越	日本	公元
慎公颓 8	缟公骀 16	王翳 5	孝昭天皇 69	前 407
9	17	6	70	前 406
10	18	7	71	前 405
11	19	8	72	前 404
12	20	9	73	前 403
13	21	10	74	前 402
14	22	11	75	前 401
15	23	12	76	前 400
16	24	13	77	前 399
17	25	14	78	前 398
18	26	15	79	前 397
19	27	16	80	前 396
20	康公乙 1	17	81	前 395
21	2	18	82	前 394
22	3	19	83	前 393
23	4	20	孝安天皇 1	前 392
24	5	21	2	前 391
25	6	22	3	前 390
26	7	23	4	前 389
27	8	24	5	前 388
28	9	25	6	前 387
29	10	26	7	前 386
30	11	27	8	前 385
31	12	28	9	前 384
32	13	29	10	前 383
33	14	30	11	前 382
34	15	31	12	前 381
35	16	32	13	前 380
36	17	33	14	前 379
37	18	34	15	前 378
38	19	35	16	前 377
39	20	36	17	前 376
40	21（亡）	孚错枝 1	18	前 375
41		无余之 1	19	前 374
42		2	20	前 373
声公训 1		3	21	前 372
2		4	22	前 371
3		5	23	前 370
4		6	24	前 369

公元	干支	东周	秦	赵	魏	韩	楚
前 368	癸丑	显王(扁) 1	献公 17	成侯种 7	惠王罃 2	懿侯若山 7	宣王良夫 2
前 367	甲寅	2	18	8	3	8	3
前 366	乙卯	3	19	9	4	9	4
前 365	丙辰	4	20	10	5	10	5
前 364	丁巳	5	21	11	6	11	6
前 363	戊午	6	22	12	7	12	7
前 362	己未	7	23	13	8	昭侯 1	8
前 361	庚申	8	孝公渠梁 1	14	9	2	9
前 360	辛酉	9	2	15	10	3	10
前 359	壬戌	10	3	16	11	4	11
前 358	癸亥	11	4	17	12	5	12
前 357	甲子	12	5	18	13	6	13
前 356	乙丑	13	6	19	14	7	14
前 355	丙寅	14	7	20	15	8	15
前 354	丁卯	15	8	21	16	9	16
前 353	戊辰	16	9	22	17	10	17
前 352	己巳	17	10	23	18	11	18
前 351	庚午	18	11	24	19	12	19
前 350	辛未	19	12	25	20	13	20
前 349	壬申	20	13	肃侯緤 1	21	14	21
前 348	癸酉	21	14	2	22	15	22
前 347	甲戌	22	15	3	23	16	23
前 346	乙亥	23	16	4	24	17	24
前 345	丙子	24	17	5	25	18	25
前 344	丁丑	25	18	6	26	19	26
前 343	戊寅	26	19	7	27	20	27
前 342	己卯	27	20	8	28	21	28
前 341	庚辰	28	21	9	29	22	29
前 340	辛巳	29	22	10	30	23	30
前 339	壬午	30	23	11	31	24	威王商 1
前 338	癸未	31	24	12	32	25	2
前 337	甲申	32	惠文王 1	13	33	26	3
前 336	乙酉	33	2	14	34	27	4
前 335	丙戌	34	3	15	35	28	5
前 334	丁亥	35	4	16	后元 1 *	29	6
前 333	戊子	36	5	17	2	30	7
前 332	己丑	37	6	18	3	宣惠王 1	8
前 331	庚寅	38	7	19	4	2	9
前 330	辛卯	39	8	20	5	3	10

* 《史记》将惠王在位年作公元前 369—前 335 年，但据杨宽等考证，惠王至公元前 319 年死去为止一直在位，为示区别，此处开始以“后元”纪年。

燕	田齐	鲁	宋	卫	越	日本	公元
桓公 2	桓公午 7	共公奋 9	剔成 2	声公训 5	无余之 7	孝安天皇 25	前368
3	8	10	3	6	8	26	前367
4	9	11	4	7	9	27	前366
5	10	12	5	8	10	28	前365
6	11	13	6	9	11	29	前364
7	12	14	7	10	12	30	前363
8	13	15	8	11	无颛 1	31	前362
文公 1	14	16	9	成侯遬 1	2	32	前361
2	15	17	10	2	3	33	前360
3	16	18	11	3	4	34	前359
4	17	19	12	4	5	35	前358
5	18	20	13	5	6	36	前357
6	威王因齐 1	21	14	6	7	37	前356
7	2	22	15	7	8	38	前355
8	3	康公屯 1	16	8	无疆 ** 1	39	前354
9	4	2	17	9	2	40	前353
10	5	3	18	10	3	41	前352
11	6	4	19	11	4	42	前351
12	7	5	20	12	5	43	前350
13	8	6	21	13	6	44	前349
14	9	7	22	14	7	45	前348
15	10	8	23	15	8	46	前347
16	11	9	24	16	9	47	前346
17	12	景公匽 1	25	17	10	48	前345
18	13	2	26	18	11	49	前344
19	14	3	27	19	12	50	前343
20	15	4	28	20	13	51	前342
21	16	5	29	21	14	52	前341
22	17	6	30	22	15	53	前340
23	18	7	31	23	16	54	前339
24	19	8	32	24	17	55	前338
25	20	9	33	25	18	56	前337
26	21	10	34	26	19	57	前336
27	22	11	35	27	20	58	前335
28	23	12	36	28	21(亡)	59	前334
29	24	13	37	29		60	前333
易王 1	25	14	38	平侯 1		61	前332
2	26	15	39	2		62	前331
3	27	16	40	3		63	前330

** 《竹书纪年》与《史记》所载无疆在位年数不合。

公元	干支	东周	秦	赵	魏	韩	楚
前329	壬辰	显王(扁) 40	惠文王 9	肃侯緤 21	后元 6	宣惠王 4	威王商 11
前328	癸巳	41	10	22	7	5	怀王槐 1
前327	甲午	42	11	23	8	6	2
前326	乙未	43	12	24	9	7	3
前325	丙申	44	13	武灵王雍 1	10	8	4
前324	丁酉	45	更元 * 1	2	11	9	5
前323	戊戌	46	2	3	12	10	6
前322	己亥	47	3	4	13	11	7
前321	庚子	48	4	5	14	12	8
前320	辛丑	慎靓王(定) 1	5	6	15	13	9
前319	壬寅	2	6	7	16	14	10
前318	癸卯	3	7	8	襄王嗣 1	15	11
前317	甲辰	4	8	9	2	16	12
前316	乙巳	5	9	10	3	17	13
前315	丙午	6	10	11	4	18	14
前314	丁未	赧王(延) 1	11	12	5	19	15
前313	戊申	2	12	13	6	20	16
前312	己酉	3	13	14	7	21	17
前311	庚戌	4	14	15	8	襄王仓 1	18
前310	辛亥	5	武王荡 1	16	9	2	19
前309	壬子	6	2	17	10	3	20
前308	癸丑	7	3	18	11	4	21
前307	甲寅	8	4	19	12	5	22
前306	乙卯	9	昭襄王 1	20	13	6	23
前305	丙辰	10	2	21	14	7	24
前304	丁巳	11	3	22	15	8	25
前303	戊午	12	4	23	16	9	26
前302	己未	13	5	24	17	10	27
前301	庚申	14	6	25	18	11	28
前300	辛酉	15	7	26	19	12	29
前299	壬戌	16	8	27	20	13	30
前298	癸亥	17	9	惠文王何 1	21	14	顷襄王横 1
前297	甲子	18	10	2	22	15	2
前296	乙丑	19	11	3	23	16	3
前295	丙寅	20	12	4	昭王遬 1	厘王咎 1	4
前294	丁卯	21	13	5	2	2	5
前293	戊辰	22	14	6	3	3	6
前292	己巳	23	15	7	4	4	7
前291	庚午	24	16	8	5	5	8
前290	辛未	25	17	9	6	6	9

* 秦惠文王从该年开始重新序记祚年。

燕		田齐		鲁		宋		卫		日本		公元
易王	4	威王因齐	28	景公匽	17	剔成	41	平侯	4	孝安天皇	64	前 329
	5		29		18	宋君偃	1		5		65	前 328
	6		30		19		2		6		66	前 327
	7		31		20		3		7		67	前 326
	8		32		21		4		8		68	前 325
	9		33		22		5	嗣君	1		69	前 324
	10		34		23		6		2		70	前 323
	11		35		24		7		3		71	前 322
	12		36		25		8		4		72	前 321
燕王哙	1		37		26		9		5		73	前 320
	2	宣王辟疆	1		27		10		6		74	前 319
	3		2		28		11		7		75	前 318
	4		3		29		12		8		76	前 317
	5		4	平公叔	1		13		9		77	前 316
	6		5		2		14		10		78	前 315
	7		6		3		15		11		79	前 314
	8		7		4		16		12		80	前 313
	9		8		5		17		13		81	前 312
昭王平	1		9		6		18		14		82	前 311
	2		10		7		19		15		83	前 310
	3		11		8		20		16		84	前 309
	4		12		9		21		17		85	前 308
	5		13		10		22		18		86	前 307
	6		14		11		23		19		87	前 306
	7		15		12		24		20		88	前 305
	8		16		13		25		21		89	前 304
	9		17		14		26		22		90	前 303
	10		18		15		27		23		91	前 302
	11		19		16		28		24		92	前 301
	12	湣王地	1		17		29		25		93	前 300
	13		2		18		30		26		94	前 299
	14		3		19		31		27		95	前 298
	15		4		20		32		28		96	前 297
	16		5	文公贾	1		33		29		97	前 296
	17		6		2		34		30		98	前 295
	18		7		3		35		31		99	前 294
	19		8		4		36		32		100	前 293
	20		9		5		37		33		101	前 292
	21		10		6		38		34		102①	前 291
	22		11		7		39		35	孝灵天皇	1	前 290

公元	干支	东周	秦	赵	魏	韩	楚	燕
前289	壬申	赧王(延) 26	昭襄王 18	惠文王何 10	昭王遬 7	厘王咎 7	顷襄王横 10	昭王平 23
前288	癸酉	27	19	11	8	8	11	24
前287	甲戌	28	20	12	9	9	12	25
前286	乙亥	29	21	13	10	10	13	26
前285	丙子	30	22	14	11	11	14	27
前284	丁丑	31	23	15	12	12	15	28
前283	戊寅	32	24	16	13	13	16	29
前282	己卯	33	25	17	14	14	17	30
前281	庚辰	34	26	18	15	15	18	31
前280	辛巳	35	27	19	16	16	19	32
前279	壬午	36	28	20	17	17	20	33
前278	癸未	37	29	21	18	18	21	惠王 1
前277	甲申	38	30	22	19	19	22	2
前276	乙酉	39	31	23	安釐王圉 1	20	23	3
前275	丙戌	40	32	24	2	21	24	4
前274	丁亥	41	33	25	3	22	25	5
前273	戊子	42	34	26	4	23	26	6
前272	己丑	43	35	27	5	桓惠王 1	27	7
前271	庚寅	44	36	28	6	2	28	武成王 1
前270	辛卯	45	37	29	7	3	29	2
前269	壬辰	46	38	30	8	4	30	3
前268	癸巳	47	39	31	9	5	31	4
前267	甲午	48	40	32	10	6	32	5
前266	乙未	49	41	33	11	7	33	6
前265	丙申	50	42	孝成王丹 1	12	8	34	7
前264	丁酉	51	43	2	13	9	35	8
前263	戊戌	52	44	3	14	10	36	9
前262	己亥	53	45	4	15	11	考烈王熊元 1	10
前261	庚子	54	46	5	16	12	2	11
前260	辛丑	55	47	6	17	13	3	12
前259	壬寅	56	48	7	18	14	4	13
前258	癸卯	57	49	8	19	15	5	14
前257	甲辰	58	50	9	20	16	6	孝王 1
前256	乙巳	59	51	10	21	17	7	2
前255	丙午	周君 1	52	11	22	18	8	3
前254	丁未	2	53	12	23	19	9	燕王喜 1
前253	戊申	3	54	13	24	20	10	2
前252	己酉	4	55	14	25	21	11	3
前251	庚戌	5	56	15	26	22	12	4

* 瓯雒国为传说中的国家，实际应是部落联盟。同为传说中的部落联盟还有更早的（公元前2879

田齐		鲁		宋		卫		日本		越南		公元
湣王地	12	文公贾	8	宋君偃	40	嗣君	36	孝灵天皇	2			前289
	13		9		41		37		3			前288
	14		10		42		38		4			前287
	15		11		43(亡)		39		5			前286
	16		12				40		6			前285
	17		13				41		7			前284
襄王法章	1		14				42		8			前283
	2		15			怀君	1		9			前282
	3		16				2		10			前281
	4		17				3		11			前280
	5		18				4		12			前279
	6		19				5		13			前278
	7		20				6		14			前277
	8		21				7		15			前276
	9		22				8		16			前275
	10		23				9		17			前274
	11	顷公雔	1				10		18			前273
	12		2				11		19			前272
	13		3				12		20			前271
	14		4				13		21			前270
	15		5				14		22			前269
	16		6				15		23			前268
	17		7				16		24			前267
	18		8				17		25			前266
	19		9				18		26			前265
齐王建	1		10				19		27			前264
	2		11				20		28			前263
	3		12				21		29			前262
	4		13				22		30			前261
	5		14				23		31			前260
	6		15				24		32			前259
	7		16				25		33			前258
	8		17				26		34	瓯雒国安阳王*	1	前257
	9		18				27		35		2	前256
	10		19				28		36		3	前255
	11		20				29		37		4	前254
	12		21				30		38		5	前253
	13		22				31		39		6	前252
	14		23			元君	1		40		7	前251

年—前258年）鸿庞氏（文郎部落联盟）。

公元	干支	东周	秦	赵	魏	韩	楚
前250	辛亥	君 6	孝文王 1	孝成王丹 16	安釐王圉 27	桓惠王 23	考烈王熊元 13
前249	壬子	7(亡)	庄襄王楚 1	17	28	24	14
前248	癸丑		2	18	29	25	15
前247	甲寅		3	19	30	26	16
前246	乙卯		秦王嬴政 1	20	31	27	17
前245	丙辰		2	21	32	28	18
前244	丁巳		3	悼襄王偃 1	33	29	19
前243	戊午		4	2	34	30	20
前242	己未		5	3	景湣王增 1	31	21
前241	庚申		6	4	2	32	22
前240	辛酉		7	5	3	33	23
前239	壬戌		8	6	4	34	24
前238	癸亥		9	7	5	韩王安 1	25
前237	甲子		10	8	6	2	幽王悍 1
前236	乙丑		11	9	7	3	2
前235	丙寅		12	幽穆王迁 1	8	4	3
前234	丁卯		13	2	9	5	4
前233	戊辰		14	3	10	6	5
前232	己巳		15	4	11	7	6
前231	庚午		16	5	12	8	7
前230	辛未		17	6	13	9(亡)	8
前229	壬申		18	7	14		9
前228	癸酉		19	8	15		10
前227	甲戌		20	代王嘉 1	魏王假 1		哀王犹 1
							楚王负刍 1
前226	乙亥		21	2	2		2
前225	丙子		22	3	3(亡)		3
前224	丁丑		23	4			4
前223	戊寅		24	5			5(亡)
前222	己卯		25	6(亡)			
前221	庚辰		26				

燕	田齐	鲁	卫	日本	越南	公元
燕王喜 5	齐王建 15	顷公雠 24	元君 2	孝灵天皇 41	瓯雒国安阳王 8	前 250
6	16	25(亡)	3	42	9	前 249
7	17		4	43	10	前 248
8	18		5	44	11	前 247
9	19		6	45	12	前 246
10	20		7	46	13	前 245
11	21		8	47	14	前 244
12	22		9	48	15	前 243
13	23		10	49	16	前 242
14	24		11	50	17	前 241
15	25		12	51	18	前 240
16	26		13	52	19	前 239
17	27		14	53	20	前 238
18	28		15	54	21	前 237
19	29		16	55	22	前 236
20	30		17	56	23	前 235
21	31		18	57	24	前 234
22	32		19	58	25	前 233
23	33		20	59	26	前 232
24	34		21	60	27	前 231
25	35		22	61	28	前 230
26	36		君角 1	62	29	前 229
27	37		2	63	30	前 228
28	38		3	64	31	前 227
29	39		4	65	32	前 226
30	40		5	66	33	前 225
31	41		6	67	34	前 224
32	42		7	68	35	前 223
33(亡)	43		8	69	36	前 222
	44(亡)		9	70	37	前 221

表6　两周诸侯兴亡表

国名	公元前	灭于何国	国名	公元前	灭于何国
秦	西周—206		邢	西周—635	卫
西虢	？—687	秦	东虢	？—767	郑
杜	？—687	秦	郑	806—375	韩
梁	？—641	秦	许	？—400	楚
芮	？—640	秦	应	西周—？	秦
智	？—453	韩、赵、魏	陈	前11世纪—479	楚
北虢	？—655	晋	宋	前11世纪—286	齐
虞	前11世纪—655	晋	戴	？—713	郑
晋	前11世纪—369	韩、赵、魏	蔡	前11世纪—447	楚
韩	424—230	秦	沈	前11世纪—506	蔡
赵	475—222	秦	江	？—623	楚
魏	445—225	秦	黄	？—648	楚
卫	前11世纪—209	秦	邓	？—678	楚
西周公	前11世纪—256	秦	鄀	？—504	楚
东周公	314—249	秦	燕	前11世纪—222	秦
苏	？—617后		杞	前11世纪—445	楚

国名	公元前	灭于何国	国名	公元前	灭于何国
纪	？—690	齐	楚	西周—223	秦
齐	前11世纪—379	田齐	中山	？—295	赵
田齐	410—221	秦	耿	？—661	晋
铸	前11世纪—550后		霍	？—661	晋
鲁	1035—249	楚	鼓	？—520	晋
郑	722—469	楚	滑	？—627	秦
邿	？—560	鲁	莱	西周—567	齐
曹	前11世纪—487	宋	胡	？—495	楚
会	？—567	莒	息	？—680	楚
莒	608—431	楚	萧	？—597	楚
滕	前11世纪—286	宋	顿	？—496	楚
郯	？—281后	齐、越	州来	？—529	吴
徐	？—512后	吴、楚	钟离	？—518	吴
吴	春秋—473	越	巢	？—518	吴
越	春秋—333	楚			

表 7　秦纪年表

公元	干支	公历元旦的农历日期	中国			
			秦	卫	西楚	汉
前221	庚辰	12. 14	始皇帝(嬴政) 26 *	君角 9		
前220	辛巳	11. 15	27	10		
前219	壬午	11. 26	28	11		
前218	癸未	12. 7	29	12		
前217	甲申	11. 18	30	13		
前216	乙酉	11. 28	31	14		
前215	丙戌	11. 10	32	15		
前214	丁亥	11. 21	33	16		
前213	戊子	12. 2	34	17		
前212	己丑	11. 14	35	18		
前211	庚寅	11. 24	36	19		
前210	辛卯	12. 6	37(二世⑦)	20		
前209	壬辰	11. 16	二世(嬴胡亥) 1	21(亡)		
前208	癸巳	11. 28	2		楚怀王(熊心) 1⑩	
前207	甲午	11. 9	3⑧		2	
前206	乙未	11. 20	三世(嬴子婴) 1		义帝(熊心) 1⑩ 楚霸王(项羽) 1	汉高祖(刘邦) 1⑩

*　秦统一中国以后用颛顼历，至西汉太初元年5月改历为止，以10月为岁首，月序以寅为始。以后各代历法，大都用寅正，仅王莽始建国元年至更始元年（9—13）和魏明帝景初元年至2年（237—238）用丑正，唐武后载初元年至久视元年（689—699）和肃宗上元二年（761）用子正。作中西纪年换算时应加注意。

**　有关南越国（公元前207—前111年）政权的归属问题，学界历来存在争议。本年表依据《越

中国 匈奴	朝鲜	日本	越南	公元
		孝灵天皇 70	安阳王 37	前 221
		71	38	前 220
		72	39	前 219
		73	40	前 218
		74	41	前 217
		75	42	前 216
		76②	43	前 215
		孝元天皇 1①	44	前 214
		2	45	前 213
		3	46	前 212
		4	47	前 211
		5	48	前 210
单于冒顿 1		6	49	前 209
2		7	50(亡)	前 208
3	以上箕否王年代无考	8	南越王(赵佗) ** 1	前 207
4	箕准王 *** 1	9	2	前 206

南通史》（［越］陈重金著，戴可来译：商务印书馆，1992 年 12 月第 1 版）和《越南通史》（郭振铎、张笑梅主编：中国人民大学出版社，2001 年 9 月第 1 版），暂且将南越国列入越南栏。

***　相传殷亡以后，商纣王叔父箕子带领五千殷人流亡朝鲜，成为朝鲜国王，建都平壤。传 40 余代，箕准为其最后一代王。朝鲜国以南还有马韩、弁韩和辰韩，其世系不明。

表8 西汉纪年表

公元	干支	公历元旦的农历日期	汉	西楚	匈奴	南越	朝鲜	日本
前206	乙未	11.20	汉高祖（刘邦） 1⑩	楚霸王（项羽） 1	单于冒顿 4	南越王（赵佗） 2	箕准王 1	孝元天皇 9
前205	丙申	11.30	2	2	5	3	2	10
前204	丁酉	11.12	3	3	6	4	3	11
前203	戊戌	11.23	4	4	7	5	4	12
前202	己亥	12.4	5	5⑫	8	6	5	13
前201	庚子	11.15	6		9	7	6	14
前200	辛丑	11.26	7		10	8	7	15
前199	壬寅	12.7	8		11	9	8	16
前198	癸卯	11.18	9		12	10	9	17
前197	甲辰	11.29	10		13	11	10	18
前196	乙巳	11.11	11		14	12	11	19
前195	丙午	11.21	12⑤		15	13	12	20
前194	丁未	12.2	惠帝（刘盈） 1		16	14	卫满王 1	21
前193	戊申	11.13	2		17	15	2	22
前192	己酉	11.25	3		18	16	3	23
前191	庚戌	12.6	4		19	17	4	24
前190	辛亥	11.16	5		20	18	5	25
前189	壬子	11.27	6		21	19	6	26
前188	癸丑	11.9	7⑧		22	20	7	27
前187	甲寅	11.20	高后（吕雉） 1		23	21	8	28
前186	乙卯	12.1	2		24	22	9	29
前185	丙辰	11.11	3		25	23	10	30
前184	丁巳	11.23	4		26	24	11	31
前183	戊午	12.4	5		27	25	12	32
前182	己未	11.15	6		28	26	13	33
前181	庚申	11.25	7		29	27	14	34
前180	辛酉	12.8	8（闰9）		30	28	15	35
前179	壬戌	11.18	文帝（刘恒） 1		31	29	16	36
前178	癸亥	11.29	2		32	30	17	37
前177	甲子	11.10	3		33	31	18	38
前176	乙丑	11.22	4		34	32	19	39
前175	丙寅	12.3	5		35	33	20	40

公元	干支	公历元旦的农历日期	汉	匈奴	南越	朝鲜	日本
前174	丁卯	11.13	文帝 6	单于冒顿 36	南越王 34	卫满王 21	孝元天皇 41
前173	戊辰	11.24	7	单于稽粥 1 *	35	22	42
前172	己巳	12.6	8	2	36	23	43
前171	庚午	11.17	9	3	37	24	44
前170	辛未	11.27	10	4	38	25	45
前169	壬申	11.8	11	5	39	26	46
前168	癸酉	11.20	12	6	40	27	47
前167	甲戌	12.1	13	7	41	28	48
前166	乙亥	11.12	14	8	42	29	49
前165	丙子	11.22	15	9	43	30	50
前164	丁丑	12.4	16	10	44	31	51
前163	戊寅	11.15	后元 1	11	45	32	52
前162	己卯	11.26	2	12	46	33	53
前161	庚辰	11.7	3	13	47	34	54
前160	辛巳	11.18	4	单于军臣 1	48	35	55
前159	壬午	11.29	5	2	49	36	56
前158	癸未	11.10	6	3	50	37	57⑨
前157	甲申	11.21	7⑥	4	51	38	开化天皇 1
前156	乙酉	12.3	景帝(刘启) 1	5	52	39	2
前155	丙戌	11.14	2	6	53	40	3
前154	丁亥	11.24	3	7	54	41	4
前153	戊子	12.5	4	8	55	42	5
前152	己丑	11.17	5	9	56	43	6
前151	庚寅	11.28	6	10	57	44	7
前150	辛卯	11.9	7	11	58	45	8
前149	壬辰	11.19	中元 1	12	59	46	9
前148	癸巳	12.1	2	13	60	47	10
前147	甲午	11.12	3	14	61	48	11
前146	乙未	11.23	4	15	62	49	12
前145	丙申	12.4	5	16	63	50	13
前144	丁酉	11.15	6	17	64	51	14
前143	戊戌	11.26	后元 1	18	65	52	15
前142	己亥	11.7	2	19	66	53	16
前141	庚子	11.18	3①	20	67	54	17
前140	辛丑	11.29	武帝(刘彻) 建元 ** 1	21	68	55	18
前139	壬寅	11.10	2	22	69	56	19

*　史书记载匈奴纪年颇详，可编成一系统纪年表，林干《匈奴历史纪年》即是。但据中国传统的帝王纪年，新王纪元当从接位之第二年起算，而林干则从当年起算，故本表与林表有一年之差。

**　中国历史上使用年号自此始。

公元	干支	公历元旦的农历日期	汉	匈奴	乌孙	南越	朝鲜	日本
前138	癸卯	11.21	建元 3	单于军臣 23		南越王 70	卫满王 57	开化天皇 20
前137	甲辰	12.2	4	24		71	58	21
前136	乙巳	11.14	5	25		文王赵胡 1	59	22
前135	丙午	11.24	6	26		2	60	23
前134	丁未	12.6	元光 1	27		3	61	24
前133	戊申	11.16	2	28		4	62	25
前132	己酉	11.28	3	29		5	63	26
前131	庚戌	11.9	4	30		6	64	27
前130	辛亥	11.20	5	31		7	65	28
前129	壬子	12.1	6	32		8	66	29
前128	癸丑	11.12	元朔 1	33		9	67	30
前127	甲寅	11.23	2	34		10	68	31
前126	乙卯	12.4	3	35		11	69	32
前125	丙辰	11.15	4	单于伊稚斜 1		12	70	33
前124	丁巳	11.26	5	2		明王赵婴齐 1	71	34
前123	戊午	11.7	6	3		2	72	35
前122	己未	11.18	元狩 1	4		3	73	36
前121	庚申	11.29	2	5		4	74	37
前120	辛酉	11.11	3	6		5	75	38
前119	壬戌	11.21	4	7		6	76	39
前118	癸亥	12.2	5	8		7	77	40
前117	甲子	12.13	6	9		8	78	41
前116	乙丑	11.25	元鼎 1	10		9	79	42
前115	丙寅	12.6	2	11		10	80	43
前114	丁卯	11.16	3	12		11	81	44
前113	戊辰	11.27	4	单于乌维 1		12	82	45
前112	己巳	11.9	5	2		哀王赵兴 1	83	46
前111	庚午	11.20	6	3		术阳侯赵建德 1 *	84	47
前110	辛未	12.1	元封 1	4			85	48
前109	壬申	11.11	2	5			卫右渠王 1	49
前108	癸酉	11.23	3	6			2 **（亡）	50
前107	甲戌	12.4	4	7				51
前106	乙亥	11.15	5	8				52
前105	丙子	11.25	6	9	岑陬军须靡 1			53
前104	丁丑	11.8	太初 1	儿单于乌(詹)师庐 1	2			54

* 南越国赵氏政权于此年灭于汉。

** 朝鲜尼谿相参，杀右渠王降汉，卫氏朝鲜亡。

公元	干支	公历元旦的农历日期	汉	匈奴	乌孙	日本
前103	戊寅	11.19	太初 2	儿单于乌(詹)师庐 2	岑陬军须靡 3	开化天皇 55
前102	己卯	11.30	3	3	4	56
前101	庚辰	11.11	4	单于呴犁湖 1	5	57
前100	辛巳	11.22	天汉 1	单于且鞮侯 1	6	58
前99	壬午	12.4	2	2	7	59
前98	癸未	11.14	3	3	8	60④
前97	甲申	11.25	4	4	9	崇神天皇 1
前96	乙酉	12.7	太始 1	5	10	2
前95	丙戌	11.18	2	单于狐鹿姑 1	11	3
前94	丁亥	11.28	3	2	12	4
前93	戊子	11.9	4	3	13	5
前92	己丑	11.21	征(延)和 1	4	14	6
前91	庚寅	12.2	2	5	15	7
前90	辛卯	11.13	3	6	16	8
前89	壬辰	11.23	4	7	17	9
前88	癸巳	12.5	后元 1	8	18	10
前87	甲午	11.16	2②	9	19	11
前86	乙未	11.27	昭帝(刘弗陵) 始元 1	10	20	12
前85	丙申	11.8	2	11	21	13
前84	丁酉	11.19	3	单于壶衍鞮 1	22	14
前83	戊戌	11.30	4	2	23	15
前82	己亥	11.11	5	3	24	16
前81	庚子	11.21	6	4	25	17
前80	辛丑	12.4	元凤⑧ 1	5	26	18
前79	壬寅	11.14	2	6	27	19
前78	癸卯	11.25	3	7	28	20
前77	甲辰	闰11.6	4	8	29	21
前76	乙巳	11.18	5	9	30	22
前75	丙午	11.28	6	10	31	23
前74	丁未	11.10	元平 1⑦	11	32	24
前73	戊申	11.20	宣帝(刘询) 本始 1	12	33	25
前72	己酉	12.2	2	13	34	26
前71	庚戌	11.13	3	14	肥王翁归靡 1	27
前70	辛亥	11.24	4	15	2	28
前69	壬子	12.5	地节 1	16	3	29
前68	癸丑	11.16	2	17	4	30
前67	甲寅	11.27	3	单于虚闾权渠 1	5	31
前66	乙卯	11.8	4	2	6	32
前65	丙辰	11.19	元康 1	3	7	33

公元	干支	公历元旦的农历日期	汉	匈奴	匈奴郅支
前64	丁巳	12.1	元康 2	单于虚闾权渠阏 4	
前63	戊午	11.11	3	5	
前62	己未	11.22	4	6	
前61	庚申	12.3	神爵③ 1	7	
前60	辛酉	11.15	2	8	
前59	壬戌	11.25	3	握衍朐鞮单于屠耆堂 1	
前58	癸亥	12.6	4	2	
前57	甲子	11.17	五凤 1	呼韩邪单于稽侯狦 1	
前56	乙丑	11.29	2	2	骨都侯单于呼屠吾斯 1
前55	丙寅	11.10	3	3	2
前54	丁卯	11.20	4	4	3
前53	戊辰	12.2	甘露 1	5	4
前52	己巳	11.13	2	6	5
前51	庚午	11.24	3	7	6
前50	辛未	12.5	4	8	7
前49	壬申	11.16	黄龙 1⑫	9	8
前48	癸酉	11.27	元帝（刘奭） 初元 1	10	9
前47	甲戌	11.8	2	11	10
前46	乙亥	11.19	3	12	11
前45	丙子	11.29	4	13	12
前44	丁丑	11.12	5	14	13
前43	戊寅	11.22	永光 1	15	14
前42	己卯	12.3	2	16	15
前41	庚辰	11.14	3	17	16
前40	辛巳	11.25	4	18	17
前39	壬午	12.7	5	19	18
前38	癸未	11.17	建昭 1	20	19
前37	甲申	11.28	2	21	20
前36	乙酉	11.10	3	22	21
前35	丙戌	11.21	4	23	
前34	丁亥	12.2	5	24	
前33	戊子	11.12	竟宁 1⑥	25	
前32	己丑	11.24	成帝（刘骜） 建始 1	26	
前31	庚寅	12.5	2	27	
前30	辛卯	11.16	3	28 *	
前29	壬辰	11.26	4	复株累若鞮单于雕陶莫皋 1	
前28	癸巳	11.8	河平③ 1	2	
前27	甲午	11.19	2	3	

* 据《汉书·匈奴传》记载，神爵4年，呼韩邪单于立，在位28年，建始2年死。又载复株累若鞮

乌孙		高句丽	新罗	日本	公元
肥王翁归靡 8				崇神天皇 34	前 64
9				35	前 63
10				36	前 62
11				37	前 61
12				38	前 60
狂王泥靡 1				39	前 59
2				40	前 58
3			朴赫居世 1	41	前 57
4			2	42	前 56
5			3	43	前 55
6			4	44	前 54
小昆靡	大昆靡				
乌就屠 1	元贵靡 1		5	45	前 53
2	2		6	46	前 52
3	3		7	47	前 51
4	雌栗靡 1		8	48	前 50
5	2		9	49	前 49
6	3		10	50	前 48
7	4		11	51	前 47
8	5		12	52	前 46
9	6		13	53	前 45
10	7		14	54	前 44
11	8		15	55	前 43
12	9		16	56	前 42
13	10		17	57	前 41
14	11		18	58	前 40
15	12		19	59	前 39
16	13		20	60	前 38
17	14	东明王(朱蒙) 1	21	61	前 37
18	15	2	22	62	前 36
19	16	3	23	63	前 35
20	17	4	24	64	前 34
21	18	5	25	65	前 33
22	19	6	26	66	前 32
23	20	7	27	67	前 31
24	21	8	28	68⑫	前 30
25	22	9	29	垂仁天皇 1	前 29
26	23	10	30	2	前 28
27	24	11	31	3	前 27

单于立 10 年，鸿嘉元年死。可见呼韩邪死年，建始 2 年为 3 年之误。

公元	干支	公历元旦的农历日期	汉	乌孙 小昆靡	乌孙 大昆靡
前26	乙未	11.30	河平 3	乌就屠 28	雌栗靡 25
前25	丙申	11.11	4	29	26
前24	丁酉	11.22	阳朔 1	30	27
前23	戊戌	12.4	2	31	28
前22	己亥	11.14	3	32	29
前21	庚子	11.24	4	33	30
前20	辛丑	12.7	鸿嘉 1	附离 1 安日 1	31
前19	壬寅	11.18	2	2	32
前18	癸卯	11.28	3	3	33
前17	甲辰	11.8	4	4	34
前16	乙巳	11.21	永始 1	5	35
前15	丙午	12.2	2	6	36
前14	丁未	11.13	3	7	37
前13	戊申	11.23	4	8	38
前12	己酉	12.5	元延 1	9	39
前11	庚戌	11.16	2	未振将 1	40
前10	辛亥	11.27	3	此后世系不明	伊秩靡 1
前9	壬子	11.8	4		此后世系不明
前8	癸丑	11.19	绥和 1		
前7	甲寅	11.30	2④		
前6	乙卯	11.11	哀帝(刘欣) 建平 1		
前5	丙辰	11.22	太初元将⑥ 1 建平⑧ 2		
前4	丁巳	12.4	3		
前3	戊午	11.13	4		
前2	己未	11.25	元寿 1		
前1	庚申	12.6	2⑨		
1	辛酉	11.18	平帝(刘衎) 元始 1		
2	壬戌	11.29	2		
3	癸亥	11.11	3		
4	甲子	11.21	4		
5	乙丑	11.2	5⑫		
6	丙寅	11.13	孺子(刘婴) 居摄 1		
7	丁卯	11.24	2		
8	戊辰	12.5	3 初始 ⑪1		
			新		
9	己巳	11.16	王莽 始建国 *1		

* 改以建丑为正。

匈奴		高句丽		百济		新罗		日本		公元
复株累若鞮单于雕陶莫皋	4	东明王	12			朴赫居世	32	垂仁天皇	4	前 26
	5		13				33		5	前 25
	6		14				34		6	前 24
	7		15				35		7	前 23
	8		16				36		8	前 22
	9		17				37		9	前 21
	10		18				38		10	前 20
搜谐若鞮单于糜胥	1	琉璃王(类利)	1				39		11	前 19
	2		2	温祚王	1		40		12	前 18
	3		3		2		41		13	前 17
	4		4		3		42		14	前 16
	5		5		4		43		15	前 15
	6		6		5		44		16	前 14
	7		7		6		45		17	前 13
	8		8		7		46		18	前 12
车牙若鞮单于且莫车	1		9		8		47		19	前 11
	2		10		9		48		20	前 10
	3		11		10		49		21	前 9
	4		12		11		50		22	前 8
乌珠留若鞮单于囊知牙斯	1		13		12		51		23	前 7
	2		14		13		52		24	前 6
	3		15		14		53		25	前 5
	4		16		15		54		26	前 4
	5		17		16		55		27	前 3
	6		18		17		56		28	前 2
	7		19		18		57		29	前 1
	8		20		19		58		30	1
	9		21		20		59		31	2
	10		22		21		60		32	3
	11		23		22	南解王	1		33	4
	12		24		23		2		34	5
	13		25		24		3		35	6
	14		26		25		4		36	7
	15		27		26		5		37	8
	16		28		27		6		38	9

公元	干支	公历元旦的农历日期	新		
10	庚午	12. 27	始建国 2		
11	辛未	12. 8	3		
12	壬申	12. 19	4		
13	癸酉	1. 1	5		
14	甲戌	12. 11	天凤 1		
15	乙亥	12. 22	2		
16	丙子	1. 3	3		
17	丁丑	12. 15	4		
18	戊寅	12. 25	5		
19	己卯	1. 6	6		
20	庚辰	12. 17	地皇 1		
21	辛巳	12. 29	2		
22	壬午	12. 10	3		
23	癸未	12. 20	4⑨ *	刘玄 更始② 1	隗嚣 复汉(汉复)⑦ 1
24	甲申	12. 2		2	2
25	乙酉	11. 13	光武帝(刘秀) 建武⑥ 1	3⑨	3

* 改以建寅为正。

匈奴		高句丽		百济		新罗		日本		公元
乌珠留若鞮单于囊知牙斯	17	琉璃王	29	温祚王	28	南解王	7	垂仁天皇	39	10
	18		30		29		8		40	11
	19		31		30		9		41	12
	20		32		31		10		42	13
乌留（累）若鞮单于咸	1		33		32		11		43	14
	2		34		33		12		44	15
	3		35		34		13		45	16
	4		36		35		14		46	17
	5	大武神王无恤	1		36		15		47	18
呼都而尸道皋若鞮单于舆	1		2		37		16		48	19
	2		3		38		17		49	20
	3		4		39		18		50	21
	4		5		40		19		51	22
	5		6		41		20		52	23
	6		7		42	儒理王	1		53	24
	7		8		43		2		54	25

表 9　东汉纪年表

公元	干支	公历元旦的农历日期	东汉				
25	乙酉	11.13	光武帝(刘秀) 建武⑥ 1	更始 3⑨	复汉(汉复) 3	公孙述 龙兴④ 1	刘盆子 建世⑥ 1
26	丙戌	11.24	2		4	2	2
27	丁亥	12.5	3		5	3	3 闰①
28	戊子	11.15	4		6	4	
29	己丑	11.27	5		7	5	
30	庚寅	11.8	6		8	6	
31	辛卯	11.19	7		9	7	
32	壬辰	11.29	8		10	8	
33	癸巳	11.12	9		隗纯 11	9	
34	甲午	11.22	10		12⑩	10	
35	乙未	12.3	11			11	
36	丙申	11.14	12			12⑪	
37	丁酉	11.26	13				
38	戊戌	12.7	14				
39	己亥	11.17	15				
40	庚子	11.28	16				
41	辛丑	11.10	17				
42	壬寅	11.21	18				
43	癸卯	12.2	19				
44	甲辰	11.12	20				
45	乙巳	11.24	21				
46	丙午	12.5	22				
47	丁未	11.16	23				
48	戊申	11.26	24				
49	己酉	11.8	25				
50	庚戌	11.19	26				
51	辛亥	11.30	27				
52	壬子	11.11	28				
53	癸丑	11.22	29				
54	甲寅	12.4	30				

匈奴		高句丽	百济	新罗	日本	公元
呼都而尸道皋若鞮单于舆 7		大武神王无恤 8	温祚王 43	儒理王 2	垂仁天皇 54	25
8		9	44	3	55	26
9		10	45	4	56	27
10		11	多娄王 1	5	57	28
11		12	2	6	58	29
12		13	3	7	59	30
13		14	4	8	60	31
14		15	5	9	61	32
15		16	6	10	62	33
16		17	7	11	63	34
17		18	8	12	64	35
18		19	9	13	65	36
19		20	10	14	66	37
20		21	11	15	67	38
21		22	12	16	68	39
22		23	13	17	69	40
23		24	14	18	70	41
24		25	15	19	71	42
25		26	16	20	72	43
26		闵中王解邑朱 1	17	21	73	44
27		2	18	22	74	45
28		3	19	23	75	46
北匈奴						
乌达鞮侯单于 1		4	20	24	76	47
单于蒲奴 1	**南匈奴**					
2	呼韩邪单于比 1	慕本王解忧 1	21	25	77	48
3	2	2	22	26	78	49
4	3	3	23	27	79	50
	4	4	24	28	80	51
	5	5	25	29	81	52
	6	太祖王宫 1	26	30	82	53
	7	2	27	31	83	54

公元	干支	公历元旦的农历日期	东汉	北匈奴	南匈奴	烧当羌
55	乙卯	11.14	建武 31		呼韩邪单于比 8	滇吾 1
56	丙辰	11.25	中元④ 1		9	2
57	丁巳	12.7	2②		丘浮尤鞮单于莫 1	3
58	戊午	11.18	明帝（刘庄） 永平 1		伊伐于虑鞮单于汗 1	4
59	己未	11.28	2		2	5
60	庚申	11.9	3		醢僮尸逐侯鞮单于适 1	东吾 1
61	辛酉	11.21	4		2	2
62	壬戌	12.2	5		3	3
63	癸亥	11.13	6		丘除车林鞮单于苏 4	4
64	甲子	11.23	7		胡邪尸逐侯鞮单于长 1	5
65	乙丑	12.4	8		2	6
66	丙寅	11.16	9		3	7
67	丁卯	11.27	10		4	8
68	戊辰	11.8	11		5	9
69	己巳	11.19	12		6	10
70	庚午	11.30	13		7	11
71	辛未	11.11	14		8	12
72	壬申	11.22	15		9	13
73	癸酉	12.4	16		10	14
74	甲戌	11.14	17		11	15
75	乙亥	11.25	18⑧		12	16
76	丙子	闰11.6	章帝（刘炟） 建初 1		13	17
77	丁丑	11.18	2		14	18
78	戊寅	11.28	3		15	迷吾 1
79	己卯	11.10	4		16	2
80	庚辰	11.20	5		17	3
81	辛巳	12.2	6		18	4
82	壬午	11.13	7		19	5
83	癸未	11.24	8		20	6
84	甲申	12.5	元和⑧ 1		21	7
85	乙酉	11.16	2		22	8
86	丙戌	11.27	3		伊屠于闾鞮单于宣 1	9
87	丁亥	11.8	章和⑦ 1	（在位年数不明）优留单于 ?	2	10
88	戊子	11.19	2②	北单于（史失其名号） 1	3	迷唐 1
89	己丑	12.1	和帝（刘肇） 永元 1	2	休兰尸逐侯鞮单于屯屠何 1	2
90	庚寅	11.12	2	3	2	3

烧当羌	高句丽	百济	新罗	日本	公元
	太祖王宫 3	多娄王 28	儒理王 32	垂仁天皇 84	55
	4	29	33	85	56
	5	30	脱解王 1	86	57
	6	31	2	87	58
	7	32	3	88	59
	8	33	4	89	60
	9	34	5	90	61
	10	35	6	91	62
	11	36	7	92	63
	12	37	8	93	64
	13	38	9	94	65
	14	39	10	95	66
	15	40	11	96	67
	16	41	12	97	68
	17	42	13	98	69
	18	43	14	99⑦	70
	19	44	15	景行天皇 1	71
	20	45	16	2	72
	21	46	17	3	73
	22	47	18	4	74
	23	48	19	5	75
	24	49	20	6	76
	25	己娄王 1	21	7	77
	26	2	22	8	78
	27	3	23	9	79
	28	4	婆娑王 1	10	80
	29	5	2	11	81
	30	6	3	12	82
	31	7	4	13	83
	32	8	5	14	84
	33	9	6	15	85
	34	10	7	16	86
	35	11	8	17	87
	36	12	9	18	88
东号 1	37	13	10	19	89
2	38	14	11	20	90

公元	干支	公历元旦的农历日期	东汉	北匈奴	南匈奴	烧当羌
91	辛卯	11.23	永元 3	北单于 4	休兰尸逐侯鞮单于屯屠何 3	迷唐 4
92	壬辰	12.4	4	於除鞬单于 1	4	5
93	癸巳	11.15	5	2	5	6
94	甲午	11.26	6	逢侯北单于 1	单于安国 1	7
95	乙未	闰11.7	7	2	单于师子 1	8
96	丙申	11.18	8	3	（亭独尸逐鞮侯单于） 2	9
97	丁酉	11.29	9	4	3	10
98	戊戌	11.11	10	5	4	11
99	己亥	11.21	11	6	万氏尸逐鞮单于檀 1	12
100	庚子	12.2	12	7	2	13
101	辛丑	11.14	13	8	3	14（亡）
102	壬寅	11.25	14	9	4	
103	癸卯	12.6	15	10	5	
104	甲辰	11.16	16	11	6	
105	乙巳	11.28	元兴④⑫ 1	12	7	
106	丙午	11.9	殇帝（刘隆⑧） 延平 1	13	8	
107	丁未	11.20	安帝（刘祜） 永初 1	14	9	
108	戊申	12.1	2	15	10	
109	己酉	11.12	3	16	11	
110	庚戌	11.23	4	17	12	
111	辛亥	12.4	5	18	13	
112	壬子	11.15	6	19	14	
113	癸丑	11.26	7	20	15	
114	甲寅	12.7	元初 1	21	16	
115	乙卯	11.18	2	22	17	
116	丙辰	11.29	3	23	18	
117	丁巳	11.11	4	24	19	
118	戊午	11.21	5	25（亡）	20	
119	己未	12.3	6		21	
120	庚申	11.13	永宁④ 1		22	
121	辛酉	11.25	建光⑦ 1		23	
122	壬戌	12.6	延光③ 1		24	
123	癸亥	11.17	2		25	
124	甲子	11.27	3		26	
125	乙丑	11.9	4（少帝③）⑪		乌稽侯尸逐鞮单于拔 1	
126	丙寅	11.20	顺帝（刘保） 永建 1		2	
127	丁卯	12.1	2		3	
128	戊辰	11.12	3		4	

烧当羌		先零羌		高句丽		百济		新罗		日本		公元
东号	3			太祖王宫	39	己娄王	15	婆娑王	12	景行天皇	21	91
	4				40		16		13		22	92
	5				41		17		14		23	93
	6				42		18		15		24	94
	7				43		19		16		25	95
	8				44		20		17		26	96
	9				45		21		18		27	97
	10				46		22		19		28	98
	11				47		23		20		29	99
	12				48		24		21		30	100
	13				49		25		22		31	101
	14				50		26		23		32	102
	15				51		27		24		33	103
	16				52		28		25		34	104
	17				53		29		26		35	105
	18				54		30		27		36	106
	19				55		31		28		37	107
麻奴	1	滇零	1		56		32		29		38	108
	2		2		57		33		30		39	109
	3		3		58		34		31		40	110
	4		4		59		35		32		41	111
	5		5		60		36	祇摩王	1		42	112
	6	零昌	1		61		37		2		43	113
	7		2		62		38		3		44	114
	8		3		63		39		4		45	115
	9		4		64		40		5		46	116
	10		5(亡)		65		41		6		47	117
	11				66		42		7		48	118
	12				67		43		8		49	119
	13				68		44		9		50	120
	14				69		45		10		51	121
	15				70		46		11		52	122
	16				71		47		12		53	123
	17				72		48		13		54	124
犀苦	1				73		49		14		55	125
	2				74		50		15		56	126
	3				75		51		16		57	127
	4				76	盖娄王	1		17		58	128

公元	干支	公历元旦的农历日期	东汉	南匈奴	烧当羌
129	己巳	11.23	永建 4	去特若尸逐就单于休利 1	犀苦 5
130	庚午	12.4	5	2	6
131	辛未	11.15	6	3	7
132	壬申	11.26	阳嘉③ 1	4	以后世系不明
133	癸酉	12.8	2	5	
134	甲戌	11.19	3	6	
135	乙亥	11.29	4	7	
136	丙子	11.10	永和 1	8	
137	丁丑	11.22	2	9	
138	戊寅	12.3	3	10	
139	己卯	11.13	4	11	
140	庚辰	11.24	5	12	
141	辛巳	12.6	6	单于车纽 1	
142	壬午	11.17	汉安 1	2	
143	癸未	11.27	2	3	
144	甲申	11.8	建康④ 1⑧	呼兰若尸逐就单于兜楼储 1	
145	乙酉	11.20	冲帝(刘炳) 永憙(嘉) 1①	2	
146	丙戌	12.1	质帝(刘缵) 本初 1 闰⑥	3	
147	丁亥	11.12	桓帝(刘志) 建和 1	4	
148	戊子	11.22	2	伊陵尸逐就单于居车儿 1	
149	己丑	12.5	3	2	
150	庚寅	11.15	和平 1	3	
151	辛卯	11.26	元嘉 1	4	
152	壬辰	12.7	2	5	
153	癸巳	11.19	永兴⑤ 1	6	
154	甲午	11.29	2	7	
155	乙未	11.10	永寿 1	8	
156	丙申	11.21	2	9	
157	丁酉	12.3	3	10	
158	戊戌	11.14	延熹 1	11	
159	己亥	11.24	2	12	
160	庚子	12.5	3	13	
161	辛丑	11.17	4	14	
162	壬寅	11.28	5	15	
163	癸卯	11.9	6	16	
164	甲辰	11.19	7	17	
165	乙巳	12.1	8	18	
166	丙午	11.12	9	19	
167	丁未	11.23	永康⑥ 1⑫	20	

鲜卑	高句丽	百济	新罗	日本	公元
	太祖王宫 77	盖娄王 2	祇摩王 18	景行天皇 59	129
	78	3	19	60⑪	130
	79	4	20	成务天皇 1	131
	80	5	21	2	132
	81	6	22	3	133
	82	7	逸圣王 1	4	134
	83	8	2	5	135
	84	9	3	6	136
	85	10	4	7	137
	86	11	5	8	138
	87	12	6	9	139
	88	13	7	10	140
	89	14	8	11	141
	90	15	9	12	142
	91	16	10	13	143
	92	17	11	14	144
	93	18	12	15	145
	次大王遂成 1	19	13	16	146
	2	20	14	17	147
	3	21	15	18	148
	4	22	16	19	149
	5	23	17	20	150
	6	24	18	21	151
	7	25	19	22	152
	8	26	20	23	153
	9	27	阿达罗王 1	24	154
	10	28	2	25	155
檀石槐 1	11	29	3	26	156
2	12	30	4	27	157
3	13	31	5	28	158
4	14	32	6	29	159
5	15	33	7	30	160
6	16	34	8	31	161
7	17	35	9	32	162
8	18	36	10	33	163
9	19	37	11	34	164
10	新大王伯固 1	38	12	35	165
11	2	肖古王 1	13	36	166
12	3	2	14	37	167

公元	干支	公历元旦的农历日期	东汉	南匈奴	鲜卑	上谷乌桓
168	戊申	12.4	灵帝(刘宏) **建宁** 1	伊陵尸逐就单于居车儿 21	檀石槐 13	难楼 1
169	己酉	11.15	2	22	14	2
170	庚戌	11.26	3	23	15	3
171	辛亥	闰11.7	4	24	16	4
172	壬子	11.18	**熹平**⑤ 1	25	17	5
173	癸丑	11.29	2	屠特若尸逐就单于某 1	18	6
174	甲寅	11.11	3	2	19	7
175	乙卯	11.21	4	3	20	8
176	丙辰	12.2	5	4	21	9
177	丁巳	11.14	6	5	22	10
178	戊午	11.25	**光和**③ 1	6	23	11
179	己未	12.6	2	单于呼征 1	24	12
180	庚申	11.16	3	单于羌渠 1	25	13
181	辛酉	11.28	4	2	26	14
182	壬戌	11.9	5	3	以下虚位	15
183	癸亥	11.20	6	4		16
184	甲子	12.1	**中平**⑫ 1	5		17
185	乙丑	11.12	2	6		18
186	丙寅	11.23	3	7		19
187	丁卯	12.4	4	8		20
188	戊辰	11.15	5	9		21
189	己巳	11.26	少帝(刘辩) **光熹**④ 1	持至尸逐侯单于于扶罗 1		22
			昭宁⑧ 1			
			献帝(刘协) **永汉**⑨ 1			
			中平⑫ 6		**小种鲜卑**	
190	庚午	12.7	**初平** 1	2	轲比能 1	23
191	辛未	11.18	2	3	2	24
192	壬申	11.29	3	4	3	25
193	癸酉	11.11	4	5	4	26
194	甲戌	11.21	**兴平** 1	6	5	27
195	乙亥	12.3	2	7	6	28
196	丙子	11.13	**建安** 1	单于呼厨泉 1	7	29
197	丁丑	11.25	2	2	8	30
198	戊寅	12.6	3	3	9	31
199	己卯	11.17	4	4	10	32
200	庚辰	12.27	5	5	11	33
201	辛巳	11.9	6	6	12	34
202	壬午	11.20	7	7	13	35
203	癸未	12.1	8	8	14	36

辽西乌桓	辽东乌桓	右北平乌桓	高句丽	百济	新罗	日本	公元
丘力居 1	苏仆延 1	乌延 1	新大王伯固 4	肖古王 3	阿达罗王 15	成务天皇 38	168
2	2	2	5	4	16	39	169
3	3	3	6	5	17	40	170
4	4	4	7	6	18	41	171
5	5	5	8	7	19	42	172
6	6	6	9	8	20	43	173
7	7	7	10	9	21	44	174
8	8	8	11	10	22	45	175
9	9	9	12	11	23	46	176
10	10	10	13	12	24	47	177
11	11	11	14	13	25	48	178
12	12	12	故国川王男武 1	14	26	49	179
13	13	13	2	15	27	50	180
14	14	14	3	16	28	51	181
15	15	15	4	17	29	52	182
16	16	16	5	18	30	53	183
17	17	17	6	19	伐休王 1	54	184
18	18	18	7	20	2	55	185
19	19	19	8	21	3	56	186
20	20	20	9	22	4	57	187
21	21	21	10	23	5	58	188
22	22	22	11	24	6	59	189
23	23	23	12	25	7	60⑥	190
蹋顿 1	24	24	13	26	8	*	191
2	25	25	14	27	9	仲哀天皇 1	192
3	26	26	15	28	10	2	193
4	27	27	16	29	11	3	194
5	28	28	17	30	12	4	195
6	29	29	18	31	奈解王 1	5	196
7	30	30	山上琎优 1	32	2	6	197
8	31	31	2	33	3	7	198
9	32	32	3	34	4	8	199
10	33	33	4	35	5	9②	200
11	34	34	5	36	6	神功皇后 1	201
12	35	35	6	37	7	2	202
13	36	36	7	38	8	3	203

* 日本推导的帝王纪年是年空缺。

公元	干支	公历元旦的农历日期	东汉	南匈奴	小种鲜卑	拓跋鲜卑	上谷乌桓
204	甲申	11.12	建安 9	单于呼厨泉 9	轲比能 15		难楼 37
205	乙酉	11.23	10	10	16		38
206	丙戌	12.4	11	11	17		39
207	丁亥	11.15	12	12	18		40
208	戊子	11.26	13	13	19		
209	己丑	12.8	14	14	20		
210	庚寅	11.8	15	15	21		
211	辛卯	11.29	16	16	22		
212	壬辰	11.10	17	17	23		
213	癸巳	11.22	18	18	24		
214	甲午	12.3	19	19	25		
215	乙未	11.13	20	20	26		
216	丙申	11.24	21	21(亡)	27		
217	丁酉	12.6	22		28		
218	戊戌	11.7	23		29		
219	己亥	11.27	24		30		
220	庚子	11.8	延康③ 1⑩		31	拓跋力微 1	

辽西乌桓	辽东乌桓	右北平乌桓	高句丽	百济	新罗	日本	公元
蹋顿 14	苏仆延 37	乌延 37	山上琁优 8	肖古王 39	奈解王 9	神功皇后 4	204
15	38	38	9	40	10	5	205
16	39	39	10	41	11	6	206
17	40	40	11	42	12	7	207
			12	43	13	8	208
			13	44	14	9	209
			14	45	15	10	210
			15	46	16	11	211
			16	47	17	12	212
			17	48	18	13	213
			18	仇首王 1	19	14	214
			19	2	20	15	215
			20	3	21	16	216
			21	4	22	17	217
			22	5	23	18	218
			23	6	24	19	219
			24	7	25	20	220

表 10　三国纪年表

公元	干支	公历元旦的农历日期	魏	蜀	吴
220	庚子	11. 8	文帝(曹丕) 黄初⑩ 1		
221	辛丑	11. 20	2	昭烈帝(刘备) 章武④ 1	
222	壬寅	12. 1	3	2	大帝(孙权) 黄武⑩ 1
223	癸卯	11. 12	4	后主(刘禅) 建兴⑤ 1	2
224	甲辰	11. 22	5	2	3
225	乙巳	12. 5	6	3	4
226	丙午	11. 15	7⑤	4	5
227	丁未	11. 26	明帝(曹叡) 太和 1	5	6
228	戊申	12. 7	2	6	7
229	己酉	11. 19	3	7	黄龙④ 1
230	庚戌	11. 29	4	8	2
231	辛亥	11. 10	5	9	3
232	壬子	11. 21	6	10	嘉禾 1
233	癸丑	12. 3	青龙② 1	11	2
234	甲寅	11. 14	2	12	3
235	乙卯	11. 24	3	13	4
236	丙辰	12. 5	4	14	5
237	丁巳	11. 17	景初③ 1 *	15	6
238	戊午	12. 28	2	延熙 1	赤乌⑧ 1
239	己未	12. 9	3①	2	2
240	庚申	12. 20	齐王(曹芳) 正始 1	3	3
241	辛酉	12. 2	2	4	4
242	壬戌	11. 13	3	5	5
243	癸亥	11. 23	4	6	6
244	甲子	12. 4	5	7	7
245	乙丑	11. 16	6	8	8
246	丙寅	11. 27	7	9	9
247	丁卯	12. 8	8	10	10
248	戊辰	11. 17	9	11	11
249	己巳	12. 1	嘉平④ 1	12	12

*　魏于 3 月至 239 年 12 月改用丑正。

	小种鲜卑	拓跋鲜卑	高句丽	百济	新罗	日本	公元
	轲比能 31	拓跋力微 1	山上延优 24	仇首王 7	奈解王 25	神功皇后 20	220
	32	2	25	8	26	21	221
	33	3	26	9	27	22	222
	34	4	27	10	28	23	223
	35	5	28	11	29	24	224
	36	6	29	12	30	25	225
	37	7	30	13	31	26	226
	38	8	东川王忧位居 1	14	32	27	227
	39	9	2	15	33	28	228
	40	10	3	16	34	29	229
	41	11	4	17	助贲王 1	30	230
	42	12	5	18	2	31	231
	43	13	6	19	3	32	232
	44	14	7	20	4	33	233
	45	15	8	古尔王 1	5	34	234
	46(亡)	16	9	2	6	35	235
		17	10	3	7	36	236
公孙渊 绍汉⑦ 1		18	11	4	8	37	237
2⑧		19	12	5	9	38	238
		20	13	6	10	39	239
		21	14	7	11	40	240
		22	15	8	12	41	241
		23	16	9	13	42	242
		24	17	10	14	43	243
		25	18	11	15	44	244
		26	19	12	16	45	245
		27	20	13	17	46	246
		28	21	14	沾解王 1	47	247
		29	中川王然弗 1	15	2	48	248
		30	2	16	3	49	249

公元	干支	公历元旦的农历日期	魏	蜀	吴
250	庚午	11. 11	嘉平 2	延熙 13	赤乌 13
251	辛未	11. 22	3	14	太元⑤ 1
252	壬申	12. 3	4	15	神凤② 1
					会稽王(孙亮) 建兴④ 1
253	癸酉	11. 15	5	16	2
254	甲戌	11. 25	高贵乡公(曹髦) 正元⑩ 1	17	五凤 1
255	乙亥	12. 6	2	18	2
256	丙子	11. 17	甘露⑧ 1	19	太平⑩ 1
257	丁丑	11. 29	2	20	2
258	戊寅	11. 10	3	景耀 1	景帝(孙休) 永安⑩ 1
259	己卯	11. 20	4	2	2
260	庚辰	12. 1	元帝(曹奂) 景元⑥ 1	3	3
261	辛巳	11. 13	2	4	4
262	壬午	11. 24	3	5	5
263	癸未	12. 5	4	炎兴⑧ 1⑪	6
264	甲申	11. 15	咸熙⑤ 1		末帝(孙皓) 元兴⑦ 1
265	乙酉	11. 27	2⑫		甘露④ 1
			西晋		
			武帝(司马炎) 泰始⑫ 1		
266	丙戌	闰 11. 8	2		宝鼎⑧ 1
267	丁亥	11. 19	3		2
268	戊子	11. 29	4		3
269	己丑	11. 12	5		建衡⑩ 1
270	庚寅	11. 22	6		2
271	辛卯	12. 3	7		3
272	壬辰	11. 14	8		凤凰 1
273	癸巳	11. 26	9		2
274	甲午	12. 7	10		3
275	乙未	11. 17	咸宁 1		天册 1
276	丙申	11. 28	2		天玺⑦ 1
277	丁酉	11. 10	3		天纪 1
278	戊戌	11. 21	4		2
279	己亥	12. 2	5		3
280	庚子	11. 12	太康④ 1		4③

拓跋鲜卑	高句丽	百济	新罗	日本	公元
拓跋力微 31	中川王然弗 3	古尔王 17	沾解王 4	神功皇后 50	250
32	4	18	5	51	251
33	5	19	6	52	252
34	6	20	7	53	253
35	7	21	8	54	254
36	8	22	9	55	255
37	9	23	10	56	256
38	10	24	11	57	257
39	11	25	12	58	258
40	12	26	13	59	259
41	13	27	14	60	260
42	14	28	15	61	261
43	15	29	味邹王 1	62	262
44	16	30	2	63	263
45	17	31	3	64	264
46	18	32	4	65	265
47	19	33	5	66	266
48	20	34	6	67	267
49	21	35	7	68	268
50	22	36	8	69④	269
51	西川王药卢 1	37	9	应神天皇 1	270
52	2	38	10	2	271
53	3	39	11	3	272
54	4	40	12	4	273
55	5	41	13	5	274
56	6	42	14	6	275
57	7	43	15	7	276
58	8	44	16	8	277
拓跋悉鹿 1	9	45	17	9	278
2	10	46	18	10	279
3	11	47	19	11	280

表 11　晋及十六国纪年表

公元	干支	公历元旦的农历日期	西晋	成汉	前赵
281	辛丑	11.24	太康 2		
282	壬寅	12.5	3		
283	癸卯	11.16	4		
284	甲辰	11.26	5		
285	乙巳	12.8	6		
286	丙午	11.19	7		
287	丁未	11.30	8		
288	戊申	11.11	9		
289	己酉	11.22	10		
290	庚戌	12.4	太熙 1		
291	辛亥	11.14	惠帝(司马衷) 永熙④ 1 永平 1 元康③ 1		
292	壬子	11.25	2		
293	癸丑	12.7	3		
294	甲寅	11.18	4		
295	乙卯	11.28	5		
296	丙辰	11.9	6		
297	丁巳	11.21	7		
298	戊午	12.2	8		
299	己未	11.13	9		
300	庚申	11.23	永康 1		
301	辛酉	12.5	永宁④ 1		司马伦 建始① 1④
302	壬戌	11.16	太安⑫ 1		
303	癸亥	11.27	2	李特 建初 1 李流② 李雄⑨	汉(前赵)
304	甲子	12.8	永安 1 建武⑦ 1 永安⑪ 1 永兴⑫ 1	建兴⑩ 1	刘渊 元熙⑩ 1
305	乙丑	11.19	2	2	2

	拓跋鲜卑	氐王 仇池公	高句丽	百济	新罗	日本	公元
	拓跋悉鹿 4		西川王药卢 12	古尔王 48	味邹王 20	应神天皇 12	281
	5		13	49	21	13	282
	6		14	50	22	14	283
	7		15	51	儒礼王 1	15	284
	8		16	52	2	16	285
	9		17	责稽王 1	3	17	286
	拓跋绰 1		18	2	4	18	287
	2		19	3	5	19	288
	3		20	4	6	20	289
	4		21	5	7	21	290
	5		22	6	8	22	291
	6		烽上王相夫 1	7	9	23	292
	7		2	8	10	24	293
	拓跋弗 1		3	9	11	25	294
	拓跋禄官 1		4	10	12	26	295
	2	杨茂搜 1	5	11	13	27	296
	3	2	6	12	14	28	297
	4	3	7	汾西王 1	基临王 1	29	298
	5	4	8	2	2	30	299
赵廞 太平⑫ 1	6	5	美川王乙弗 1	3	3	31	300
	7	6	2	4	4	32	301
2①	8	7	3	5	5	33	302
刘尼 神凤⑤ 1⑧	9	8	4	6	6	34	303
	10	9	5	比流王 1	7	35	304
	11	10	6	2	8	36	305

公元	干支	公历元旦的农历日期	西晋	成汉	前赵
306	丙寅	12.1	光熙⑥⑪ 1	晏平⑥ 1	刘渊 元熙 3
307	丁卯	11.11	怀帝(司马炽) 永嘉 1	2	4
308	戊辰	11.22	2	3	永凤⑩ 1
309	己巳	12.4	3	4	河瑞⑤ 1
310	庚午	11.15	4	5	刘聪 光兴⑦ 1
311	辛未	11.25	5	玉衡 1	嘉平⑥ 1
312	壬申	12.6	6	2	2
313	癸酉	11.18	愍帝(司马邺) 建兴④ 1	3	3
314	甲戌	11.29	2	4	4
315	乙亥	11.10	3	5	建元③ 1
316	丙子	11.20	4	6	麟嘉⑪ 1
			东晋		
317	丁丑	12.2	元帝(司马睿) 建武③ 1	7	2
318	戊寅	11.13	大(太)兴③ 1	8	刘粲 汉昌⑦ 1
					刘曜 光初⑩ 1
319	己卯	11.24	2	9	2
320	庚辰	12.5	3	10	3
321	辛巳	11.16	4	11	4
322	壬午	11.27	永昌(闰⑪) 1	12	5
323	癸未	闰11.8	明帝(司马绍) 太宁③ 1	13	6
324	甲申	11.19	2	14	7
325	乙酉	12.1	3(闰⑧)	15	8
326	丙戌	11.11	成帝(司马衍) 咸和② 1	16	9
327	丁亥	11.22	2	17	10
328	戊子	12.3	3	18	11
329	己丑	11.15	4	19	12⑧
330	庚寅	11.25	5	20	
331	辛卯	12.7	6	21	
332	壬辰	11.17	7	22	
333	癸巳	11.29	8	23	
334	甲午	11.10	9	24⑥	
				李班 1⑩	
335	乙未	11.21	咸康 1	李期 玉恒 1	
336	丙申	12.2	2	2	
337	丁酉	11.13	3	3	
338	戊戌	11.24	4	李寿 汉兴④ 1	
339	己亥	12.5	5	2	
340	庚子	11.16	6	3	

* 公元301年凉州大姓张轨被西晋封为凉州刺史。314年其子张寔荫袭父位。两年后西晋灭亡，张寔据守凉州成为割据政权，仍用西晋年号。345年张骏始称凉王，即史称之“前凉”。

前凉	后赵	拓跋鲜卑	前燕	公元
		拓跋禄官 12		306
		13		307
		拓跋猗卢 1		308
		2		309
		3		310
		4		311
		5		312
		6		313
张寔 * 建兴 2		7		314
3		8		315
4		9		316
5		拓跋郁律 1		317
6		2		318
7	石勒⑪ 1	3		319
张茂⑥ 8	2	4		320
9	3	5		321
10	4	拓跋贺傉 1		322
11	5	2		323
张骏⑤ 12	6	3		324
13	7	4		325
14	8	拓跋纥那 1		326
15	9	2		327
16	太和② 1	3		328
17	2	代王拓跋翳槐 1		329
18	建平⑨ 1	2		330
19	2	3		331
20	3	4		332
21	4⑦	5	前燕	333
22	石弘 延熙 1	6	慕容皝 1	334
	石虎 1⑪			
23	石虎 建武 1	7	2	335
24	2	8	3	336
25	3	9	4 **	337
		代		
26	4	拓跋什翼犍 建国⑪ 1	5	338
27	5	2	6	339
28	6	3	7	340

** 慕容皝于是年始称燕王。

公元	干支	公历元旦的农历日期	段部鲜卑	宇文鲜卑	吐谷浑	氐王仇池公	
306	丙寅	12.1				杨茂搜 11	
307	丁卯	11.11				12	
308	戊辰	11.22				13	
309	己巳	12.4				14	
310	庚午	11.15				15	
311	辛未	11.25				16	
312	壬申	12.6				17	
313	癸酉	11.18				18	
314	甲戌	11.29				19	
315	乙亥	11.10				20	
316	丙子	11.20				21	
317	丁丑	12.2				22	
318	戊寅	11.13	段末柸 1			杨难敌 1	
319	己卯	11.24	2			2	司马保 建康④ 1
320	庚辰	12.5	3			3	2
321	辛巳	11.16	4			4	
322	壬午	11.27	5			5	
323	癸未	闰11.8	6			6	
324	甲申	11.19	7			7	
325	乙酉	12.1	段牙 1			8	
326	丙戌	11.11	段辽 1			9	
327	丁亥	11.22	2			10	
328	戊子	12.3	3			11	
329	己丑	11.15	4		叶延 1	12	
330	庚寅	11.25	5		2	13	
331	辛卯	12.7	6		3	14	
332	壬辰	11.17	7		4	15	
333	癸巳	11.29	8	宇文逸豆归 1	5	16	
334	甲午	11.10	9	2	6	17	
335	乙未	11.21	10	3	7	杨毅 1	
336	丙申	12.2	11	4	8	2	
337	丁酉	11.13	12	5	9	3	
338	戊戌	11.24	13	6	10	杨初 1	
339	己亥	12.5	14	7	11	2	
340	庚子	11.16		8	12	3	

	高句丽	百济	新罗	日本	公元
	美川王乙弗 7	比流王 3	基临王 9	应神天皇 37	306
	8	4	10	38	307
	9	5	11	39	308
	10	6	12	40	309
	11	7	讫解王 1	41②	310
	12	8	2	虚位	311
	13	9	3	虚位	312
	14	10	4	仁德天皇 1	313
	15	11	5	2	314
	16	12	6	3	315
	17	13	7	4	316
	18	14	8	5	317
	19	15	9	6	318
	20	16	10	7	319
句渠知 平赵 1⑦	21	17	11	8	320
	22	18	12	9	321
	23	19	13	10	322
	24	20	14	11	323
	25	21	15	12	324
	26	22	16	13	325
	27	23	17	14	326
	28	24	18	15	327
	29	25	19	16	328
翟魏	30	26	20	17	329
翟斌 1	31	27	21	18	330
2	故国原王斯由 1	28	22	19	331
3	2	29	23	20	332
4	3	30	24	21	333
5	4	31	25	22	334
6	5	32	26	23	335
7	6	33	27	24	336
8	7	34	28	25	337
9	8	35	29	26	338
10	9	36	30	27	339
11	10	37	31	28	340

公元	干支	公历元旦的农历日期	东晋	成汉	前凉
341	辛丑	11.27	咸康 7	汉兴 4	张骏 29
342	壬寅	12.8	8⑥	5	30
343	癸卯	11.19	康帝(司马岳) 建元 1	6⑧	31
344	甲辰	11.30	2⑨	李势 太和 1	32
345	乙巳	11.12	穆帝(司马聃) 永和 1	2	33
346	丙午	11.22	2	嘉宁⑩ 1	张重华⑤ 建兴 34
347	丁未	12.3	3	2③(亡)	35
348	戊申	11.4	4		36
349	己酉	11.26	5		37
				冉魏	
350	庚戌	12.7	6	冉闵 永兴(闰②) 1	38
351	辛亥	11.17	7	2	39
352	壬子	11.28	8	3④	40
353	癸丑	11.10	9		41(⑫)
354	甲寅	11.21	10		张祚 和平 1 *
355	乙卯	12.2	11		张玄靓 建兴(闰⑨) 43
356	丙辰	11.13	12		44
357	丁巳	11.24	升平 1		45
358	戊午	12.5	2		46
359	己未	11.16	3		47
360	庚申	11.27	4		48
361	辛酉	12.9	5⑤		升平 5
362	壬戌	11.19	哀帝(司马丕) 隆和 1		6
363	癸亥	11.30	兴宁② 1		张天锡⑧ 7
364	甲子	11.11	2		8
365	乙丑	11.23	3②		9
366	丙寅	12.4	废帝(司马奕) 太和 1		10
367	丁卯	11.14	2		11
368	戊辰	11.25	3		12
369	己巳	12.7	4		13
370	庚午	11.18	5		14
371	辛未	11.28	简文帝(司马昱) 咸安⑪ 1		15
372	壬申	11.10	2⑦		16
373	癸酉	11.21	孝武帝(司马曜) 宁康 1		17
374	甲戌	12.2	2		18
375	乙亥	11.13	3		19
376	丙子	11.24	太元 1		20⑧(亡)

* 张祚于公元353年即位后，次年改元和平。355年张祚被杀，张玄靓继位，对外复用建兴年号。

后赵	代	前燕	前秦	公元
建武 7	建国 4	慕容皝 8		341
8	5	9		342
9	6	10		343
10	7	11		344
11	8	12		345
12	9	13		346
13	10	14		347
14	11	15⑨		348
太宁 1	12	慕容儁 元丰 1		349
石世④ 石遵⑤ 石鉴⑪				
青龙①(闰②) 1	13	2	苻洪 1(闰②)	350
石祗 永宁③ 1				
2④	14	3	苻建 皇始 1	351
	15	元玺⑪ 1	2	352
	16	2	3	353
	17	3	4	354
	18	4	苻生 寿光⑥ 1	355
	19	5	2	356
	20	光寿② 1	苻坚 永兴⑥ 1	357
	21	2	2	358
	22	3	甘露⑥ 1	359
	23	慕容暐 建熙 1	2	360
	24	2	3	361
	25	3	4	362
	26	4	5	363
	27	5	6	364
	28	6	建元 1	365
	29	7	2	366
	30	8	3	367
	31	9	4	368
	32	10	5	369
	33	11⑪(亡)	6	370
	34		7	371
	35		8	372
	36		9	373
	37		10	374
	38		11	375
	39⑫(亡)		12	376

361 年开始用东晋年号。

公元	干支	公历元旦的农历日期	段部鲜卑	宇文鲜卑	吐谷浑	氐王仇池公	翟魏
341	辛丑	11.27		宇文逸豆归 9	叶延 13	杨初 4	翟斌 12
342	壬寅	12.8		10	14	5	13
343	癸卯	11.19	段兰 1	11	15	6	14
344	甲辰	11.30	2	12	16	7	15
345	乙巳	11.12	3		17	8	16
346	丙午	11.22	4		18	9	17
347	丁未	12.3	5		19	10	18
348	戊申	11.4	6		20	11	19
349	己酉	11.26	7		21	12	20
350	庚戌	12.7	段龛 1		22	13	21
351	辛亥	11.17	2		23	14	22
352	壬子	11.28	3		碎奚 1	15	23
353	癸丑	11.10	4		2	16	24
354	甲寅	11.21	5		3	17	25
355	乙卯	12.2	6		4	18	26
356	丙辰	11.13	7⑪(亡)		5	杨国 1	27
357	丁巳	11.24			6	杨俊 1	28
358	戊午	12.5			7	2	29
359	己未	11.16			8	3	30
360	庚申	11.27			9	4	31
361	辛酉	12.9			10	杨世 1	32
362	壬戌	11.19			11	2	33
363	癸亥	11.30			12	3	34
364	甲子	11.11			13	4	35
365	乙丑	11.23			14	5	36
366	丙寅	12.4			15	6	37
367	丁卯	11.14			16	7	38
368	戊辰	11.25			17	8	39
369	己巳	12.7			18	9	40
370	庚午	11.18			19	10	41
371	辛未	11.28			20	杨纂 1	42
372	壬申	11.10			视连 1	以下无主13年	43
373	癸酉	11.21			2		44
374	甲戌	12.2			3		45
375	乙亥	11.13			4		46
376	丙子	11.24			5		47

	高句丽		百济		新罗		日本		公元
	故国原王斯由	11	比流王	38	讫解王	32	仁德天皇	29	341
		12		39		33		30	342
		13		40		34		31	343
		14	契王	1		35		32	344
		15		2		36		33	345
		16	近肖古王	1		37		34	346
		17		2		38		35	347
		18		3		39		36	348
		19		4		40		37	349
		20		5		41		38	350
		21		6		42		39	351
		22		7		43		40	352
		23		8		44		41	353
		24		9		45		42	354
		25		10		46		43	355
		26		11	奈勿王	1		44	356
		27		12		2		45	357
		28		13		3		46	358
		29		14		4		47	359
		30		15		5		48	360
		31		16		6		49	361
		32		17		7		50	362
		33		18		8		51	363
		34		19		9		52	364
		35		20		10		53	365
		36		21		11		54	366
		37		22		12		55	367
		38		23		13		56	368
		39		24		14		57	369
李弘　凤凰⑧　1⑨		40		25		15		58	370
	小兽林王立	1		26		16		59	371
		2		27		17		60	372
		3		28		18		61	373
		4		29		19		62	374
		5	近仇首王	1		20		63	375
		6		2		21		64	376

公元	干支	公历元旦的农历日期	东晋	前凉	前秦	后秦
377	丁丑	12.6	太元 2		建元 13	
378	戊寅	11.16	3		14	
379	己卯	11.27	4		15	
380	庚辰	12.8	5		16	
381	辛巳	11.20	6		17	
382	壬午	12.1	7		18	
383	癸未	11.11	8		19	
384	甲申	11.22	9		20	姚苌 白雀④ 1
385	乙酉	12.4	10		苻丕 太安⑧ 1	2
386	丙戌	11.15	11	张大豫 凤凰② 1⑪	苻登 太初⑪ 1	建初④ 1
387	丁亥	11.25	12	2	2	2
388	戊子	12.6	13		3	3
389	己丑	11.18	14		4	4
390	庚寅	11.29	15		5	5
391	辛卯	11.10	16		6	6
392	壬辰	11.20	17		7	7
393	癸巳	12.3	18		8	8⑫
394	甲午	11.13	19		苻崇 延初⑦ 1⑩	姚兴 皇初⑤ 1
395	乙未	11.24	20			2
396	丙申	12.5	21⑨	北凉		3
397	丁酉	11.17	安帝(司马德宗) 隆安 1	段业 神玺⑤ 1		4
398	戊戌	11.27	2	2		5
399	己亥	闰11.8	3	天玺② 1		弘始⑨ 1
400	庚子	11.19	4	2		2
401	辛丑	12.1	5	沮渠蒙逊 永安⑥ 1		3
402	壬寅	11.12	元兴 1 大亨③ 1	2		4
403	癸卯	11.22	元兴 2	3		5
404	甲辰	12.3	3	4		6
405	乙巳	11.15	义熙 1	5		7
406	丙午	11.26	2	6		8
407	丁未	12.7	3	7		9

* 7月降于西燕、后秦，409年复位。

西秦	后凉	后燕	西燕	公元
				377
				378
				379
				380
				381
				382
				383
		慕容垂　燕元 1	慕容泓　燕兴④ 1	384
乞伏国仁　建义⑨ 1		2	慕容冲　更始① 2	385
2	吕光　太安① 1	建兴② 1	段随　昌平② 1 慕容觊　建明③ 慕容瑶　建平③ 慕容忠　建武③ 慕容永　中兴⑩	386
3	2	2	2	387
乞伏乾归　太初⑥ 1	3	3	3	388
2	麟嘉② 1	4	4	389
3	2	5	5	390
4	3	6	6	391
5	4	7	7	392
6	5	8	8	393
7	6	9	9(⑧亡)	394
8	7	10		395
9	龙飞⑥ 1	慕容宝　永康④ 1	**南凉**	396
10	2	2	秃发乌孤　太初 1	397
11	3	慕容盛　建平⑩ 1	2	398
12	承康吕绍 1⑫ 吕纂　咸宁⑫	长乐 1	3⑧	399
13 * ⑦	2	2	秃发利鹿孤　建和 1	400
降于后秦	吕隆　神鼎② 1	慕容熙　光始⑧ 1	2	401
	2	2	秃发傉檀　弘昌③ 1	402
	3⑧	3	2	403
		4	3 ** ②	404
		5	去年号	405
	夏	6		406
	赫连勃勃　龙昇⑥ 1	建始 1⑦		407

** 2 月去年号，408 年复称凉王。

公元	干支	公历元旦的农历日期	北魏	西凉	南燕	
377	丁丑	12.6				
378	戊寅	11.16				
379	己卯	11.27				
380	庚辰	12.8				
381	辛巳	11.20				
382	壬午	12.1				
383	癸未	11.11				
384	甲申	11.22				
385	乙酉	12.4				
386	丙戌	11.15	道武帝 登国 1 （拓跋珪）			
387	丁亥	11.25	2			
388	戊子	12.6	3			
389	己丑	11.18	4			
390	庚寅	11.29	5			
391	辛卯	11.10	6			
392	壬辰	11.20	7			
393	癸巳	12.3	8			
394	甲午	11.13	9			
395	乙未	11.24	10			
396	丙申	12.5	皇始⑦ 1			
397	丁酉	11.17	2			慕容祥 建始⑤ 1⑦ 慕容麟 延平⑦ 1⑩
398	戊戌	11.27	天兴⑫ 1		慕容德 1	兰汗 青龙④ 1⑦
399	己亥	闰11.8	2		2	
400	庚子	11.19	3	李暠 庚子⑪ 1	建平 1	
401	辛丑	12.1	4	2	2	
402	壬寅	11.12	5	3	3	
403	癸卯	11.22	6	4	4	桓玄 永始⑫* 1
404	甲辰	12.3	天赐⑩ 1	5	5	2⑤
405	乙巳	11.15	2	建初 1	慕容超 太上⑪ 1	
406	丙午	11.26	3	2	2	北燕
407	丁未	12.7	4	3	3	高云 正始 1⑦

* 桓玄称帝，年号先用建始，寻又改为永始。

吐谷浑	氐王仇池公	翟魏	高句丽	百济	新罗	日本	公元
视连 6		翟斌 48	小兽林王立 7	近仇首王 3	奈勿王 22	仁德天皇 65	377
7		49	8	4	23	66	378
8		50	9	5	24	67	379
9		51	10	6	25	68	380
10		52	11	7	26	69	381
11		53	12	8	27	70	382
12		54	13	9	28	71	383
13		55	故国壤王伊连 1	枕流王 1	29	72	384
14	杨定 1	翟真 1	2	辰斯王 1	30	73	385
15	2	翟成 1 翟辽 1	3	2	31	74	386
16	3	2	4	3	32	75	387
17	4	建光 1	5	4	33	76	388
18	5	2	6	5	34	77	389
19	6	3	7	6	35	78	390
视罴 1	7	翟钊 定鼎 1	广开土王谈德 1	7	36	79	391
2	8	2	2	阿华王 1	37	80	392
3	9	3(亡)	3	2	38	81	393
4	10		4	3	39	82	394
5	杨盛 1		5	4	40	83	395
6	2		6	5	41	84	396
7	3		7	6	42	85	397
8	4		8	7	43	86	398
9	5		9	8	44	87①	399
10	6		10	9	45	履中天皇 1	400
乌纥堤 1	7		11	10	46	2	401
2	8		12	11	实圣王 1	3	402
3	9		13	12	2	4	403
4	10		14	13	3	5	404
5	11		15	腆支王 1	4	6③	405
武王树洛干 1	12		16	2	5	反正天皇 1	406
2	13		17	3	6	2	407

公元	干支	公历元旦的农历日期	东晋	北凉	后秦
408	戊申	11.17	义熙 4	永安 8	弘始 10
409	己酉	11.29	5	9	11
410	庚戌	11.10	6	10	12
411	辛亥	11.21	7	11	13
412	壬子	12.2	8	玄始⑪ 1	14
413	癸丑	11.14	9	2	15
414	甲寅	11.24	10	3	16
415	乙卯	12.5	11	4	17
416	丙辰	11.16	12	5	姚泓 永和② 1
417	丁巳	11.28	13	6	2⑧(亡)
418	戊午	12.9	14⑫	7	
419	己未	11.19	恭帝(司马德文) 元熙 1	8	
420	庚申	11.30	2⑥(亡)	9	

公元	干支	公历元旦的农历日期	西凉	南燕	吐谷浑
408	戊申	11.17	建初 4	太上 4	武王树洛干 3
409	己酉	11.29	5	5	4
410	庚戌	11.10	6	6②(亡)	5
411	辛亥	11.21	7		6
412	壬子	12.2	8		7
413	癸丑	11.14	9		8
414	甲寅	11.24	10		9
415	乙卯	12.5	11		10
416	丙辰	11.16	12		11
417	丁巳	11.28	李歆 嘉兴② 1		12
418	戊午	12.9	2		威王阿柴 1
419	己未	11.19	3		2
420	庚申	11.30	李恂 永建⑨ 1		3

西秦	夏	北燕	南凉	北魏	公元
	龙昇 2	正始 2 3⑩	嘉平⑪ 1 (复用年号)	天赐 5	408
更始(复立)⑦ 1	3	冯跋 太平⑩ 1	2	明元帝(拓跋嗣) 永兴⑩ 1	409
2	4	2	3	2	410
	5	3	4	3	411
乞伏炽磐 永康⑧ 1	6	4	5	4	412
2	凤翔③ 1	5	6	5	413
3	2	6	7⑦	神瑞 1	414
4	3	7	白亚栗斯、刘虎 建平③ 1	2	415
5	4	8	2⑨(亡)	泰常④ 1	416
6	5	9		2	417
7	昌武⑪ 1	10		3	418
8	真兴② 1	11		4	419
建弘 1	2	12		5	420

氐王仇池公	高句丽	百济	新罗	日本	公元
杨盛 14	广开土王谈德 18	腆支王 4	实圣王 7	反正天皇 3	408
15	19	5	8	4	409
16	20	6	9	5①	410
17	21	7	10	*	411
18	22	8	11	允恭天皇 1	412
19	长寿王臣连 1	9	12	2	413
20	2	10	13	3	414
21	3	11	14	4	415
22	4	12	15	5	416
23	5	13	纳祇王 1	6	417
24	6	14	2	7	418
25	7	15	3	8	419
26	8	久尔辛王 1	4	9	420

* 是年日本纪元空缺。

表 12　南北朝纪年表

公元	干支	公历元旦的农历日期	宋	北凉	西秦
420	庚申	11.30	武帝(刘裕)　永初⑥　1	玄始　9	建弘　1
421	辛酉	11.12	2	10	2
422	壬戌	11.23	3(少帝⑤)	11	3
423	癸亥	12.4	少帝(刘义符)　景平　1	12	4
424	甲子	11.14	文帝(刘义隆)　元嘉⑧　1	13	5
425	乙丑	11.26	2	14	6
426	丙寅	12.7	3	15	7
427	丁卯	11.18	4	16	8
428	戊辰	11.28	5	承玄⑥　1	乞伏暮末　永弘⑤　1
429	己巳	11.10	6	2	2
430	庚午	11.21	7	3	3
431	辛未	12.2	8	义和⑥　1	4①(亡)
432	壬申	11.13	9	2	
433	癸酉	11.24	10	沮渠牧犍　永和④　1	
434	甲戌	12.6	11	2	
435	乙亥	11.16	12	3	
436	丙子	11.27	13	4	
437	丁丑	12.9	14	5	
438	戊寅	11.20	15	6	
439	己卯	12.1	16	7⑨	
440	庚辰	11.11	17		
441	辛巳	11.23	18		
442	壬午	12.4	19		
443	癸未	11.15	20	沮渠无讳　承平　1	
444	甲申	11.25	21	沮渠安周　2	
445	乙酉	12.7	22	3	
446	丙戌	11.18	23	4	
447	丁亥	11.29	24	5	
448	戊子	12.10	25	6	
449	己丑	11.21	26	7	
450	庚寅	12.3	27	8	

夏	北燕	北魏	公元
真兴 2	太平 12	泰常 5	420
3	13	6	421
4	14	7	422
5	15	8⑪	423
6	16	太武帝(拓跋焘) 始光 1	424
赫连昌 承光⑧ 1	17	2	425
2	18	3	426
3	19	4	427
赫连定 胜光② 1	20	神䴥② 1	428
2	21	2	429
3	22⑨	3	430
4⑥(亡)	冯弘 太兴 1	4	431
	2	延和 1	432
	3	2	433
	4	3	434
	5	太延 1	435
	6⑤(亡)	2	436
		3	437
		4	438
		5	439
		太平真君⑥ 1	440
		2	441
		3	442
		4	443
		5	444
		6	445
		7	446
		8	447
		9	448
		10	449
		11	450

公元	干支	公历元旦的农历日期	西凉	吐谷浑	氐王仇池公
420	庚申	11. 30	李恂 永建⑨ 1	威王阿柴 3	杨盛 26
421	辛酉	11. 12	2③(亡)	4	27
422	壬戌	11. 23		5	28
423	癸亥	12. 4		6	29
424	甲子	11. 14		7	30
425	乙丑	11. 26		惠王慕璝 1	31
426	丙寅	12. 7		2	杨玄 1
427	丁卯	11. 18		3	2
428	戊辰	11. 28		4	3
429	己巳	11. 10		5	4
430	庚午	11. 21		6	杨难当 1
431	辛未	12. 2		7	2
432	壬申	11. 13	程道养 泰始⑨ 1	8	3
433	癸酉	11. 24	2	9	4
434	甲戌	12. 6	3	10	5
435	乙亥	11. 16	4	11	6
436	丙子	11. 27	5	12	建义 1
437	丁丑	12. 9	6④(亡)	慕利延 1	2
438	戊寅	11. 20		2	3
439	己卯	12. 1		3	4
440	庚辰	11. 11		4	5
441	辛巳	11. 23		5	6
442	壬午	12. 4		6	杨保炽 7
443	癸未	11. 15		7	杨文德 1
444	甲申	11. 25		8	2
445	乙酉	12. 7		9	3
446	丙戌	11. 18		10	4
447	丁亥	11. 29		11	5
448	戊子	12. 10		12	6
449	己丑	11. 21		13	7
450	庚寅	12. 3		14	8

高句丽	百济	新罗	日本	公元
臣连 8	久尔辛王 1	纳祇王 4	允恭天皇 9	420
9	2	5	10	421
10	3	6	11	422
11	4	7	12	423
12	5	8	13	424
13	6	9	14	425
14	7	10	15	426
15	毗有王 1	11	16	427
16	2	12	17	428
17	3	13	18	429
18	4	14	19	430
19	5	15	20	431
20	6	16	21	432
21	7	17	22	433
22	8	18	23	434
23	9	19	24	435
24	10	20	25	436
25	11	21	26	437
26	12	22	27	438
27	13	23	28	439
28	14	24	29	440
29	15	25	30	441
30	16	26	31	442
31	17	27	32	443
32	18	28	33	444
33	19	29	34	445
34	20	30	35	446
35	21	31	36	447
36	22	32	37	448
37	23	33	38	449
38	24	34	39	450

公元	干支	公历元旦的农历日期	宋	北凉	北魏	
451	辛卯	11.13	元嘉 28	沮渠安周 9	正平⑥ 1	
452	壬辰	11.24	29	10	南安王(拓跋余) 承平③ 1	
					文成帝(拓跋濬) 兴安⑩ 1	
453	癸巳	12.6	30④	11	2	刘劭 太初② 1⑤
454	甲午	11.17	孝武帝(刘骏) 孝建 1	12	兴光⑦ 1	
455	乙未	11.27	2	13	太安⑥ 1	
456	丙申	12.8	3	14	2	
457	丁酉	11.20	大明 1	15	3	
458	戊戌	12.1	2	16	4	
459	己亥	12.12	3	17	5	
460	庚子	11.22	4	18(亡)	和平 1	
461	辛丑	12.4	5		2	
462	壬寅	11.15	6		3	
463	癸卯	11.26	7		4	
						柔然
464	甲辰	12.7	8(闰⑤)		5	受罗部真可汗 永康 1
465	乙巳	11.8	前废帝(刘子业) 永光 1		6⑤	2
			景和⑧ 1			
			明帝(刘彧)⑫ 1			
466	丙午	11.29	2		献文帝(拓跋弘) 天安 1	3
467	丁未	12.10	3		皇兴 1	4
468	戊申	11.21	4		2	5
469	己酉	12.3	5		3	6
470	庚戌	闰11.13	6		4	7
471	辛亥	11.24	7		孝文帝(元宏) 延兴⑧ 1	8
472	壬子	12.5	泰豫 1④		2	9
473	癸丑	11.17	后废帝(刘昱) 元徽 1		3	10
474	甲寅	11.27	2		4	11
475	乙卯	12.9	3		5	12
476	丙辰	11.19	4		承明⑥ 1	13
477	丁巳	12.1	顺帝(刘凖) 昇明⑦ 1		太和 1	14
478	戊午	12.12	2		2	15
479	己未	11.23	3④		3	16
			南齐			
			高帝(萧道成) 建元④ 1			
480	庚申	12.4	2		4	17
481	辛酉	11.15	3		5	18

吐谷浑	氐王仇池公	高句丽	百济	新罗	日本	公元
慕利延 15		臣连 39	毗有王 25	纳祇王 35	允恭天皇 40	451
16		40	26	36	41	452
拾寅 1		41	27	37	42①	453
2		42	28	38	安康天皇 1	454
3	杨元和 1	43	盖卤王余庆 1	39	2	455
4	2	44	2	40	3③	456
5	3	45	3	41	雄略天皇 1	457
6	4	46	4	慈悲王 1	2	458
7	5	47	5	2	3	459
8	6	48	6	3	4	460
9	7	49	7	4	5	461
10	8	50	8	5	6	462
11	9	51	9	6	7	463
12	10	52	10	7	8	464
13	11	53	11	8	9	465
14	杨僧嗣 1	54	12	9	10	466
15	2	55	13	10	11	467
16	3	56	14	11	12	468
17	4	57	15	12	13	469
18	5	58	16	13	14	470
19	6	59	17	14	15	471
20	7	60	18	15	16	472
21	8	61	19	16	17	473
22	杨文度 1	62	20	17	18	474
23	2	63	文周王 1	18	19	475
24	3	64	2	19	20	476
25	4	65	三斤王 1	20	21	477
26	杨文弘 1	66	2	21	22	478
27	2	67	车城王牟大 1	炤智王 1	23⑧	479
28	3	68	2	2	清宁天皇 1	480
29	4	69	3	3	2	481

公元	干支	公历元旦的农历日期	南齐	北魏	柔然
482	壬戌	11.26	建元 4③	太和 6	永康 19
483	癸亥	12.7	武帝(萧赜) 永明 1	7	20
484	甲子	11.18	2	8	21
485	乙丑	11.29	3	9	伏名敦可汗 太平 1
486	丙寅	12.10	4	10	2
487	丁卯	11.21	5	11	3
488	戊辰	12.2	6	12	4
489	己巳	11.14	7	13	5
490	庚午	11.24	8	14	6
491	辛未	12.6	9	15	7
492	壬申	11.16	10	16	候其伏代库者可汗 太安 1
493	癸酉	11.28	11⑦	17	2
494	甲戌	12.9	郁林王(萧昭业) 隆昌 1	18	3
			海陵王(萧昭文) 延兴⑦ 1		
			明帝(萧鸾) 建武⑩ 1		
495	乙亥	11.20	2	19	4
496	丙子	12.1	3	20	5
497	丁丑	12.12	4	21	6
498	戊寅	11.23	永泰 1⑦	22	7
499	己卯	12.4	东昏侯(萧宝卷) 永元 1	23④	8
500	庚辰	11.15	2	宣武帝(元恪) 景明 1	9
501	辛巳	11.26	和帝(萧宝融) 中兴③ 1	2	10
502	壬午	12.7	2③	3	11
			梁		
			武帝(萧衍) 天监④ 1		
503	癸未	11.18	2	4	12
504	甲申	11.29	3	正始 1	13
505	乙酉	12.11	4	2	14
506	丙戌	11.21	5	3	佗汗可汗 始平 1
507	丁亥	12.2	6	4	2
508	戊子	11.13	7	永平⑧ 1	豆罗伏跋豆伐可汗 建昌 1
509	己丑	11.24	8	2	2
510	庚寅	12.6	9	3	3
511	辛卯	11.16	10	4	4
512	壬辰	11.27	11	延昌④ 1	5

* 武烈天皇在位之年有不同记载，另据《日本国志》和《万国史纲目》注，元年为499年，在位8年。

	高昌	吐谷浑	氐王仇池公	高句丽	百济	新罗	日本	公元
		易度侯1	杨文弘 5	臣连 70	车城王牟大 4	炤智王4	清宁天皇 3	482
		2	杨后起 1	71	5	5	4	483
		3	2	72	6	6	5①	484
唐寓之⑫		4	3	73	7	7	显宗天皇 1	485
兴平① 1①		5	4	74	8	8	2	486
		6	杨集始 1	75	9	9	3④	487
		7	2	76	10	10	仁贤天皇 1	488
		8	3	77	11	11	2	489
		9	4	78	12	12	3	490
		伏连筹1	5	文咨王罗云 1	13	13	4	491
		2	6	2	14	14	5	492
		3	7	3	15	15	6	493
		4	8	4	16	16	7	494
		5	9	5	17	17	8	495
		6	10	6	18	18	9	496
	麴嘉 1	7	11	7	19	19	10⑧	497
	2	8	12	8	20	20	武烈天皇1 *	498
	3	9	13	9	21	21	2	499
雍道晞 建义② 1②	4	10	14	10	22	智证王1	3	500
	5	11	15	11	武宁王期摩 1	2	4	501
	6	12	16	12	2	3	5	502
	7	13	17	13	3	4 **	6	503
	8	14	杨绍先 1	14	4	5	7	504
	9	15	2	15	5	6	8	505
吕苟儿 建明① 1⑦	10	16	3①	16	6	7	9⑫	506
	11	17		17	7	8	继体天皇 1	507
	12	18		18	8	9	2	508
	13	19		19	9	10	3	509
	14	20		20	10	11	4	510
	15	21		21	11	12	5	511
	16	22		22	12	13	6	512

** 据《中外历史年表》注，在公元 503 年以前，新罗国号未定，或称斯罗、斯卢、新罗、鸡林等。

公元	干支	公历元旦的农历日期	梁	北魏	柔然
513	癸巳	12.9	天监 12	延昌 2	建昌 6
514	甲午	11.10	13	3	7
515	乙未	12.1	14	4①	8
516	丙申	12.12	15	孝明帝(元诩) 熙平 1	9
517	丁酉	11.23	16	2	10
518	戊戌	12.4	17	神龟① 1	11
519	己亥	11.15	18	2	12
520	庚子	11.26	普通 1	正光⑦ 1	13(亡)
521	辛丑	12.8	2	2	
522	壬寅	11.18	3	3	
523	癸卯	11.29	4	4	
524	甲辰	12.10	5	5	
525	乙巳	11.22	6	孝昌⑥ 1	
526	丙午	12.3	7	2	
527	丁未	11.13	大通 1	3	
528	戊申	11.24	2	武泰 1	
				孝庄帝(元子攸) 建义④ 1	
				永安⑨ 1	
529	己酉	12.6	中大通⑩ 1	2	
530	庚戌	11.17	2	长广王(元晔) 建明⑩ 1	
531	辛亥	11.27	3	节闵帝(元恭) 普泰② 1	
				安定王(元朗) 中兴⑩ 1	
532	壬子	12.9	4	孝武帝(元修) 太昌④ 1	
				永兴⑫ 1	
				永熙① 1	
533	癸丑	11.20	5	2	东魏
534	甲寅	12.1	6	3	孝静帝(元善见) 天平⑩ 1
				西魏	
535	乙卯	12.12	大同 1	文帝(元宝炬) 大统 1	2
536	丙辰	11.23	2	2	3
537	丁巳	12.5	3	3	4
538	戊午	11.15	4	4	元象 1
539	己未	11.26	5	5	兴和⑪ 1
540	庚申	12.7	6	6	2
541	辛酉	11.19	7	7	3
542	壬戌	11.29	8	8	4
543	癸亥	12.10	9	9	武定 1
544	甲子	11.21	10	10	2
545	乙丑	12.3	11	11	3
546	丙寅	11.14	中大同④ 1	12	4

			公元
			513
			514
			515
			516
			517
			518
			519
			520
			521
			522
		破六韩拔陵真王④ 1	523
		2	524
刘蠡升 **神嘉**⑫ 1		3	525
2		鲜于修礼鲁兴① 1⑧	526
3	萧宝寅⑩ **隆绪** 1		527
4	2	邢杲天统⑥ 1	528
5	元颢 **孝基**④ 1	2④	529
6	**建武**⑤ 1 闰⑥		530
7			531
8			532
9			533
10			534
11⑤			535
			536
			537
			538
			539
			540
			541
			542
			543
			544
			545
			546

公元	干支	公历元旦的农历日期		高昌		吐谷浑
513	癸巳	12.9		麹嘉 17		伏连筹 23
514	甲午	11.10		18		24
515	乙未	12.1		19		25
516	丙申	12.12		20		26
517	丁酉	11.23		21		27
518	戊戌	12.4		22		28
519	己亥	11.15		23		29
520	庚子	11.26		24		30
521	辛丑	12.8		25		31
522	壬寅	11.18		26		32
523	癸卯	11.29		27		33
524	甲辰	12.10	莫折念生 天建⑥ 1	麹光 1		34
525	乙巳	11.22	2	2	杜洛周真王⑧ 1	35
526	丙午	12.3	3	3	2	36
527	丁未	11.13	4	4	3	37
528	戊申	11.24	万俟醜奴 神兽（虎）⑦ 1	5	4②	38
529	己酉	12.6	2	6		39
530	庚戌	11.17	3④	7		40
531	辛亥	11.27		麹坚 章和 1		41
532	壬子	12.9		2		42
533	癸丑	11.20		3		43
534	甲寅	12.1		4		44
535	乙卯	12.12		5	鲜于琛 上愿 1	45
536	丙辰	11.23		6		46
537	丁巳	12.5		7		47
538	戊午	11.15		8		48
539	己未	11.26		9		49
540	庚申	12.7		10		50
541	辛酉	11.19		11		夸吕可汗 1
542	壬戌	11.29	刘敬躬 永汉① 1②	12		2
543	癸亥	12.10		13		3
544	甲子	11.21		14		4
545	乙丑	12.3		15		5
546	丙寅	11.14		16		6

氐王仇池公	高句丽	百济	新罗	日本	越南	公元
	文咨王罗云 23	武宁王期摩 13	智证王 14	继体天皇 7		513
	24	14	法兴王元宗 1	8		514
	25	15	2	9		515
	26	16	3	10		516
	27	17	4	11		517
	28	18	5	12		518
	安藏王 兴安 1	19	6	13		519
	2	20	7	14		520
	3	21	8	15		521
	4	22	9	16		522
	5	圣王明秾 1	10	17		523
	6	2	11	18		524
	7	3	12	19		525
葛荣 广安⑨ 1	8	4	13	20		526
2	9	5	14	21		527
3⑨	10	6	15	22		528
	11	7	16	23		529
	12	8	17	24		530
	安原王 宝延 1	9	18	25		531
	2	10	19	26		532
	3	11	20	27②		533
杨绍先(复位) 1	4	12	21	安闲天皇 1		534
2	5	13	22	2⑫		535
3	6	14	建元 1	宣化天皇 1		536
杨辟邪 1	7	15	2	2		537
2	8	16	3	3		538
3	9	17	4	4②		539
4	10	18	真兴王彡宗 建元 1	钦明天皇 1		540
5	11	19	2	2		541
6	12	20	3	3		542
7	13	21	4	4	万春国	543
8	14	22	5	5	南越帝李贲1	544
9	阳原王 平成 1	23	6	6	2	545
10	2	24	7	7	3	546

公元	干支	公历元旦的农历日期	梁		西魏	
547	丁卯	11.24		太清④ 1		大统 13
548	戊辰	12.5		2		14
549	己巳	11.17		3⑤		15
550	庚午	11.28	简文帝(萧纲)	大宝 1		16
551	辛未	12.9	豫章王(萧栋)	天正⑧ 1⑪		17③
552	壬申	11.19	武陵王(萧纪)	天正④ 1	废帝(元钦)	1
			元帝(萧绎)	承圣⑪ 1		
553	癸酉	12.2		2		2
				天正 2⑦		
554	甲戌	闰11.12		承圣 3	恭帝(拓跋廓)	1
555	乙亥	11.23	贞阳侯(萧渊明)	天成⑤ 1		2
			敬帝(萧方智)	绍泰⑩ 1		
556	丙子	12.4		太平⑨ 1		3⑫
					北周	
557	丁丑	11.16		2⑩	孝闵帝(宇文觉)	1
			陈			
			武帝(陈霸先)	永定⑩ 1	明帝(宇文毓)⑨	1
558	戊寅	11.26		2		2
559	己卯	12.7		3⑥		武成⑧ 1
560	庚辰	11.18	文帝(陈蒨)	天嘉 1		2④
561	辛巳	11.30		2	武帝(宇文邕)	保定 1
562	壬午	12.11		3		2
563	癸未	11.21		4		3
564	甲申	12.2		5		4
565	乙酉	11.14		6		5
566	丙戌	11.25		天康② 1④		天和 1
567	丁亥	12.6	废帝(陈伯宗)	光大 1		2
568	戊子	11.16		2		3
569	己丑	11.28	宣帝(陈顼)	太建 1		4
570	庚寅	12.9		2		5
571	辛卯	11.20		3		6
572	壬辰	12.1		4		建德③ 1
573	癸巳	12.12		5		2
574	甲午	11.23		6		3
575	乙未	12.4		7		4
576	丙申	11.15		8		5
577	丁酉	11.26		9		6

东魏	后梁	高昌		公元
武定 5		章和 17		547
6		18	萧正德 正平⑪ 1	548
7		麹玄喜 永平 1	2⑥	549
8⑤		2		550
北齐				
文宣帝(高洋) 天保⑤ 1				
2		麹□ 和平 1	侯景 太始⑪ 1	551
3		2	2	552
4		3		553
5		4		554
6	宣帝(萧詧) 大定 1	麹宝茂 建昌 1		555
7	2	2		556
8	3	3		557
9	4	4		558
10⑩	5	5		559
废帝(高殷) 乾明 1	6	6		560
孝昭帝(高演) 皇建⑧ 1				
武成帝(高湛) 大(太)宁⑪ 1	7	麹乾固 延昌 1		561
河清④ 1	明帝(萧岿) 天保② 1	2		562
2	2	3		563
3	3	4		564
后主(高纬) 天统④ 1	4	5		565
2	5	6		566
3	6	7		567
4	7	8		568
5	8	9		569
武平 1	9	10		570
2	10	11		571
3	11	12		572
4	12	13		573
5	13	14		574
6	14	15		575
隆化⑫ 1	15	16		576
幼主(高恒) 承光 1①(亡)	16	17		577

公元	干支	公历元旦的农历日期	突厥		吐谷浑		氐王仇池公	
547	丁卯	11.24			夸吕可汗	7	杨辟邪	11
548	戊辰	12.5				8		12
549	己巳	11.17				9		13
550	庚午	11.28				10		14
551	辛未	12.9				11		15
552	壬申	11.19	土门可汗	1		12		16(亡)
553	癸酉	12.2	乙息可汗	1		13		
554	甲戌	闰11.12	木杆可汗	1		14		
555	乙亥	11.23		2		15		
556	丙子	12.4		3		16		
557	丁丑	11.16		4		17		
558	戊寅	11.26		5		18		
559	己卯	12.7		6		19		
560	庚辰	11.18		7		20		
561	辛巳	11.30		8		21		
562	壬午	12.11		9		22		
563	癸未	11.21		10		23		
564	甲申	12.2		11		24		
565	乙酉	11.14		12		25		
566	丙戌	11.25		13		26		
567	丁亥	12.6		14		27		
568	戊子	11.16		15		28		
569	己丑	11.28		16		29		
570	庚寅	12.9		17		30		
571	辛卯	11.20		18		31		
572	壬辰	12.1		19		32		
573	癸巳	12.12	佗钵可汗	1		33		
574	甲午	11.23		2		34		
575	乙未	12.4		3		35		
576	丙申	11.15		4		36		
577	丁酉	11.26		5		37		

高句丽	百济	新罗	日本	越南	公元
平成 3	圣王明祢 25	建元 8	钦明天皇 8	南越帝李贲 4	547
4	26	9	9	5	548
5	27	10	10		549
6	28	11	11	赵越王赵光复 1	550
7	29	开国 1	12	2	551
8	30	2	13	3	552
9	31	3	14	4	553
10	威德王昌 1	4	15	5	554
11	2	5	16	6	555
12	3	6	17	7	556
13	4	7	18	8	557
14	5	8	19	9	558
平原王 阳成 1	6	9	20	10	559
2	7	10	21	11	560
3	8	11	22	12	561
4	9	12	23	13	562
5	10	13	24	14	563
6	11	14	25	15	564
7	12	15	26	16	565
8	13	16	27	17	566
9	14	17	28	18	567
10	15	大昌 1	29	19	568
11	16	2	30	20	569
12	17	3	31	21	570
13	18	4	敏达天皇 32④	后李南帝李佛子 1	571
14	19	鸿济 1	1	2	572
15	20	2	2	3	573
16	21	3	3	4	574
17	22	4	4	5	575
18	23	真智王金轮 鸿济 1	5	6	576
19	24	2	6	7	577

公元	干支	公历元旦的农历日期	陈	北周	后梁	高昌
578	戊戌	12.8	太建 10	宣政③ 1⑥	天保 17	延昌 18
579	己亥	11.18	11	宣帝（宇文赟） 大成 1	18	19
				静帝（宇文阐） 大象② 1		
580	庚子	11.29	12	2	19	20
581	辛丑	12.11	13	大定 1②	20	21
				隋		
				文帝（杨坚） 开皇② 1		
582	壬寅	11.22	14（后主①）	2	21	22
583	癸卯	12.3	后主（陈叔宝） 至德 1	3	22	23
584	甲辰	闰 11.13	2	4	23	24
585	乙巳	11.25	3	5	24⑤	25
586	丙午	12.6	4	6	萧琮 广运 1	26
587	丁未	11.17	祯明 1	7	2⑨（亡）	27
588	戊申	11.27	2	8		28
589	己酉	12.9	3①	9		29

突厥		吐谷浑	高句丽	百济	新罗	日本	越南	公元
佗钵可汗 6		夸吕可汗 38	阳成 20	威德王昌 25	鸿济 3	敏达天皇 7	后李南帝李佛子 8	578
7		39	21	26	真平王伯净 1	8	9	579
8		40	22	27	2	9	10	580
9		41	23	28	3	10	11	581
东突厥	西突厥 *							
沙钵略可汗 1	达头可汗 1	42	24	29	4	11	12	582
2	2	43	25	30	5	12	13	583
3	3	44	26	31	6	13⑧	14	584
4	4	45	27	32	7	用明天皇 1	15	585
5	5	46	28	33	8	2	16	586
6	6	47	29	34	9	崇峻天皇 1	17	587
莫何可汗 1	7	48	30	35	10	2	18	588
都兰可汗 1	8	49	31	36	11	3	19	589

* 东西突厥分裂之年有不同的说法，有人主张始自 562 年土门弟室点密攻占西域自立为可汗，有人主张当以大业六七年（611—612）射匮继位为准。本表取多数人主张，以沙钵略继位为准。

表 13　十六国兴亡表（附冉魏、西燕）

国名	创建人	民族	公元年代	灭于何国
汉(前赵)	刘渊	匈奴	304—329	后赵
成汉	李特	巴氐	303—347	东晋
前凉	张寔	汉	314—376	前秦
后赵	石勒	羯	319—351	冉魏
冉魏	冉闵	汉	350—352	前燕
前燕	慕容皝	鲜卑	334—370	前秦
前秦	苻洪	氐	350—394	后秦
后秦	姚苌	羌	384—417	东晋
后燕	慕容垂	鲜卑	384—407	北燕
西燕	慕容泓	鲜卑	384—394	后燕
西秦	乞伏国仁	鲜卑	385—431	夏
后凉	吕光	氐	386—403	后秦
南凉	秃髮乌孤	鲜卑	397—414	西秦
南燕	慕容德	鲜卑	398—410	东晋
西凉	李暠	汉	400—421	北凉
夏	赫连勃勃	匈奴	407—431	吐谷浑
北燕	冯跋	汉	407—436	北魏
北凉	段业	匈奴	397—460	北魏

表 14　南北朝兴亡表

国名	创建人	民族	公元年代	灭于何国
宋	刘裕	汉	420—479	南齐
南齐	萧道成	汉	479—502	梁
梁	萧衍	汉	502—557	陈
陈	陈霸先	汉	557—589	隋
北魏	拓跋珪	鲜卑	386—534	北周
柔然	受罗部真可汗	柔然	464—520	突厥
东魏	元善见	鲜卑	534—550	北齐
西魏	元宝炬	鲜卑	535—556	北周
北齐	高洋	汉	550—577	北周
北周	宇文觉	鲜卑	557—581	隋
后梁	萧詧	汉	555—587	隋

表 15　隋纪年表

公元	干支	公历元旦的农历日期	隋	魏	梁	夏
589	己酉	12.9	文帝(杨坚)　开皇　9			
590	庚戌	11.20	10			
591	辛亥	11.30	11			
592	壬子	12.12	12			
593	癸丑	11.23	13			
594	甲寅	12.4	14			
595	乙卯	11.15	15			
596	丙辰	11.26	16			
597	丁巳	12.8	17			
598	戊午	11.18	18			
599	己未	11.29	19			
600	庚申	12.10	20			
601	辛酉	11.22	仁寿　1			
602	壬戌	12.3	2			
603	癸亥	11.14	3			
604	甲子	11.24	4⑦			
605	乙丑	12.6	炀帝(杨广)　大业　1			
606	丙寅	11.17	2			
607	丁卯	11.28	3			
608	戊辰	12.9	4			
609	己巳	11.20	5			
610	庚午	12.1	6			
611	辛未	12.12	7			
612	壬申	11.23	8			
613	癸酉	12.5	9			
614	甲戌	11.15	10			
615	乙亥	11.26	11			
616	丙子	12.7	12			
617	丁丑	11.19	13	李密　永平②　1	梁师都　永隆③　1	窦建德　丁丑　1
			恭帝(杨侑)　义宁⑪　1			
618	戊寅	11.29	大业　14③	2⑨	2	五凤⑪　1
			义宁　2⑤			
			越王(杨侗)　皇泰⑤　1			

楚	梁	秦			公元
					589
					590
					591
					592
					593
					594
					595
					596
					597
					598
					599
					600
					601
					602
					603
					604
					605
					606
					607
					608
					609
					610
					611
					612
				向海明 白乌⑫ 1⑫	613
					614
			朱粲 昌达⑪ 1		615
林士弘 太平⑫ 1			2		616
2	萧铣 鸣凤⑩ 1	薛举 秦兴④ 1	3	刘武周 天兴③ 1	617
3	2	薛仁杲(果)⑧ 2⑪	4	2	618

公元	干支	公历元旦的农历日期			高昌	东突厥
589	己酉	12.9			延昌 29	都兰可汗 1
590	庚戌	11.20			30	2
591	辛亥	11.30			31	3
592	壬子	12.12			32	4
593	癸丑	11.23			33	5
594	甲寅	12.4			34	6
595	乙卯	11.15			35	7
596	丙辰	11.26			36	8
597	丁巳	12.8			37	9
598	戊午	11.18			38	10
599	己未	11.29			39	11
600	庚申	12.10			40	启民可汗 1
601	辛酉	11.22			41	2
602	壬戌	12.3			麴伯雅 延和 1	3
603	癸亥	11.14			2	4
604	甲子	11.24			3	5
605	乙丑	12.6			4	6
606	丙寅	11.17			5	7
607	丁卯	11.28			6	8
608	戊辰	12.9			7	9
609	己巳	11.20			8	10
610	庚午	12.1			9	始毕可汗 1
611	辛未	12.12			10	2
612	壬申	11.23			11	3
613	癸酉	12.5			12	4
614	甲戌	11.15		刘迦论 大世⑤ 1⑤	麴□ 义和 1	5
615	乙亥	11.26			2	6
616	丙子	12.7		操师乞 始兴⑫ 1⑫	3	7
617	丁丑	11.19	郭子和 丑(正)平③ 1		4	8
618	戊寅	11.29	2⑦	李轨 安乐⑪* 1	5	9

* 一作大业 13 年建年号安乐。

西突厥	吐蕃	吐谷浑	高句丽	百济	新罗	日本	越南	公元
达头可汗 8		夸吕可汗 49	阳成 31	威德王昌 36	真平王 伯净 11	崇峻天皇 3	后李南帝 李佛子 20	589
9		50	婴阳王 1	37	12	4	21	590
10		51	2	38	13	5	22	591
11		世伏可汗 1	3	39	14	6⑪	23	592
12		2	4	40	15	推古女王 1	24	593
13		3	5	41	16	2	25	594
14		4	6	42	17	3	26	595
15		5	7	43	18	4	27	596
16		6	8	44	19	5	28	597
17		伏允可汗 1	9	惠王济明 1	20	6	29	598
18		2	10	法王宣 1	21	7	30	599
19		3	11	武王璋 1	22	8	31	600
20		4	12	2	23	9	32	601
21		5	13	3	24	10	33	602
22		6	14	4	25	11		603
泥撅处罗可汗 1		7	15	5	26	12		604
2		8	16	6	27	13		605
3		9	17	7	28	14		606
4		10	18	8	29	15		607
5		11	19	9	30	16		608
6		12	20	10	31	17		609
7		13	21	11	32	18		610
8		14	22	12	33	19		611
射匮可汗 1		15	23	13	34	20		612
2		16	24	14	35	21		613
3		17	25	15	36	22		614
4		18	26	16	37	23		615
5		19	27	17	38	24		616
6	弃宗弄赞 1	20	28	18	39	25		617
7	2	21	荣留王 建武 1	19	40	26		618

表16 唐纪年表

公元	干支	公历元旦的农历日期	唐	隋	魏	梁	夏
618	戊寅	11.29	高祖（李渊） 武德⑤ 1	大业 14③	永平 2⑨	永隆 2	五凤⑪ 1
				义宁 2⑤			
				越王（杨侗） 皇泰⑤ 1			
619	己卯	12.11	2	2（亡）		3	2
620	庚辰	11.21	3			4	3
621	辛巳	12.4	4			5	4⑤
622	壬午	11.14	5			6	刘黑闼 天造 1
623	癸未	11.25	6			7	2①（亡）
624	甲申	12.6	7			8	
625	乙酉	11.17	8			9	
626	丙戌	11.28	9⑧			10	
627	丁亥	12.9	太宗（李世民） 贞观 1			11	
628	戊子	11.20	2			12⑨（亡）	
629	己丑	12.2	3				
630	庚寅	12.13	4				
631	辛卯	11.23	5				
632	壬辰	12.4	6				
633	癸巳	11.16	7				
634	甲午	11.26	8				
635	乙未	12.6	9				
636	丙申	11.18	10				
637	丁酉	11.30	11				
638	戊戌	12.11	12				
639	己亥	11.22	13				
640	庚子	12.3	14				
641	辛丑	11.14	15				
642	壬寅	11.25	16				

楚	梁	秦			郑	燕	公元
太平 3	鸣凤 2	薛仁果 2⑪	昌达 4	天兴 2		高开道 始兴⑫ 1	618
4	3			3	王世充 开明④ 1	2	619
5	4			4	2	3	620
6	5⑩				3⑤	4	621
7⑩				辅公祏 天明 1		5	622
				2③		6	623
						7②	624
							625
							626
							627
							628
							629
							630
							631
							632
							633
							634
							635
							636
							637
							638
							639
							640
							641
							642

公元	干支	公历元旦的农历日期	许	高昌	东突厥	西突厥	
618	戊寅	11.29	宇文化及 天寿⑨ 1	义和 5	始毕可汗 9	射匮可汗 7	
619	己卯	12.11	2(闰②) 李子通 明政⑨ 1	6	10	8	
620	庚辰	11.21	2	麹伯雅 重光 1	处罗可汗 1	统叶护可汗 1	
621	辛巳	12.4	3④	2	颉利可汗 1	2	
622	壬午	11.14		3	2	3	
623	癸未	11.25		4	3	4	
624	甲申	12.6		麹文泰 延寿 1	4	5	
625	乙酉	11.17		2	5	6	
626	丙戌	11.28		3	6	7	
627	丁亥	12.9		4	7	8	
628	戊子	11.20		5	8	9⑫	
629	己丑	12.2		6	9	肆叶护可汗 1	
630	庚寅	12.13		7	10③	2	
631	辛卯	11.23		8		3	
632	壬辰	12.4		9		4	
633	癸巳	11.16		10		奚利邲咄陆可汗 1	
634	甲午	11.26		11		2	
						南庭	北庭
635	乙未	12.6		12		咥利失可汗 1	
636	丙申	11.18		13		2	
637	丁酉	11.30		14		3	
638	戊戌	12.11		15		4	乙毗咄陆可汗 1
639	己亥	11.22		16		5	2
640	庚子	12.3		麹智盛 17(亡)		叶护可汗 1	3
641	辛丑	11.14				2⑦	4
642	壬寅	11.25					5⑨

薛延陀	吐蕃	吐谷浑	高句丽	百济	新罗	日本	公元
	弃宗弄赞 2	伏允可汗 21	建武 1	武王璋 19	真平王伯净 40	推古女王 26	618
	3	22	2	20	41	27	619
	4	23	3	21	42	28	620
	5	24	4	22	43	29	621
	6	25	5	23	44	30	622
	7	26	6	24	45	31	623
	8	27	7	25	46	32	624
	9	28	8	26	47	33	625
	10	29	9	27	48	34	626
	11	30	10	28	49	35	627
真珠可汗 1	12	31	11	29	50	舒明天皇 36③	628
2	13	32	12	30	51	1	629
3	14	33	13	31	52	2	630
4	15	34	14	32	53	3	631
5	16	35	15	33	善德女王德曼 建福 1	4	632
6	17	36	16	34	2	5	633
7	18	37	17	35	仁平 1	6	634
8	19	甘豆可汗 1	18	36	2	7	635
9	20	勤豆可汗 1	19	37	3	8	636
10	21	2	20	38	4	9	637
11	22	3	21	39	5	10	638
12	23	4	22	40	6	11	639
13	24	5	23	41	7	12	640
14	25	6	24	义慈王 1	8	皇极女皇 13⑩	641
15	26	7	宝藏王臧 1	2	9	1	642

公元	干支	公历元旦的农历日期	唐	西突厥 南庭	西突厥 北庭	薛延陀
643	癸卯	12.6	贞观 17		乙毗射匮可汗 1	真珠可汗 16
644	甲辰	11.16	18		2	17
645	乙巳	11.28	19		3	18
646	丙午	12.9	20		4	颉利俱利可汗 1
647	丁未	11.20	21		5	伊特勿失可汗 1⑦(亡)
648	戊申	12.1	22		6	
649	己酉	12.13	23⑥		7	
650	庚戌	11.23	高宗(李治) 永徽 1		8	
651	辛亥	12.4	2		9	
652	壬子	11.15	3		沙钵罗可汗 1	
653	癸丑	11.27	4		2	
654	甲寅	12.8	5		3	
655	乙卯	11.18	6		4	
656	丙辰	11.29	显庆 1		5	
657	丁巳	12.11	2	兴昔亡可汗⑫ 1	6⑫	
658	戊午	11.22	3	2	继往绝可汗 1	
659	己未	12.3	4	3	2	
660	庚申	11.14	5	4	3	
661	辛酉	11.25	龙朔② 1	5	4	
662	壬戌	12.6	2	6⑫	5	
663	癸亥	11.17	3		6	
664	甲子	11.28	麟德 1		7	
665	乙丑	12.10	2		8	
666	丙寅	11.20	乾封 1		9	
667	丁卯	12.2	2			
668	戊辰	11.12	总章③ 1			
669	己巳	11.24	2			
670	庚午	12.4	咸亨③ 1			
671	辛未	11.15	2	阿史那都支可汗 1		
672	壬申	11.26	3	2		
673	癸酉	12.8	4	3		
674	甲戌	11.19	上元⑧ 1	4		
675	乙亥	11.30	2	5		
676	丙子	12.11	仪凤⑪ 1	6		
677	丁丑	11.22	2	7		
678	戊寅	12.3	3	8		
679	己卯	闰11.14	调露⑥ 1	9⑦		

吐蕃	南诏	吐谷浑	高句丽	百济	新罗	日本	公元
弃宗弄赞 27		勤豆可汗 8	宝藏王臧 2	义慈王 3	**仁平** 10	皇极女皇 2	643
28		9	3	4	11	3⑥	644
29		10	4	5	12	孝德天皇 **大化** 1	645
30		11	5	6	13	2	646
31		12	6	7	真德女王胜曼 **太和** 1	3	647
32		13	7	8	2	4	648
33	高祖细奴逻 1	14	8	9	3	5	649
34	2	15	9	10	自此行唐年号 4	**白雉** 1	650
弃芒论芒赞 1	3	16	10	11	5	2	651
2	4	17	11	12	6	3	652
3	5	18	12	13	7	4	653
4	6	19	13	14	太宗武烈王金春秋 1	5⑩	654
5	7	20	14	15	2	齐明女皇 * 1	655
6	8	21	15	16	3	2	656
7	9	22	16	17	4	3	657
8	10	23	17	18	5	4	658
9	11	24	18	19	6	5	659
10	12	25	19	20	7	6	660
11	13	26	20	扶余丰王 1	文武王法敏 1	7⑦	661
12	14	27	21	2	2	中大兄监国 1	662
13	15	28	22	3(亡)	3	2	663
14	16	29	23		4	3	664
15	17	30	24		5	4	665
16	18	31	25		6	5	666
17	19	32	26		7	6	667
18	20	33	27(亡)		8	天智天皇 1	668
19	21	34			9	2	669
20	22	35			10	3	670
21	23	36			11	弘文天皇 4⑫	671
22	24	37			12	天武天皇 **朱雀** 1⑦	672
23	25	38			13	**白凤** 1	673
24	26	39			14	2	674
25	世宗逻盛炎 1	40			15	3	675
26	2	41			16	4	676
器弩悉弄 1	3	42			17	5	677
2	4	43			18	6	678
3	5	44			19	7	679

* 是年皇极女皇重祚，改称齐明天皇。

公元	干支	公历元旦的农历日期	唐	西突厥		后(东)突厥
				南庭	北庭	
680	庚辰	11.24	永隆⑧ 1			
681	辛巳	12.6	开耀⑩ 1			
682	壬午	11.17	永淳② 1			骨咄禄可汗 1
683	癸未	11.28	弘道⑫ 1⑫			2
684	甲申	12.9	中宗(李显) 嗣圣 1			3
			睿宗(李旦)② 文明② 1			
			武则天 光宅⑨ 1			
685	乙酉	11.21	垂拱 1	后兴昔亡可汗⑪ 1		4
686	丙戌	12.2	2	2	后继往绝可汗 1	5
687	丁亥	12.12	3	3	2	6
688	戊子	11.23	4	4	3	7
689	己丑	12.5	永昌 1	5	4	8
			载初⑪ * 1			
			周			
690	庚寅	1.15	武则天 天授⑨ 1	6	改称竭忠事主可汗 5	9
691	辛卯	1.27	2	7	6	10
692	壬辰	12.8	如意④ 1	8	7	11
			长寿⑨ 1			
693	癸巳	1.19	2	9	8	12
694	甲午	1.30	延载⑤ 1	俀子可汗 1	9	13
695	乙未	12.11	证圣 1	以后不详	10	默啜可汗 1
			天册万岁⑨ 1			
696	丙申	1.21	万岁登封⑫ 1		11	2
			万岁通天③ 1			
697	丁酉	12.3	神功⑨ 1		12	3
698	戊戌	1.13	圣历 1		13	4
699	己亥	1.25	2		14	5
700	庚子	12.6 **	久视⑤ 1		15	6
701	辛丑	11.18	大足 1		16	7
			长安⑩ 1			
702	壬寅	11.29	2		17	8
703	癸卯	12.10	3		18	9
704	甲辰	11.20	4		十姓可汗怀道 1	10
			唐			
705	乙巳	12.2	中宗(李显) 神龙 *** 1		2	11
706	丙午	12.12	2		3	12

* 改用子正，以子月为正月，至久视元年复用寅正。

** 该年十月复改用寅正。

吐蕃	南诏	渤海	吐谷浑	新罗	日本	公元
器弩悉弄 4	世宗逻盛炎 6		勤豆可汗 45	文武王法敏 20	白凤 8	680
5	7		46	神文王政明 1	9	681
6	8		47	2	10	682
7	9		48	3	11	683
8	10		49	4	12	684
9	11		50	5	13⑨	685
10	12		51	6	持统女皇 **朱雀** **** 1	686
11	13		52	7	2	687
12	14		忠可汗 1	8	3	688
13	15		2	9	4	689
14	16		3	10	5	690
15	17		4	11	6	691
16	18		5	孝昭王理洪 1	7	692
17	19		6	2	8	693
18	20		7	3	9	694
19	21		8	4	10	695
20	22		9	5	11	696
21	23		10	6	文武天皇 1(⑧让位)	697
22	24	高王大祚荣 1	11	7	2	698
23	25	2	12	8	3	699
24	26	3	青海王宣超勤忠可汗 1	9	4	700
25	27	4	<u>以后世系不明</u>	10	**大宝** 1	701
26	28	5		圣德王隆基 1	2	702
27	29	6		2	3	703
28	30	7		3	**庆云** 1	704
弃隶缩赞 1	31	8		4	2	705
2	32	9		5	3	706

*** 神龙本为则天年号，中宗复辟后沿用不改。

**** 天武天皇去世，皇后称制。

公元	干支	公历元旦的农历日期	唐	西突厥		后(东)突厥
				南庭	北庭	
707	丁未	11.23	景龙⑨ 1		十姓可汗怀道 4	默啜可汗 13
708	戊申	12.4	2	十姓可汗献 1	5	14
709	己酉	11.16	3	2	6	15
710	庚戌	11.27	少帝(李重茂) 唐隆⑥ 1	3	7	16
			睿宗(李旦)⑥ 景云⑦ 1			
711	辛亥	12.8	2	4	8	17
712	壬子	11.19	太极 1	5	9	18
			延和⑤ 1			
			玄宗(李隆基)⑧ 先天 1			
713	癸丑	11.30	开元⑫ 1	6	10	19
714	甲寅	12.11	2	7	11	20
715	乙卯	11.21	3	8	12	21
716	丙辰	12.2	4	9	13	小可汗匐俱 1
717	丁巳	12.14	5	10	14	毗伽可汗 1
718	戊午	11.25	6	以后世系不明	15	2
719	己未	12.6	7		16	3
720	庚申	11.17	8		17	4
721	辛酉	11.29	9		18	5
722	壬戌	12.10	10		19	6
723	癸亥	11.20	11		20	7
724	甲子	12.1	12		21	8
725	乙丑	12.12	13		22	9
726	丙寅	11.23	14		23	10
727	丁卯	12.5	15		24	11
728	戊辰	11.15	16		25	12
729	己巳	11.27	17		26	13
730	庚午	12.8	18		27	14
731	辛未	11.19	19		28	15
732	壬申	11.29	20		29	16
733	癸酉	12.11	21		30	17
734	甲戌	11.22	22		31	18⑫
						伊然可汗 1⑫
735	乙亥	12.3	23		32	登利可汗 1
736	丙子	闰11.14	24		33	2
737	丁丑	11.26	25		34	3
738	戊寅	12.7	26		35	4
739	己卯	11.17	27		36	5
740	庚辰	11.28	28		十姓可汗昕 1	6
741	辛巳	12.10	29		以下世系不明	7⑦

吐蕃	南诏	渤海	新罗	日本	公元
弃隶缩赞 3	世宗逻盛炎 33	高王大祚荣 10	圣德王隆基 6	元明天皇 4⑥	707
4	34	11	7	和铜 1	708
5	35	12	8	2	709
6	36	13	9	3	710
7	37	14	10	4	711
8	38	15	11	5	712
9	太宗盛逻皮 1	16	12	6	713
10	2	17	13	7	714
11	3	18	14	元正天皇 灵龟 1⑨	715
12	4	19	15	2	716
13	5	20	16	养老 1	717
14	6	21	17	2	718
15	7	22	18	3	719
16	8	武王大武艺 仁安 1	19	4	720
17	9	2	20	5	721
18	10	3	21	6	722
19	11	4	22	7	723
20	12	5	23	圣武天皇 神龟 1②	724
21	13	6	24	2	725
22	14	7	25	3	726
23	15	8	26	4	727
24	16	9	27	5	728
25	南诏王皮逻阁 1	10	28	天平 1	729
26	2	11	29	2	730
27	3	12	30	3	731
28	4	13	31	4	732
29	5	14	32	5	733
30	6	15	33	6	734
		16			
31	7	17	34	7	735
32	8	18	35	8	736
33	9	文王大钦茂 大兴 1	孝成王承庆 1	9	737
34	10	2	2	10	738
35	11	3	3	11	739
36	12	4	4	12	740
37	13	5	5	13	741

公元	干支	公历元旦的农历日期	唐	燕	回鹘	后(东)突厥
742	壬午	12.20	天宝 1			骨咄叶护可汗 1⑧
743	癸未	12.1	2			乌苏米施可汗 1
744	甲申	12.12	3		骨啜禄毗伽阙可汗 1	2⑧
745	乙酉	11.24	4		2	白眉可汗 1①(亡)
746	丙戌	12.5	5		葛勒可汗 1	
747	丁亥	11.16	6		2	
748	戊子	11.26	7		3	
749	己丑	12.8	8		4	
750	庚寅	11.19	9		5	
751	辛卯	11.29	10		6	
752	壬辰	12.10	11		7	
753	癸巳	11.22	12		8	
754	甲午	12.4	13		9	
755	乙未	闰11.14	14		10	
756	丙申	11.25	肃宗(李亨) 至德⑦ 1	安禄山 圣武 1	11	
757	丁酉	12.7	2	安庆绪 载初 1	12	
				天成⑩ 1		
758	戊戌	11.17	乾元② 1	2	13	
759	己亥	11.27	2	3③	14	
				史思明 应天 1		
				顺天④ 1		
760	庚子	12.9	上元(闰④) 1	2	登里可汗 1	
761	辛丑	11.21 *	2	史朝义 显圣③ 1	2	
762	壬寅	2.2 **	宝应④ 1④	2	3	
763	癸卯	12.13	代宗(李豫) 广德⑦ 1	3①	4	
764	甲辰	11.23	2		5	
765	乙巳	12.5	永泰 1		6	
766	丙午	11.16	大历⑪ 1		7	
767	丁未	11.26	2		8	
768	戊申	12.7	3		9	
769	己酉	11.19	4		10	
770	庚戌	11.30	5		11	
771	辛亥	12.11	6		12	
772	壬子	11.22	7		13	
773	癸丑	12.4	8		14	
774	甲寅	闰11.14	9		15	

*　该年9月改以子正为岁首。

**　该年4月复用寅正。

吐蕃	南诏	渤海	新罗	日本	公元
弃隶缩赞 38	南诏王皮逻阁 14	大兴 6	景德王宪英 1	天平 14	742
39	15	7	2	15	743
40	16	8	3	16	744
41	17	9	4	17	745
42	18	10	5	18	746
43	19	11	6	19	747
44	20	12	7	20④	748
				天平感宝 1⑦	
45	神武王阁逻凤 1	13	8	孝谦女王 天平胜宝 1	749
46	2	14	9	2	750
47	3	15	10	3	751
48	始建 1	16	11	4	752
49	2	17	12	5	753
50	3	18	13	6	754
51	4	19	14	7	755
弃松德赞 1	5	20	15	8	756
2	6	21	16	天平宝字 1	757
3	7	22	17	淳仁天皇 2⑧	758
4	8	23	18	3	759
5	9	24	19	4	760
6	10	25	20	5	761
7	11	26	21	6	762
8	12	27	22	7	763
9	13	28	23	称德女皇 *** 8⑩	764
10	14	29	惠恭王乾运 1	天平神护 1	765
11	15	30	2	2	766
12	16	31	3	神护景云 1	767
13	17	32	4	2	768
14	长寿 1	33	5	3	769
15	2	34	6	光仁天皇 宝龟 1⑧	770
16	3	35	7	2	771
17	4	36	8	3	772
18	5	37	9	4	773
19	6	（宝历）**** 38	10	5	774

*** 是年孝谦女皇重祚，改称称德天皇。

**** 大钦茂于 774 年改年号为宝历，但晚年仍用大兴年号。

公元	干支	公历元旦的农历日期	唐		回鹘	吐蕃
775	乙卯	11.25	大历 10		登里可汗 16	弃松德赞 20
776	丙辰	12.6	11		17	21
777	丁巳	11.17	12		18	22
778	戊午	11.28	13		19	23
779	己未	12.9	14⑤		20	24
780	庚申	11.20	德宗(李适) 建中 1		21	25
781	辛酉	12.2	2		毗伽可汗 1	26
782	壬戌	11.13	3		2	27
783	癸亥	11.24	4	朱泚 应天⑩ 1	3	28
784	甲子	12.4	兴元 1	天皇① 1⑥	4	29
				李希烈 武成 1		
785	乙丑	11.16	贞元 1	2	5	30
786	丙寅	11.26	2	3④	6	31
787	丁卯	12.8	3		7	32
788	戊辰	11.18	4		8	33
789	己巳	12.1	5		9	34
790	庚午	12.12	6		忠贞可汗 1	35
791	辛未	11.22	7		阿啜可汗 1	36
792	壬申	12.3	8		2	37
793	癸酉	11.14	9		3	38
794	甲戌	11.25	10		4	39
795	乙亥	12.6	11		5	40
796	丙子	11.17	12		骨咄禄可汗 1	41
797	丁丑	11.29	13		2	42
798	戊寅	12.10	14		3	足之煎 1
799	己卯	11.21	15		4	弃腊松赞 1
800	庚辰	12.2	16		5	2
801	辛巳	12.13	17		6	3
802	壬午	11.24	18		7	4
803	癸未	12.4	19		8	5
804	甲申	11.15	20		9	6
805	乙酉	11.27	顺宗(李诵)① 永贞⑧ 1⑧		10	7
806	丙戌	12.8	宪宗(李纯) 元和 1		腾里可汗 1	8
807	丁亥	11.19	2		2	9
808	戊子	11.30	3		3	10
809	己丑	12.12	4		保义可汗 1	11
810	庚寅	11.22	5		2	12
811	辛卯	12.3	6		3	13

南诏	渤海	新罗	日本	公元
长寿 7	（宝历） 39	惠恭王乾运 11	宝龟 6	775
8	40	12	7	776
9	41	13	8	777
10	42	14	9	778
孝恒帝(异牟寻) 见龙 1	43	15	10	779
2	44	宣德王 1	11	780
3	45	2	桓武天皇 天应 1④	781
4	46	3	延历 1	782
上元 1	47	4	2	783
	48	5	3	784
上元不知终年	49	元圣王金敬信 1	4	785
	50	行唐年号 2	5	786
	51	3	6	787
	52	4	7	788
	53	5	8	789
	54	6	9	790
	55	7	10	791
	56	8	11	792
	废王大元义 1	9	12	793
	成王大华屿 中兴 1	10	13	794
	康王大嵩邻 正历 1			
	2	11	14	795
元封不知起年	3	12	15	796
	4	13	16	797
	5	14	17	798
	6	昭圣王俊邕 1	18	799
	7	哀庄王清明 1	19	800
	8	2	20	801
	9	3	21	802
	10	4	22	803
	11	5	23	804
	12	6	24	805
	13	7	平城天皇 大同 1③	806
	14	8	2	807
元封	15	9	3	808
孝惠王寻阁劝 应道 1	定王大元瑜 永德 1	宪德王彦升 1	嵯峨天皇 仁和 4④	809
幽王劝龙晟 龙兴 1	2	2	弘仁 1	810
2	3	3	2	811

公元	干支	公历元旦的农历日期	唐	回鹘	吐蕃
812	壬辰	12.13	元和 7	保义可汗 4	彝腊松赞 14
813	癸巳	11.25	8	5	15
814	甲午	12.6	9	6	16
815	乙未	11.17	10	7	可黎可足 彝泰 1
816	丙申	11.28	11	8	2
817	丁酉	12.10	12	9	3
818	戊戌	11.21	13	10	4
819	己亥	12.2	14	11	5
820	庚子	12.12	15(闰①)	12	6
821	辛丑	11.24	穆宗(李恒) 长庆 1	13	7
822	壬寅	12.5	2	崇德可汗 1	8
823	癸卯	11.16	3	2	9
824	甲辰	11.27	4①	3	10
825	乙巳	12.9	敬宗(李湛) 宝历 1	曷萨特勤可汗 1	11
826	丙午	11.19	2⑫	2	12
827	丁未	11.30	文宗(李昂) 大(太)和② 1	3	13
828	戊申	12.11	2	4	14
829	己酉	11.22	3	5	15
830	庚戌	12.3	4	6	16
831	辛亥	12.14	5	7	17
832	壬子	11.25	6	8	18
833	癸丑	12.7	7	胡特勤可汗 1	19
834	甲寅	11.18	8	2	20
835	乙卯	11.29	9	3	21
836	丙辰	12.9	开成 1	4	22
837	丁巳	11.21	2	5	23
838	戊午	12.2	3	6	24
839	己未	12.12	4	7	达磨 1
840	庚申	11.23	5①	馺特勤可汗 1	2
841	辛酉	12.5	武宗(李炎) 会昌 1	乌介可汗 1	3
842	壬戌	11.16	2	2	4
843	癸亥	11.27	3	3	5
844	甲子	12.8	4	4	6
845	乙丑	11.20	5	5	7
846	丙寅	11.30	6③	6	8
847	丁卯	12.11	宣宗(李忱) 大中 1	遏捻可汗 1	分裂后世系不明
848	戊辰	11.21	2	2(亡)	
849	己巳	12.3	3		
850	庚午	闰11.14	4		

南诏	渤海	新罗	日本	公元
龙兴 3	僖王大言义　朱雀 1	宪德王彦升 4	弘仁 3	812
4	2	5	4	813
5	3	6	5	814
6	4	7	6	815
7	5	8	7	816
靖王劝利晟　全义 1	6	9	8	817
2	简王大明忠　太始 1	10	9	818
	宣王大仁秀　建兴 1			
3	2	11	10	819
大丰 1	3	12	11	820
2	4	13	12	821
3	5	14	13	822
4	6	15	淳和天皇　14④	823
5	7	16	天长 1	824
昭成王劝丰祐 保和 1	8	17	2	825
2	9	兴德琇宗 1	3	826
3	10	2	4	827
4	11	3	5	828
5	12	4	6	829
6	□王大彝震＊ 咸和 1	5	7	830
7	2	6	8	831
8	3	7	9	832
9	4	8	仁明天皇　10②	833
10	5	9	承和 1	834
11	6	10	2	835
12	7	僖康王悌隆 1	3	836
13	8	2	4	837
14	9	闵哀王全明 1	5	838
15	10	神武王祐征　文圣王庆膺 1	6	839
16	11	2	7	840
保和不知终年	12	3	8	841
	13	4	9	842
	14	5	10	843
	15	6	11	844
	16	7	12	845
	17	8	13	846
	18	9	14	847
天启不知起年	19	10	嘉祥 1	848
	20	11	2	849
	21	12	文德天皇　3③	850

＊　王名不详，以□代之。以下王大虔晃、王大玄锡、王大玮瑎同。

公元	干支	公历元旦的农历日期	唐	齐
851	辛未	11.25	大中 5	
852	壬申	12.7	6	
853	癸酉	11.18	7	
854	甲戌	11.29	8	
855	乙亥	12.9	9	
856	丙子	11.20	10	
857	丁丑	12.2	11	
858	戊寅	12.13	12	
859	己卯	11.24	13⑧	
860	庚辰	12.5	懿宗(李漼) 咸通⑪ 1	
861	辛巳	11.17	2	
862	壬午	11.27	3	
863	癸未	12.8	4	
864	甲申	11.18	5	
865	乙酉	11.30	6	
866	丙戌	12.11	7	
867	丁亥	11.22	8	
868	戊子	12.3	9	
869	己丑	12.15	10	
870	庚寅	11.26	11	
871	辛卯	12.7	12	
872	壬辰	11.17	13	
873	癸巳	11.29	14⑦	
874	甲午	12.9	僖宗(李儇) 乾符⑪ 1	
875	乙未	11.20	2	
876	丙申	12.1	3	
877	丁酉	12.13	4	
878	戊戌	11.24	5	黄巢 王霸② 1
879	己亥	12.5	6	2
880	庚子	11.16	广明 1	金统⑫ 1
881	辛丑	11.27	中和⑦ 1	2
882	壬寅	12.8	2	3
883	癸卯	11.19	3	4
884	甲辰	11.29	4	5⑥
885	乙巳	12.12	光启③ 1	
886	丙午	11.23	2	李煴 建贞⑩ 1⑫
887	丁未	12.4	3	
888	戊申	闰11.14	文德② 1③	
889	己酉	11.26	昭宗(李晔) 龙纪 1	
890	庚戌	12.7	大顺 1	

南诏	渤海	新罗	日本	公元
	咸和 22	文圣王庆膺 13	仁寿 1	851
	23	14	2	852
	24	15	3	853
	25	16	齐衡 1	854
	26	17	2	855
	27	18	3	856
	□王大虔晃 1	宪安王金谊 1	天安 1	857
天启	2	2	清和天皇 2⑧	858
大理	3	3	贞观 1	859
景庄帝世隆 建极 1	4	4	2	860
2	5	景文王膺廉 1	3	861
3	6	2	4	862
4	7	3	5	863
5	8	4	6	864
6	9	5	7	865
7	10	6	8	866
8	11	7	9	867
9	12	8	10	868
10	13	9	11	869
11	14	10	12	870
12	□王大玄锡 1	11	13	871
13	2	12	14	872
建极不知终年	3	13	15	873
	4	14	16	874
法尧不知起年	5	宪康王金晸 1	17	875
	6	2	阳成天皇 18⑪	876
法尧 ?	7	3	元庆 1	877
宣武帝隆舜 贞明 1	8	4	2	878
	9	5	3	879
	10	6	4	880
	11	7	5	881
承智 ?	12	8	6	882
	13	9	7	883
	14	10	光孝天皇 8	884
	15	11	仁和 1	885
	16	定康王金晃 1	2	886
大同 ?	17	真圣女主金曼 1	宇多天皇 3⑧	887
	18	2	4	888
	19	3	宽平 1	889
	20	4	2	890

公元	干支	公历元旦的农历日期	唐	齐		吴	
891	辛亥	11.17	大顺 2				
892	壬子	11.28	景福 1				
893	癸丑	12.10	2				
894	甲寅	11.21	乾宁 1	董昌	大圣 1		
895	乙卯	12.2	2		顺天② 1		
896	丙辰	12.13	3		2⑤		
897	丁巳	11.25	4				
898	戊午	12.5	光化⑧ 1				
899	己未	11.16	2				
900	庚申	11.26	3				
901	辛酉	12.8	天复④ 1				
902	壬戌	11.19	2			杨行密③ *	天复 2
903	癸亥	11.30	3				3
904	甲子	12.11	天祐(闰④)1⑧				天祐 1
905	乙丑	11.23	哀帝(李柷) 2				2⑪
906	丙寅	12.4	3			杨渥	3
907	丁卯	12.15	4④				4

* 是年唐封杨行密为吴王，用唐年号。

南诏	渤海	新罗	高丽	日本	公元
	□王大玄锡 21	真圣女主金曼 5		宽平 3	891
嵯耶 ?	22	6		4	892
	23	7		5	893
	□王大玮瑎 1	8		6	894
	2	9		7	895
	3	10		8	896
	4	孝恭王金峣 1		醍醐天皇 9⑦	897
舜化贞 中兴 1	5	2		昌泰 1	898
2	6	3		2	899
3	7	4		3	900
4	8	5	摩震金弓裔 1	延喜 1	901
5	9	6	2	2	902
郑买嗣 安国 1	10	7	3	3	903
2	11	8	摩震金弓裔 武泰 1	4	904
3	12	9	圣册 1	5	905
4	13	10	2	6	906
5	末大王諲譔 1	11	3	7	907

表 17　五代十国纪年表

公元	干支	公历元旦的农历日期	后梁	吴	吴越
907	丁卯	12.15	太祖(朱温)　开平④ 1	杨渥　天祐 4	钱镠⑤ *　天祐 4
908	戊辰	11.25	2	5⑤	天宝 1
909	己巳	12.7	3	杨隆演 6	2
910	庚午	11.17	4	7	3
911	辛未	11.28	乾化⑤ 1	8	4
912	壬申	12.9	2⑥	9	5
913	癸酉	11.21	朱友珪　凤历 1	10	6
			末帝(朱友贞)　乾化② 3		7
914	甲戌	12.3	4	11	8
915	乙亥	12.13	贞明⑪ 1	12	9
916	丙子	11.24	2	13	10
917	丁丑	12.5	3	14	11
918	戊寅	11.16	4	15	12
919	己卯	11.27	5	武义④ 1	13
920	庚辰	12.8	6	2⑤	14
921	辛巳	11.20	龙德⑤ 1	杨溥　顺义② 1	15
922	壬午	12.1	2	2	16
923	癸未	12.12	(灭于后唐) 3⑩	3	17
			后唐		
			庄宗(李存勗)　同光④ 1		
924	甲申	11.23	2	4	宝大 1
925	乙酉	12.4	3	5	2
926	丙戌	12.14	明宗(李嗣源)　天成④ 1	6	宝正 1
927	丁亥	11.25	2	乾贞⑪ 1	2
928	戊子	12.6	3	2	3
929	己丑	11.18	4	太和⑪ 1	4
930	庚寅	11.29	长兴② 1	2	5
931	辛卯	12.10	2	3	6
932	壬辰	11.21	3	4	钱元瓘④　长兴 1
933	癸巳	12.3	4⑫	5	2

* 梁太祖即位，封钱镠为吴越王，吴越国纪元从是年起算。当年仍用唐哀帝年号天祐（4 年）。

前蜀	闽	南汉	荆南		公元
王建⑨ 天复 7			高季兴 开平 1		907
武成 1			2		908
2	王审知④ 开平 3		3		909
3	4		4	燕	910
永平 1	乾化 1		乾化 1	刘守光 应天⑧ 1	911
2	2		2	2	912
3	凤历 1		凤历 1	3	913
	乾化 3		乾化 3		
4	4		4		914
5	贞明 1		贞明 1		915
通正 1	2		2		916
天汉 1	3	刘龑 乾亨⑦ 1	3		917
光天 1⑥	4	2	4		918
王衍 乾德 1	5	3	5		919
2	6	4	6		920
3	龙德 1	5	龙德 1		921
4	2	6	2		922
5	3	7	同光 1		923
	同光 1				
6	2	8	2		924
咸康 1⑪	3⑫	白龙⑫ 1	3		925
	王延翰 天成 1⑫	2	天成 1	楚	926
	王延钧 天成 2	3	2	马殷⑥ 天成 2	927
	3	大有③ 1	乾贞 2⑫	3	928
	4	2	高从诲 大和 1	4	929
			天成⑦ 4		
	长兴 1	3	长兴 1	马希声 长兴 1⑪	930
	2	4	2	2	931
	3	5	3	马希范⑦ 3	932
	龙启 1	6	4	4	933

公元	干支	公历元旦的农历日期	契丹	南诏	渤海
907	丁卯	12.15	太祖耶律亿(阿保机) 1	郑买嗣 安国 5	大諲譔 1
908	戊辰	11.25	2	6	2
909	己巳	12.7	3	7	3
910	庚午	11.17	4	8	4
911	辛未	11.28	5	肃文帝郑仁旻 始元 1	5
912	壬申	12.9	6		6
913	癸酉	11.21	7	天瑞景星 ?	7
914	甲戌	12.3	8		8
915	乙亥	12.13	9		9
916	丙子	11.24	神册⑫ 1		10
917	丁丑	12.5	2	安和 ?	11
918	戊寅	11.16	3		12
919	己卯	11.27	4		13
920	庚辰	12.8	5		14
921	辛巳	11.20	6	贞祐 ?	15
922	壬午	12.1	天赞② 1		16
923	癸未	12.12	2	初历 ?	17
924	甲申	11.23	3		18
925	乙酉	12.4	4	孝治 ?	19
					东丹
926	丙戌	12.14	天显② 1		耶律倍 甘露② 1
927	丁亥	11.25	2⑪	恭惠帝郑隆亶 应天 1	2
928	戊子	12.6	太宗(耶律德光) 3	大天兴悼康帝赵善政 尊圣 1	3
929	己丑	11.18	4	大义宁肃恭帝杨干贞 兴圣 1	4
930	庚寅	11.29	5	大明 1	5
931	辛卯	12.10	6	2	6
932	壬辰	11.21	7	3	7
933	癸巳	12.3	8	4	8

于阗	新罗	高丽	日本	公元
	自此行后梁年号 11	圣册 3	延喜 7	907
	12	4	8	908
	13	5	9	909
	14	6	10	910
	15	泰封金弓裔 永德万岁 1	11	911
李圣天 同庆 1	神德王朴景晖 1	2	12	912
2	2	3	13	913
3	3	政开 1	14	914
4	4	2	15	915
5	5	3	16	916
6	景明王朴升英 1	4	17	917
7	2	高丽太祖王建 天授 1	18	918
8	3	2	19	919
9	4	3	20	920
10	5	4	21	921
11	6	5	22	922
12	7	6	延长 1	923
13	景哀王 1	7	2	924
14	2	8	3	925
15	自此行后唐年号 3	9	4	926
16	敬顺王 1	10	5	927
17	2	11	6	928
18	3	12	7	929
19	4	13	朱雀天皇 8⑨	930
20	5	14	承平 1	931
21	6	15	2	932
22	7	自此行后唐年号 16	3	933

公元	干支	公历元旦的农历日期	后唐	吴	吴越
934	甲午	12.13	闵帝(李从厚) 应顺 1	太和 6	应顺 1
			末帝(李从珂) 清泰④ 1		清泰 1
935	乙未	11.24	2	天祚⑨ 1	2
936	丙申	12.4	(灭于后晋) 3(闰⑪)	2	天福 1
			后晋		
			高祖(石敬瑭) 天福⑪ 1		
937	丁酉	闰11.16	2	(灭于南唐) 3⑩	2
				南唐	
				李昪 昇元⑩ 1	
938	戊戌	11.27	3	2	3
939	己亥	12.8	4	3	4
940	庚子	11.19	5	4	5
941	辛丑	12.1	6	5	6⑨
942	壬寅	12.12	7⑥	6	钱弘佐 7
943	癸卯	11.22	出帝(石重贵) 8	李璟 保大③ 1	8
944	甲辰	12.3	开运⑦ 1	2	开运 1
945	乙巳	12.15	2	3	2
946	丙午	11.25	(灭于契丹) 3⑫	4	3
			后汉		
947	丁未	12.7	高祖(刘知远) 天福② 12	5	钱弘倧⑥ 天福 12
948	戊申	11.18	乾祐 1②	6	钱弘俶 乾祐 1
949	己酉	11.29	隐帝(刘承祐) 2	7	2
950	庚戌	12.10	(灭于后周) 3	8	3
			后周		
951	辛亥	11.21	太祖(郭威) 广顺 1	9	广顺 1
952	壬子	12.2	2	10	2
953	癸丑	12.13	3	11	3
954	甲寅	11.24	显德 1①	12	显德 1
955	乙卯	12.5	世宗(柴荣) 2	13	2
956	丙辰	11.16	3	14	3
957	丁巳	11.28	4	15	4
958	戊午	12.9	5	中兴 1	5
				交泰③ 1	
				显德⑤* 5	
959	己未	11.20	6⑥	6	6
960	庚申	11.30	恭帝(柴宗训) 7①	7	7

* 是年五月，南唐改用后周年号。

后蜀	闽	南汉	荆南	楚	公元
孟知祥(闰①)孟昶⑦ 明德④ 1	龙启 2	大有 7	应顺 1	应顺 1	934
			清泰 1	清泰 1	
2	永和 1⑩	8	2	2	935
3	王昶 通文③ 1	9	天福 1	天福 1	936
4	2	10	2	2	937
广政 1	3	11	3	3	938
2	王曦 永隆(闰⑦)1	12	4	4	939
3	2	13	5	5	940
4	3	14	6	6	941
5	4	刘玢 天光④ 1	7	7	942
6	王延政 天德② 1	刘晟 应乾③ 1	8	8	943
		乾和⑪ 1			
7	2	2	开运 1	开运 1	944
8	(灭于南唐) 3⑧	3	2	2	945
9		4	3	3	946
10		5	天福 12	马希广④ 天福 12	947
11		6	高保融 乾祐 1	乾祐 1	948
12		7	2	2	949
13		8	3	马希萼⑫ 1	950
	北汉				
14	刘旻① 乾祐 4	9	广顺 1	保大 2⑪	951
15	5	10	2		952
16	6	11	3		953
17	7⑪	12	显德 1		954
18	刘钧 8	13	2		955
19	9	14	3		956
20	天会 1	15	4		957
21	2	刘铱 大宝⑧ 1	5		958
22	3	2	6		959
23	4	3	7		960

公元	干支	公历元旦的农历日期	契丹	南诏	东丹
934	甲午	12.13	太宗 9	大明 5	甘露 9
935	乙未	11.24	10	6	10
936	丙申	12.4	11	7	11
				大理	
937	丁酉	闰11.16	12	段思平 文德 1	
938	戊戌	11.27	会同⑪ 1	以下年号不明	
939	己亥	12.8	2		
940	庚子	11.19	3		
941	辛丑	12.1	4	神武	
942	壬寅	12.12	5		张遇贤 永乐⑦ 1
943	癸卯	11.22	6		2
944	甲辰	12.3	7	神武?(段思德)	
945	乙巳	12.15	8	段思英 文经 1	
946	丙午	11.25	9	段思良 至治 1	
947	丁未	12.7	大同②* 1④	2	
			世宗(耶律阮) 天禄⑨ 1		
948	戊申	11.18	2	3	
949	己酉	11.29	3	4	
950	庚戌	12.10	4	5	
951	辛亥	11.21	穆宗(耶律璟) 应历⑨** 1	6	
952	壬子	12.2	2	7	
953	癸丑	12.13	3	段思聪 明德? 1	
954	甲寅	11.24	4		
955	乙卯	12.5	5		
956	丙辰	11.16	6		
957	丁巳	11.28	7		
958	戊午	12.9	8		
959	己未	11.20	9		
960	庚申	11.30	10	广德 ?	

* 是年始改国号为辽。公元983—1066年曾重称契丹。

** 天禄五年九月，耶律阮遇刺身亡，耶律璟当即继位改元。

于阗	新罗	高丽	日本	越南	公元
同庆　23	敬顺王　8	自此行后唐年号　17	承平　4		934
24	新罗亡　9	18	5		935
25		19	6		936
26		20	7		937
27		21	天庆　1	吴朝	938
28		22	2	前吴王权　1	939
以下无考		23	3	2	940
		24	4	3	941
		25	5	4	942
		26⑤	6	5	943
		惠宗王武　1	7	6	944
		2⑨	8	平王杨三哥　1	945
		定宗王尧　1	村上天皇　9④	2	946
		自此行后晋年号　2	天历　1	3	947
		3	2	4	948
		4③	3	5	949
		光宗王昭　1	4	6	950
		自此行后周年号　2	5	后吴王昌文　1	951
		3	6	2	952
		4	7	3	953
		5	8	4	954
		6	9	5	955
		7	10	6	956
		8	天德　1	7	957
		9	2	8	958
		10	3	9	959
		11	4	10	960

表 18　五代十国兴亡表

朝代和国名	创建人	公元年代	灭于何朝何国
后梁	朱温	907—923	后唐
后唐	李存勖	923—936	后晋
后晋	石敬瑭	936—946	契丹
后汉	刘知远	947—950	后周
后周	郭威	951—960	宋
吴	杨行密	902—937	南唐
南唐	徐知诰(即李昪)	937—975	宋
吴越	钱镠	907—978	宋
楚	马殷	927—951	南唐
闽	王审知	909—945	南唐
南汉	刘䶮	917—971	宋
前蜀	王建	907—925	后唐
后蜀	孟知祥	934—965	宋
荆南(南平)	高季兴	924—963	宋
北汉	刘旻	951—979	宋

表 19　北宋纪年表

公元	干支	公历元旦的农历日期	北宋	南唐	吴越
960	庚申	11.30	太祖(赵匡胤) 建隆 1	建隆 1	建隆 1
961	辛酉	12.12	2	2⑦	2
962	壬戌	11.22	3	李煜 3	3
963	癸亥	12.3	乾德⑪ 1	乾德 1	乾德 1
964	甲子	12.14	2	2	2
965	乙丑	11.26	3	3	3
966	丙寅	12.7	4	4	4
967	丁卯	11.18	5	5	5
968	戊辰	11.29	开宝⑪ 1	开宝 1	开宝 1
969	己巳	12.11	2	2	2
970	庚午	11.21	3	3	3
971	辛未	12.2	4	4	4
972	壬申	12.12	5	5	5
973	癸酉	11.24	6	6	6
974	甲戌	12.5	7	7	7
975	乙亥	11.16	8	8⑪	8
976	丙子	11.27	太宗(赵光义)⑩ 太平兴国⑫ 1		太平兴国 1
977	丁丑	12.9	2		2
978	戊寅	11.20	3		3⑤
979	己卯	11.30	4		
980	庚辰	12.11	5		
981	辛巳	11.23	6		
982	壬午	12.4	7		
983	癸未	12.15	8		
984	甲申	12.26	雍熙⑪ 1		
985	乙酉	12.8	2		

公元	干支	公历元旦的农历日期	后蜀	北汉	南汉	荆南	辽
960	庚申	11. 30	广政 23	天会 4	大保 3	高保勗⑧ 建隆 1	应历 10
961	辛酉	12. 12	24	5	4	2	11
962	壬戌	11. 22	25	6	5	高继冲⑪ 3	12
963	癸亥	12. 3	26	7	6	乾德 1②	13
964	甲子	12. 14	27	8	7		14
965	乙丑	11. 26	28①	9	8		15
966	丙寅	12. 7		10	9		16
967	丁卯	11. 18		11	10		17
968	戊辰	11. 29		刘继元 12⑨ *	11		18
969	己巳	12. 11		13	12		景宗(耶律贤) 保宁② 1
970	庚午	11. 21		14	13		2
971	辛未	12. 2		15	14②		3
972	壬申	12. 12		16			4
973	癸酉	11. 24		17			5
974	甲戌	12. 5		广运 1			6
975	乙亥	11. 16		2			7
976	丙子	11. 27		3			8
977	丁丑	12. 9		4			9
978	戊寅	11. 20		5			10
979	己卯	11. 30		6⑤			乾亨⑪ 1
980	庚辰	12. 11					2
981	辛巳	11. 23					3
982	壬午	12. 4					4⑨
983	癸未	12. 15					圣宗(耶律隆绪) 统和⑥ 1
984	甲申	12. 26					2
985	乙酉	12. 8					3

* 刘继元是年九月继位，沿用天会年号不改。

大理	高丽	日本	越南	公元
段思聪 广德?	自此行宋年号 11	天德 4	后吴王昌文 10	960
	12	应和 1	11	961
	13	2	12	962
	14	3	13	963
	15	康保 1	14	964
	16	2	15	965
	17	3	吴代王昌炽 1	966
广德?	18	冷泉天皇 4⑤	2	967
			大瞿越 丁朝	
顺德	19	安和 1	大胜明皇帝 1	968
	20	圆融天皇 2⑧	2	969
段素顺 明政 1	21	天禄 1	太平 1	970
2	22	2	2	971
3	23	3	3	972
4	24	天延 1	4	973
5	25	2	5	974
6	26⑤	3	6	975
7	景宗王伷 1	贞元 1	7	976
8	2	2	8	977
9	3	天元 1	9	978
10	4	2	10	979
11	5	3	废帝 1	980
			前黎朝	
			桓宗 天福 1	
12	6⑦	4	2	981
13	成宗王治 1	5	3	982
14	2	永观 1	4	983
15	3	花山天皇 2⑧	5	984
16	4	宽和 1	6	985

公元	干支	公历元旦的农历日期	北宋	辽	
986	丙戌	11. 18	雍熙 3	统和 4	
987	丁亥	11. 29	4	5	
988	戊子	12. 10	端拱 1	6	
989	己丑	11. 21	2	7	
990	庚寅	12. 2	淳化 1	8	
991	辛卯	12. 13	2	9	
992	壬辰	11. 24	3	10	
993	癸巳	12. 6	4	11	
994	甲午	11. 17	5	12	李顺 应运① 1
995	乙未	11. 27	至道 1	13	2②
996	丙申	12. 8	2	14	
997	丁酉	11. 20	3③	15	
998	戊戌	11. 30	真宗(赵恒) 咸平 1	16	
999	己亥	12. 11	2	17	
1000	庚子	11. 22	3	18	
1001	辛丑	12. 4	4	19	
1002	壬寅	12. 15	5	20	
1003	癸卯	11. 26	6	21	
1004	甲辰	12. 7	景德 1	22	
1005	乙巳	11. 18	2	23	
1006	丙午	11. 29	3	24	
1007	丁未	12. 10	4	25	
1008	戊申	11. 20	大中祥符 1	26	
1009	己酉	12. 3	2	27	
1010	庚戌	12. 14	3	28	
1011	辛亥	11. 24	4	29	
1012	壬子	12. 5	5	开泰⑪ 1	
1013	癸丑	11. 17	6	2	
1014	甲寅	11. 27	7	3	
1015	乙卯	12. 8	8	4	
1016	丙辰	11. 19	9	5	
1017	丁巳	12. 1	天禧 1	6	
1018	戊午	12. 12	2	7	
1019	己未	11. 23	3	8	
1020	庚申	12. 4	4	9	
1021	辛酉	12. 16	5	太平⑪ 1	
1022	壬戌	11. 26	乾兴 1②	2	
1023	癸亥	12. 7	仁宗(赵祯) 天圣 1	3	

大理	吐蕃	高丽	日本	越南	公元
段素英 广明 1		成宗王治 5	一条天皇 宽和 2⑥	天福 7	986
2		6	永延 1	8	987
3		7	2	9	988
4		8	永祚 1	兴统 1	989
5		9	正历 1	2	990
6		10	2	3	991
7		11	3	4	992
8		12	4	5	993
9		自此行辽年号 13	5	应天 1	994
10		14	长德 1	2	995
11		15	2	3	996
12		16⑩	3	4	997
13		穆宗王诵 1	4	5	998
14		2	长保 1	6	999
15		3	2	7	1000
16		4	3	8	1001
17		5	4	9	1002
18		6	5	10	1003
19		7	宽弘 1	11	1004
明应 1		8	2	龙钺 1	1005
				龙铤 1	
明圣?		9	3	2	1006
明德?		10	4	3	1007
明治?		11	5	景瑞 1	1008
		12②	6	2	1009
				大越 李朝	
段素廉 明启 1		显宗王询 1	7	太祖公蕴 顺天 1	1010
2		2	三条天皇 8⑥	2	1011
3		3	长和 1	3	1012
4		4	2	4	1013
5		5	3	5	1014
6	唃厮罗 1	6	4	6	1015
7	2	自此行宋年号 7	后一条天皇 5①	7	1016
8	3	8	宽仁 1	8	1017
9	4	9	2	9	1018
10	5	10	3	10	1019
11	6	11	4	11	1020
12	7	12	治安 1	12	1021
13	8	自此行辽年号 13	2	13	1022
段素隆 明通 1	9	14	3	14	1023

公元	干支	公历元旦的农历日期	北宋	辽	西夏	
1024	甲子	11. 17	天圣 2	太平 4		
1025	乙丑	11. 29	3	5		
1026	丙寅	12. 10	4	6		
1027	丁卯	11. 21	5	7		
1028	戊辰	12. 2	6	8		
1029	己巳	12. 12	7	9		
1030	庚午	11. 25	8	10		
1031	辛未	12. 6	9	兴宗(耶律宗真)⑥ 景福⑥ 1		
1032	壬申	11. 16	明道⑪ 1	重熙⑪ 1	景宗(李元昊) 明(显)道 1	
1033	癸酉	11. 27	2	2	2	
1034	甲戌	12. 8	景祐 1	3	开运⑦ 1 广运⑧ 1	
1035	乙亥	11. 19	2	4	2	
1036	丙子	11. 30	3	5	大庆⑫ 1	
1037	丁丑	12. 12	4	6	2	
1038	戊寅	11. 23	宝元⑪ 1	7	天授礼法延祚⑩ 1	
1039	己卯	12. 4	2	8	2	
1040	庚辰	12. 15	康定② 1	9	3	
1041	辛巳	11. 26	庆历⑪ 1	10	4	
1042	壬午	12. 7	2	11	5	
1043	癸未	11. 18	3	12	6	
1044	甲申	11. 28	4	13	7	
1045	乙酉	12. 11	5	14	8	
1046	丙戌	11. 22	6	15	9	
1047	丁亥	12. 3	7	16	10	王则 得圣⑪ 1
1048	戊子	12. 13	8	17	11	2(闰①)
1049	己丑	11. 25	皇祐 1	18	毅宗(李谅祚) 延嗣宁国 1	
1050	庚寅	12. 5	2	19	天祐垂圣 1	
1051	辛卯	闰 11. 16	3	20	2	
1052	壬辰	11. 27	4	21	3	侬智高 端懿 1
1053	癸巳	12. 9	5	22	福圣承道 1	2
1054	甲午	11. 20	至和③ 1	23	2	
1055	乙未	12. 1	2	道宗(耶律洪基)⑧ 清宁⑧ 1	3	
1056	丙申	12. 12	嘉祐⑨ 1	2	4	
1057	丁酉	11. 22	2	3	奲都 1	
1058	戊戌	12. 4	3	4	2	

大理	吐蕃	高丽	日本	越南	公元
明通 2	唃厮罗 10	行辽年号 15	万寿 1	顺天 15	1024
3	11	16	2	16	1025
4	12	17	3	17	1026
段素贞 正治 1	13	18	4	18	1027
2	14	19	长元 1	太宗佛玛 天成 1	1028
3	15	20	2	2	1029
4	16	21	3	3	1030
5	17	22⑤	4	4	1031
6	18	德宗王钦 1	5	5	1032
7	19	2	6	6	1033
8	20	3⑨	7	通瑞 1	1034
9	21	靖宗王亨 1	8	2	1035
10	22	2	后朱雀天皇 9④	3	1036
11	23	3	长历 1	4	1037
12	24	4	2	5	1038
13	25	5	3	乾符有道 1	1039
14	26	6	长久 1	2	1040
15	27	7	2	3	1041
段素兴 圣明 1	28	8	3	明道 1	1042
2	29	9	4	2	1043
天明 1	30	10	宽德 1	天感圣武 1	1044
段思廉 保安 1	31	11	后冷泉天皇 2①	2	1045
2	32	12⑤	永承 1	3	1046
3	33	文宗王徽 行辽年号 1	2	4	1047
4	34	2	3	5	1048
5	35	3	4	崇兴大宝 1	1049
6	36	4	5	2	1050
7	37	5	6	3	1051
8	38	6	7	4	1052
正安 1	39	7	天喜 1	5	1053
2	40	8	2	圣宗日尊 龙瑞太平 1	1054
3	41	9	3	2	1055
	42	10	4	3	1056
	43	11	5	4	1057
	44	12	康平 1	5	1058

公元	干支	公历元旦的农历日期	北宋	辽	西夏
1059	己亥	12.15	嘉祐 4	清宁 5	奲都 3
1060	庚子	11.25	5	6	4
1061	辛丑	12.7	6	7	5
1062	壬寅	11.18	7	8	6
1063	癸卯	11.29	8④	9	拱化 1
1064	甲辰	12.10	英宗(赵曙) 治平 1	10	2
1065	乙巳	11.22	2	咸雍 1	3
1066	丙午	12.3	3	2	4
1067	丁未	12.13	4①	3	5
1068	戊申	11.24	神宗(赵顼) 熙宁 1	4	惠宗(李秉常) 乾道 1
1069	己酉	12.6	2	5	天赐礼盛国庆 1
1070	庚戌	闰 11.16	3	6	2
1071	辛亥	11.27	4	7	3
1072	壬子	12.9	5	8	4
1073	癸丑	11.20	6	9	5
1074	甲寅	12.2	7	10	大安 1
1075	乙卯	12.12	8	大(太)康 1	2
1076	丙辰	11.22	9	2	3
1077	丁巳	12.4	10	3	4
1078	戊午	12.15	元丰 1	4	5
1079	己未	11.26	2	5	6
1080	庚申	12.7	3	6	7
1081	辛酉	11.19	4	7	8
1082	壬戌	11.30	5	8	9
1083	癸亥	12.11	6	9	10
1084	甲子	11.21	7	10	11
1085	乙丑	12.3	8③	大安 1	天安礼定 1
1086	丙寅	12.13	哲宗(赵煦) 元祐 1	2	2
1087	丁卯	11.24	2	3	崇宗(李乾顺) 天仪治平⑦ 1
1088	戊辰	12.5	3	4	2
1089	己巳	12.17	4	5	3
1090	庚午	11.28	5	6	天祐民安 1
1091	辛未	12.9	6	7	2
1092	壬申	11.20	7	8	3
1093	癸酉	12.2	8	9	4
1094	甲戌	12.12	绍圣④ 1	10	5
1095	乙亥	11.22	2	寿昌(隆) 1	6
1096	丙子	12.3	3	2	7

大理	吐蕃	高丽	日本	越南	公元
正德?	唃厮罗 45	文宗 13	康平 2	彰圣嘉庆 1	1059
	46	14	3	2	1060
	47	15	4	3	1061
	48	16	5	4	1062
	49	17	6	5	1063
保德?	50	18	7	6	1064
	51	19	治历 1	7	1065
	董毡 1	20	2	龙彰天嗣 1	1066
	2	21	3	2	1067
	3	22	后三条天皇 4④	天贶宝象 1	1068
	4	23	延久 1	神武 1	1069
	5	24	2	2	1070
	6	25	3	3	1071
	7	26	白河天皇 4⑫	4	1072
				仁宗乾德 太宁 1	
	8	27	5	2	1073
保德?	9	28	承保 1	3	1074
	10	29	2	4	1075
段廉义 上德 1	11	30	3	英武昭胜 1	1076
广安 1	12	31	承历 1	2	1077
2	13	32	2	3	1078
3	14	33	3	4	1079
4	15	34	4	5	1080
段寿辉 上明 1	16	35	永保 1	6	1081
段正明 保立 1	17	36⑦	2	7	1082
保立不知止年	18	顺宗 1⑩	3	8	1083
	19	宣宗王运 1	应德 1	9	1084
	20	2	2	广祐 1	1085
建安?	21	3	堀河天皇 3⑪	2	1086
	阿里骨 1	4	宽治 1	3	1087
	2	5	2	4	1088
	3	6	3	5	1089
天祐?	4	7	4	6	1090
	5	8	5	7	1091
	6	9	6	会丰 1	1092
	7	10	7	2	1093
天祐 □	8	11⑤	嘉保 1	3	1094
高昇泰 上治 1	9	献宗王昱 1⑩	2	4	1095
2	10	肃宗王颙⑩ 1	永长 1	5	1096

公元	干支	公历元旦的农历日期	北宋	辽	西夏	金
1097	丁丑	12.15	绍圣 4	寿昌 3	天祐民安 8	
1098	戊寅	11.26	元符⑥ 1	4	永安 1	
1099	己卯	12.7	2	5	2	
1100	庚辰	11.18	3①	6	3	
1101	辛巳	11.30	徽宗(赵佶) 建中靖国 1	天祚帝(耶律延禧)① 乾统② 1	贞观 1	
1102	壬午	12.11	崇宁 1	2	2	
1103	癸未	11.21	2	3	3	
1104	甲申	12.2	3	4	4	
1105	乙酉	12.14	4	5	5	
1106	丙戌	11.24	5	6	6	
1107	丁亥	12.6	大观 1	7	7	
1108	戊子	11.17	2	8	8	
1109	己丑	11.28	3	9	9	
1110	庚寅	12.9	4	10	10	
1111	辛卯	11.20	政和 1	天庆 1	11	
1112	壬辰	12.1	2	2	12	
1113	癸巳	12.12	3	3	13	
1114	甲午	11.23	4	4	雍宁 1	
1115	乙未	12.4	5	5	2	太祖(完颜阿骨打) 收国 1
1116	丙申	12.15	6	6	3	2
1117	丁酉	11.27	7	7	4	天辅 1
1118	戊戌	12.8	重和⑪ 1	8	5	2
1119	己亥	11.18	宣和② 1	9	元德 1	3
1120	庚子	11.29	2	10	2	4
1121	辛丑	12.11	3	保大 1	3	5
1122	壬寅	11.21	4	2	4	6
1123	癸卯	12.2	5	3	5	太宗(完颜晟)⑨ 天会⑨ 1
1124	甲辰	12.13	6	4	6	2
1125	乙巳	11.25	7⑫	5②(亡)	7	3
1126	丙午	12.6	钦宗(赵桓) 靖康 1		8	4

北辽	方腊	大理	吐蕃	高丽	日本	越南	公元
		段正淳 天授 1	瞎征 1	肃宗 2	承德 1	会丰 6	1097
		开明 1	2	3	2	7	1098
		2	3	4	康和 1	8	1099
		3	陇拶 1	5	2	9	1100
		4	2	6	3	龙符 1	1101
		5	3	7	4	2	1102
		6	4	8	5	3	1103
		天正 1	5	9	长治 1	4	1104
		2	以下无年号	10⑩	2	5	1105
		文安 1		睿宗王俣 1	嘉承 1	6	1106
		2		2	鸟羽天皇 2⑦	7	1107
		3		3	天仁 1	8	1108
		段和誉 日新 1		4	2	9	1109
		文治 1		5	天永 1	会祥大庆 1	1110
		2		6	2	2	1111
		3		7	3	3	1112
		4		8	永久 1	4	1113
		5		9	2	5	1114
		6		行辽年号终 10	3	6	1115
		7		11	4	7	1116
		8		12	5	8	1117
		9		13	元永 1	9	1118
		文治不知终年		14	2	10	1119
	永乐⑩1			15	保安 1	天符睿武 1	1120
	2④			16	2	2	1121
宣宗(耶律淳) 建福③1				17④	3	3	1122
萧德妃 德兴⑥1⑫		永嘉?					
梁王(耶律雅里) 神历⑤1⑩				仁宗王构 1	崇德天皇 4①	4	1123
西辽							
德宗(耶律大石) 延庆② 1				2	天治 1	5	1124
2				3	2	6	1125
3				4	大治 1	7	1126

表 20　南宋纪年表

公元	干支	公历元旦的农历日期	南宋	齐	西夏
1127	丁未	闰11.17	高宗(赵构)　建炎⑤　1		正德④　1
1128	戊申	11.27	2		2
1129	己酉	12.9	3		3
1130	庚戌	11.20	4	刘豫　阜昌⑨　1	4
1131	辛亥	12.1	绍兴　1	2	5
1132	壬子	12.11	2	3	6
1133	癸丑	11.23	3	4	7
1134	甲寅	12.5	4	5	8
1135	乙卯	12.16	5	6	大德　1
1136	丙辰	11.26	6	7	2
1137	丁巳	12.8	7	8⑪	3
1138	戊午	11.18	8		4
1139	己未	11.29	9		5
1140	庚申	12.10	10		仁宗(李仁孝)　大庆　1
1141	辛酉	11.22	11		2
1142	壬戌	12.3	12		3
1143	癸亥	12.14	13		4
1144	甲子	11.25	14		人庆　1
1145	乙丑	12.7	15		2
1146	丙寅	闰11.17	16		3
1147	丁卯	11.27	17		4
1148	戊辰	12.8	18		5
1149	己巳	11.20	19		天盛　1
1150	庚午	12.1	20		2
1151	辛未	12.12	21		3
1152	壬申	11.23	22		4
1153	癸酉	12.5	23		5
1154	甲戌	12.16	24		6
1155	乙亥	11.26	25		7
1156	丙子	12.7	26		8
1157	丁丑	11.18	27		9

金		西辽		公元
	天会 5		延庆 4	1127
	6		5	1128
	7		6	1129
	8		7	1130
	9		8	1131
	10		9	1132
	11		10	1133
	12		康国 1	1134
熙宗(完颜亶)	天会 13		2	1135
	14		3	1136
	15		4	1137
	天眷 1		5	1138
	2		6	1139
	3		7	1140
	皇统 1		8	1141
	2		9	1142
	3		10	1143
	4	感天后(塔不烟)	咸清 1	1144
	5		2	1145
	6		3	1146
	7		4	1147
	8		5	1148
海陵王(完颜亮)	天德⑫ 1		6	1149
	2		7(仁宗)	1150
	3	仁宗(耶律夷列)	绍兴 1	1151
	4		2	1152
	贞元③ 1		3	1153
	2		4	1154
	3		5	1155
	正隆② 1		6	1156
	2		7	1157

公元	干支	公历元旦的农历日期		大理	高丽
1127	丁未	闰11.17			仁宗 5
1128	戊申	11.27		永嘉?	6
1129	己酉	12.9	赵旉③ 明受 1④	保天 1	7
1130	庚戌	11.20	钟相 天载② 1③	2	8
1131	辛亥	12.1		3	9
1132	壬子	12.11		4	10
1133	癸丑	11.23	杨幺④ 大圣天王④ 1	5	11
1134	甲寅	12.5	2	6	12
1135	乙卯	12.16	3⑥	7	13
1136	丙辰	11.26		8	14
1137	丁巳	12.8			15
1138	戊午	11.18			16
1139	己未	11.29			17
1140	庚申	12.10		广运?	18
1141	辛酉	11.22	王法思④ 罗平 1		19
1142	壬戌	12.3			20
1143	癸亥	12.14			21
1144	甲子	11.25			22
1145	乙丑	12.7			23
1146	丙寅	闰11.17			24③
1147	丁卯	11.27			毅宗王晛 1
1148	戊辰	12.8		段正兴 永贞 1	2
1149	己巳	11.20		大宝 1	3
1150	庚午	12.1		2	4
1151	辛未	12.12		3	5
1152	壬申	11.23		4	6
1153	癸酉	12.5		5	7
1154	甲戌	12.16		6	8
1155	乙亥	11.26		7	9
1156	丙子	12.7		龙兴?	10
1157	丁丑	11.18			11

日本			越南			公元
	大治	2		天符庆寿	1	1127
		3	神宗阳焕	天(大)顺	1	1128
		4			2	1129
		5			3	1130
	天承	1			4	1131
	长承	1			5	1132
		2		天(大)彰宝嗣	1	1133
		3			2	1134
	保延	1			3	1135
		2			4	1136
		3			5	1137
		4	英宗天祚	绍明	1	1138
		5			2	1139
		6		大定	1	1140
近卫天皇	永治	1⑫			2	1141
	康治	1			3	1142
		2			4	1143
	天养	1			5	1144
	久安	1			6	1145
		2			7	1146
		3			8	1147
		4			9	1148
		5			10	1149
		6			11	1150
	仁平	1			12	1151
		2			13	1152
		3			14	1153
	久寿	1			15	1154
后白河天皇		2⑦			16	1155
	保元	1			17	1156
		2			18	1157

公元	干支	公历元旦的农历日期	南宋	西夏	金	西辽
1158	戊寅	11.29	绍兴 28	天盛 10	正隆 3	绍兴 8
1159	己卯	12.10	29	11	4	9
1160	庚辰	11.21	30	12	5	10
1161	辛巳	12.3	31	13	世宗(完颜雍)⑩ 大定⑩ 1	11
1162	壬午	12.14	32⑥	14	2	12
1163	癸未	11.25	孝宗(赵昚) 隆兴 1	15	3	13
1164	甲申	12.6	2	16	4	承天后(耶律普速完) 崇福 1
1165	乙酉	闰11.17	乾道 1	17	5	2
1166	丙戌	11.28	2	18	6	3
1167	丁亥	12.9	3	19	7	4
1168	戊子	11.19	4	20	8	5
1169	己丑	12.2	5	21	9	6
1170	庚寅	12.13	6	乾祐 1	10	7
1171	辛卯	11.23	7	2	11	8
1172	壬辰	12.4	8	3	12	9
1173	癸巳	12.16	9	4	13	10
1174	甲午	11.26	淳熙 1	5	14	11
1175	乙未	12.7	2	6	15	12
1176	丙申	11.18	3	7	16	13
1177	丁酉	11.30	4	8	17	14
1178	戊戌	12.11	5	9	18	末主(完颜直鲁古) 天禧 1
1179	己亥	11.22	6	10	19	2
1180	庚子	12.3	7	11	20	3
1181	辛丑	12.14	8	12	21	4
1182	壬寅	11.25	9	13	22	5
1183	癸卯	12.6	10	14	23	6
1184	甲辰	闰11.16	11	15	24	7
1185	乙巳	11.28	12	16	25	8
1186	丙午	12.9	13	17	26	9
1187	丁未	11.20	14	18	27	10
1188	戊申	12.1	15	19	28	11
1189	己酉	12.13	16②	20	29①	12
1190	庚戌	11.23	光宗(赵惇) 绍熙 1	21	章宗(完颜璟) 明昌 1	13
1191	辛亥	12.4	2	22	2	14
1192	壬子	12.15	3	23	3	15
1193	癸丑	11.26	4	24	4	16

大理		高丽	日本	越南	公元
龙兴 ?		毅宗王晛 12	二条天皇 保元 3⑧	大定 19	1158
		13	平治 1	20	1159
盛明 ?		14	永历 1	21	1160
		15	应保 1	22	1161
		16	2	23	1162
		17	长宽 1	政(正)隆宝应 1	1163
		18	2	2	1164
建德 ?		19	六条天皇 永万 1⑥	3	1165
		20	仁安 1	4	1166
		21	2	5	1167
		22	高仓天皇 3②	6	1168
		23	嘉应 1	7	1169
		24⑨	2	8	1170
建德 ?		明宗王皓 1	承安 1	9	1171
		2	2	10	1172
段智兴 利贞 1		3	3	11	1173
2		4	4	天感至宝 1	1174
3		5	安元 1	2	1175
4	阿谢 乾贞 1	6	2	高宗龙翰 贞符 1	1176
盛德 1		7	治承 1	2	1177
2		8	2	3	1178
3	李接⑥ 罗平 1⑩	9	3	4	1179
4		10	安德天皇 4②	5	1180
5		11	养和 1	6	1181
嘉会 1		12	寿永 1	7	1182
2		13	2	8	1183
3		14	3③	9	1184
4		15	后鸟羽天皇 文治 1	10	1185
元亨 1		16	2	天资嘉瑞 1	1186
2		17	3	2	1187
3		18	4	3	1188
4		19	5	4	1189
5		20	建久 1	5	1190
6		21	2	6	1191
7		22	3	7	1192
8		23	4	8	1193

公元	干支	公历元旦的农历日期	南宋	西夏
1194	甲寅	12.7	绍熙 5⑦	桓宗(李纯祐) 天庆 1
1195	乙卯	11.18	宁宗(赵扩) 庆元 1	2
1196	丙辰	11.29	2	3
1197	丁巳	12.11	3	4
1198	戊午	11.22	4	5
1199	己未	12.3	5	6
1200	庚申	12.13	6	7
1201	辛酉	11.25	嘉泰 1	8
1202	壬戌	12.6	2	9
1203	癸亥	12.17	3	10
1204	甲子	11.28	4	11
1205	乙丑	12.10	开禧 1	12
1206	丙寅	11.21	2	襄宗(李安全) 应天 1
1207	丁卯	12.2	3	2
1208	戊辰	12.12	嘉定 1	3
1209	己巳	11.23	2	4
1210	庚午	12.4	3	皇建 1
1211	辛未	12.14	4	神宗(李遵顼) 光定⑧ 1
1212	壬申	11.26	5	2
1213	癸酉	12.8	6	3
1214	甲戌	11.19	7	4
1215	乙亥	11.30	8	5
1216	丙子	12.11	9	6
1217	丁丑	11.22	10	7
1218	戊寅	12.3	11	8
1219	己卯	12.13	12	9
1220	庚辰	11.24	13	10
1221	辛巳	12.5	14	11
1222	壬午	12.17	15	12
1223	癸未	11.28	16	13
1224	甲申	12.9	17⑧	献宗(李德旺) 乾定⑫ 1
1225	乙酉	11.21	理宗(李昀) 宝庆 1	2
1226	丙戌	12.2	2	3
1227	丁亥	12.12	3	末帝(赵睍) 宝义 1⑥(亡)
1228	戊子	11.23	绍定 1	
1229	己丑	12.5	2	
1230	庚寅	12.15	3	

金	西辽	大理	公元
明昌 5	天禧 17	元亨 9	1194
6	18	10	1195
承安⑪ 1	19		1196
2	20	安定?	1197
3	21		1198
4	22		1199
5	23		1200
泰和 1	24	段智廉 凤历 1	1201
2	25		1202
3	26		1203
4	27	元寿 ?	1204
5	28		1205
6	29	段智祥 天开 1	1206
7	30	2	1207
8⑪	31	3	1208
卫绍王(完颜永济) 大安 1	32	4	1209
2	33	5	1210
3	34(亡)	6	1211
崇庆 1		7	1212
至宁⑤ 1		8	1213
宣宗(完颜珣) 贞祐⑨ 1			
2	杨安儿 天顺⑤ 1⑫	9	1214
3		10	1215
4	郝定 顺天 1	11	1216
兴定⑨ 1		12	1217
2		13	1218
3		14	1219
4		15	1220
5		16	1221
元光⑧ 1		17	1222
2⑫		18	1223
哀宗(完颜守绪) 正大 1		19	1224
2		20	1225
3		21	1226
4		天辅 1	1227
5			1228
6			1229
7			1230

公元	干支	公历元旦的农历日期			
1194	甲寅	12.7			
1195	乙卯	11.18			
1196	丙辰	11.29			德寿陀项⑪ 身圣 1
1197	丁巳	12.11			
1198	戊午	11.22			
1199	己未	12.3			
1200	庚申	12.13			
1201	辛酉	11.25			
1202	壬戌	12.6			
1203	癸亥	12.17			
1204	甲子	11.28			
1205	乙丑	12.10			
1206	丙寅	11.21			
1207	丁卯	12.2	吴曦 转运① 1②		
1208	戊辰	12.12			
1209	己巳	11.23			
1210	庚午	12.4			
1211	辛未	12.14			
1212	壬申	11.26			
1213	癸酉	12.8		耶律留哥 元统③ 1	
1214	甲戌	11.19		2	刘永昌 天赐 1
1215	乙亥	11.30	蒲鲜万奴⑩ 天泰⑩ 1	3	张致 兴隆④ 1
1216	丙子	12.11	2	天威(成) 1	2⑪
1217	丁丑	11.22	3		
1218	戊寅	12.3	4		
1219	己卯	12.13	5		
1220	庚辰	11.24	6		
1221	辛巳	12.5	7		
1222	壬午	12.17	8		
1223	癸未	11.28	9		
1224	甲申	12.9	10		
1225	乙酉	11.21	11		
1226	丙戌	12.2	12		
1227	丁亥	12.12	13		
1228	戊子	11.23	14		
1229	己丑	12.5	15		
1230	庚寅	12.15	16		

蒙古	高丽	日本	越南	公元
	明宗 24	建久 5	天资嘉瑞 9	1194
	25	6	10	1195
	26	7	11	1196
	27⑨	8	12	1197
	神宗王晫 1	土御门天皇 9①	13	1198
	2	正治 1	14	1199
	3	2	15	1200
	4	建仁 1	16	1201
	5	2	天嘉宝祐 1	1202
	6	3	2	1203
	7⑪	元久 1	3	1204
	熙宗王韺 1	2	治平应龙 1	1205
太祖成吉思汗(铁木真) 1	2	建永 1	2	1206
2	3	承元 1	3	1207
3	4	2	4	1208
4	5	3	5	1209
5	6	顺德天皇 4⑪	6	1210
6	7⑫	建历 1	惠宗昰 建嘉 1	1211
7	康宗王祦 1	2	2	1212
8	2⑧	建保 1	3	1213
9	高宗王皞 1	2	4	1214
10	2	3	5	1215
11	3	4	6	1216
12	4	5	7	1217
13	5	6	8	1218
14	6	承久 1	9	1219
15	7	2	10	1220
16	8	仲恭天皇 3④	11	1221
		后堀河天皇 1		
17	9	贞应 1	12	1222
18	10	2	13	1223
19	11	元仁 1	昭皇佛金 天彰有道 1	1224
			陈朝	
20	12	嘉禄 1	太宗煚 建中 1	1225
21	13	2	2	1226
22	14	安贞 1	3	1227
拖雷 1	15	2	4	1228
太宗(窝阔台)⑧ 1	16	宽喜 1	5	1229
2	17	2	6	1230

公元	干支	公历元旦的农历日期	南宋	金	大理	东夏
1231	辛卯	11.27	绍定 4	正大 8	仁寿 ?	天泰 17
1232	壬辰	12.8	5	开兴 1 天兴④ 1		18 19⑨(亡)
1233	癸巳	11.19	6	2		
1234	甲午	11.30	端平 1	末帝(完颜承麟)① 3①(亡)		
1235	乙未	12.11	2			
1236	丙申	11.21	3			
1237	丁酉	12.3	嘉熙 1			
1238	戊戌	12.14	2			
1239	己亥	11.25	3		段祥兴 道隆 1	
1240	庚子	12.6	4		2	
1241	辛丑	12.18	淳祐 1		3	
1242	壬寅	11.29	2		4	
1243	癸卯	12.9	3		5	
1244	甲辰	11.20	4		6	
1245	乙巳	12.2	5		7	
1246	丙午	12.12	6		8	
1247	丁未	11.23	7		9	
1248	戊申	12.4	8		10	
1249	己酉	12.16	9		11	
1250	庚戌	11.27	10		12	
1251	辛亥	12.8	11		13	
1252	壬子	11.19	12		段兴智 天定 1	
1253	癸丑	11.30	宝祐 1		2	
1254	甲寅	12.11	2		3(亡)	
1255	乙卯	11.21	3			
1256	丙辰	12.2	4			
1257	丁巳	12.14	5			
1258	戊午	11.25	6			
1259	己未	12.6	开庆 1			
1260	庚申	闰11.17	景定 1			
1261	辛酉	11.29	2			
1262	壬戌	12.9	3			
1263	癸亥	11.20	4			
1264	甲子	12.1	5⑩			
1265	乙丑	12.13	度宗(赵禥) 咸淳 1			
1266	丙寅	11.24	2			
1267	丁卯	12.5	3			
1268	戊辰	12.16	4			

蒙古	高丽	日本	越南	公元
太宗 3	高宗王晎 18	宽喜 3	建中 7	1231
4	19	四条天皇 贞永 1⑩	8	1232
			天应政平 1	
5	20	天福 1	2	1233
6	21	文历 1	3	1234
7	22	嘉祯 1	4	1235
8	23	2	5	1236
9	24	3	6	1237
10	25	历仁 1	7	1238
11	26	延应 1	8	1239
12	27	仁治 1	9	1240
13	28	2	10	1241
乃马真后 1	29	后嵯峨天皇 3①	11	1242
2	30	宽元 1	12	1243
3	31	2	13	1244
4	32	3	14	1245
定宗(贵由)⑦ 1	33	后深草天皇 4①	15	1246
2	34	宝治 1	16	1247
3	35	2	17	1248
海迷失后③ 1	36	建长 1	18	1249
2	37	2	19	1250
宪宗(蒙哥)⑥ 1	38	3	元丰 1	1251
2	39	4	2	1252
3	40	5	3	1253
4	41	6	4	1254
5	42	7	5	1255
6	43	康元 1	6	1256
7	44	正嘉 1	7	1257
8	45	2	圣宗晃 绍隆 1	1258
9⑦	46⑥	龟山天皇 正元 1⑪	2	1259
世祖(忽必烈)③ 中统⑤ 1	元宗王植 1	文应 1	3	1260
2	自此行蒙古年号 2	弘长 1	4	1261
3	3	2	5	1262
4	4	3	6	1263
至元⑧ 1	5	文永 1	7	1264
2	6	2	8	1265
3	7	3	9	1266
4	8	4	10	1267
5	9	5	11	1268

公元	干支	公历元旦的农历日期	南宋	蒙古
1269	己巳	11.27	咸淳 5	至元 6
1270	庚午	12.8	6	7
1271	辛未	11.19	7	8⑪
				元
1272	壬申	11.29	8	9
1273	癸酉	12.11	9	10
1274	甲戌	11.22	10⑦	11
1275	乙亥	12.3	恭帝(赵显) 德祐 1	12
1276	丙子	12.14	端宗(赵昰)⑤ 景炎⑤ 1	13
1277	丁丑	11.26	2	14
1278	戊寅	12.6	赵昺④ 祥兴⑤ 1	15
1279	己卯	闰11.17	2②	16

高丽		日本		越南		公元
元宗	10	文永	6	绍隆	12	1269
	11		7		13	1270
自此行元年号	12		8		14	1271
	13		9		15	1272
	14		10	宝符	1	1273
	15⑧	后宇多天皇	11①		2	1274
忠烈王王脜	1	建治	1		3	1275
	2		2		4	1276
	3		3		5	1277
	4	弘安	1		6	1278
	5		2	仁宗昑　绍宝	1	1279

表 21　元纪年表

公元	干支	公历元旦的农历日期	元					
1279	己卯	闰 11. 17	世祖	至元	16			
1280	庚辰	11. 27			17	杜可用	万乘④	1④
1281	辛巳	12. 9			18			
1282	壬午	11. 20			19			
1283	癸未	12. 1			20	林桂方、赵良钤	延康③	1③
1284	甲申	12. 13			21			
1285	乙酉	11. 25			22			
1286	丙戌	12. 6			23			
1287	丁亥	12. 16			24			
1288	戊子	11. 27			25			
1289	己丑	12. 8			26	杨镇龙	安定③	1⑩
1290	庚寅	11. 19			27			
1291	辛卯	11. 30			28			
1292	壬辰	12. 11			29			
1293	癸巳	11. 23			30			
1294	甲午	12. 4			31④			
1295	乙未	12. 15	成宗(铁穆耳)	元贞	1			
1296	丙申	11. 25			2			
1297	丁酉	12. 7		大德②	1			
1298	戊戌	12. 17			2			
1299	己亥	11. 28			3			
1300	庚子	12. 9			4			
1301	辛丑	11. 21			5			
1302	壬寅	12. 2			6			
1303	癸卯	12. 13			7			
1304	甲辰	11. 24			8			
1305	乙巳	12. 6			9			
1306	丙午	12. 16			10			
1307	丁未	11. 26			11⑤			
1308	戊申	12. 7	武宗(海山)	至大	1			
1309	己酉	闰 11. 19			2			

	高丽	日本	越南	公元
	忠烈王 5	弘安 2	仁宗昑 绍宝 1	1279
	6	3	2	1280
陈吊眼、邱细春 昌泰(闽⑧) 1⑪	7	4	3	1281
	8	5	4	1282
黄华 祥兴⑩ 6 *	9	6	5	1283
7	10	7	6	1284
	11	8	重兴 1	1285
	12	9	2	1286
	13	伏见天皇 10⑩	3	1287
	14	正应 1	4	1288
	15	2	5	1289
	16	3	6	1290
	17	4	7	1291
	18	5	8	1292
	19	永仁 1	英宗烇 兴隆 1	1293
	20	2	2	1294
	21	3	3	1295
	22	4	4	1296
陈空崖 正治⑩ 1	23	5	5	1297
	24	后伏见天皇 6⑦	6	1298
	25	正安 1	7	1299
	26	2	8	1300
	27	后二条天皇 3①	9	1301
	28	乾元 1	10	1302
	29	嘉元 1	11	1303
	30	2	12	1304
	31	3	13	1305
	32	德治 1	14	1306
	33	2	15	1307
	34⑧	花园天皇 延庆 1⑧	16	1308
	忠宣王王璋 1	2	17	1309

* 起义后沿用南宋年号。

公元	干支	公历元旦的农历日期	元					
1310	庚戌	11.30		至大	3			
1311	辛亥	12.11			4③			
1312	壬子	11.22	仁宗(爱育黎拔力八达)	皇庆	1			
1313	癸丑	12.4			2			
1314	甲寅	12.15		延祐	1			
1315	乙卯	11.25			2			
1316	丙辰	12.6			3			
1317	丁巳	12.18			4			
1318	戊午	11.28			5			
1319	己未	12.10			6			
1320	庚申	11.21			7③			
1321	辛酉	12.3	英宗(硕德八剌)	至治	1			
1322	壬戌	12.13			2			
1323	癸亥	11.24			3⑧			
1324	甲子	12.5	泰定帝(也孙铁木耳)	泰定	1			
1325	乙丑	12.16			2			
1326	丙寅	11.27			3			
1327	丁卯	12.8			4			
1328	戊辰	11.19		致和②	1			
			天顺帝(阿速吉八)	天顺⑨	1			
			文宗(图帖睦耳)	天历⑨	1			
1329	己巳	12.1	明宗(和世球)①		2			
			文宗⑧					
1330	庚午	12.12		至顺⑤	1			
1331	辛未	11.23			2			
1332	壬申	12.3	宁宗(懿璘质班)⑩		3			
1333	癸酉	12.15	惠宗(顺帝)(妥懽帖睦尔)⑥	元统⑩	1			
1334	甲戌	11.25			2			
1335	乙亥	12.6		至元⑪	1			
1336	丙子	12.17			2			
1337	丁丑	11.29			3	朱光卿	赤符①	1⑦
1338	戊寅	12.10			4			
1339	己卯	11.21			5			
1340	庚辰	12.2			6			
1341	辛巳	12.13		至正	1			
1342	壬午	11.24			2			
1343	癸未	12.5			3			
1344	甲申	12.15			4			
1345	乙酉	11.27			5			

高丽	日本		越南	公元
忠宣王 2	延庆 3		兴隆 18	1310
3	应长 1		19	1311
4	正和 1		20	1312
5③	2		21	1313
忠肃王王焘 1	3		明宗奣 大庆 1	1314
2	4		2	1315
3	5		3	1316
4	文保 1		4	1317
5	后醍醐天皇 2②		5	1318
6	元应 1		6	1319
7	2		7	1320
8	元亨 1		8	1321
9	2		9	1322
10	3		10	1323
11	正中 1		开泰 1	1324
12	2		2	1325
13	嘉历 1		3	1326
14	2		4	1327
15	3		5	1328
16	元德 1		宪宗旺 开祐 1	1329
17②	2		2	1330
忠惠王王桢 1	元弘 1		3	1331
	南朝	北朝		
1②	后醍醐天皇 元弘 2	光严天皇 正庆 1	4	1332
忠肃王王焘复位 2	3	2	5	1333
3	建武 1	建武 1	6	1334
4	2	2	7	1335
5	延元 1	光明天皇 3⑧	8	1336
6	2	4	9	1337
7	3	历应 1	10	1338
8⑪	后村上天皇 4⑧	2	11	1339
忠惠王王桢复位 1	兴国 1	3	12	1340
2	2	4	裕宗暭 绍(丰)兴 1	1341
3	3	康永 1	2	1342
4	4	2	3	1343
5②	5	3	4	1344
忠穆王王昕 1	6	贞和 1	5	1345

公元	干支	公历元旦的农历日期	元	天完	周	宋
1346	丙戌	12.9	至正 6			
1347	丁亥	11.20	7			
1348	戊子	12.1	8			
1349	己丑	12.12	9			
1350	庚寅	11.22	10			
1351	辛卯	12.3	11	徐寿辉 治平⑩ 1		
1352	壬辰	12.14	12	2		
1353	癸巳	11.26	13	3		
1354	甲午	12.7	14	4	张士诚 天祐⑩ 1	
1355	乙未	12.18	15	5	2	韩林儿 龙凤② 1
1356	丙申	11.29	16	太平 1	3	2
1357	丁酉	12.11	17	2	4⑧	3
1358	戊戌	11.21	18	天启⑧ 1	用元年号起	4
1359	己亥	12.2	19	天定④ 1		5
1360	庚子	12.12	20	2(闰⑤)		6
1361	辛丑	11.24	21	夏		7
1362	壬寅	12.5	22	明玉珍 天统③ 1	用元年号止	8
1363	癸卯	12.16	23	2	10	9
1364	甲辰	11.27	24	3	11	10
1365	乙巳	12.9	25	4	12	11
1366	丙午	11.20	26	5(明昇④)	13	12⑫ *
						吴
						朱元璋 1
1367	丁未	12.1	27	明昇 开熙 1	14⑨	2
1368	戊申	12.11	28(闰⑦)	2		3

* 是年红巾军副统帅朱元璋杀韩林儿，自立为吴王。

汉	高丽	日本		越南	公元
		南朝	北朝		
	忠穆王 2	正平 1	贞和 2	绍(丰)兴 6	1346
	3	2	3⑩	7	1347
	4⑫	3	崇光天皇 贞和 4	8	1348
	忠定王王眂 1	4	5	9	1349
	2	5	观应 1	10	1350
	3⑫	6	2⑪	11	1351
	恭愍王王颛 1	7	后光严天皇 文和 1	12	1352
	2	8	2	13	1353
	3	9	3	14	1354
	4	10	4	15	1355
	5	11	延文 1	16	1356
	6	12	2	17	1357
	7	13	3	大治 1	1358
	8	14	4	2	1359
陈友谅 大义(闰⑤) 1	9	15	5	3	1360
2	10	16	康安 1	4	1361
大定 1	11	17	贞治 1	5	1362
陈理 德寿⑧ 1	12	18	2	6	1363
2②	13	19	3	7	1364
	14	20	4	8	1365
	15	21	5	9	1366
	16	22	6	10	1367
	17	长庆天皇 23③	应安 1	11	1368

表 22　明纪年表

公元	干支	公历元旦的农历日期	明	北元	夏	哈密
1368	戊申	12. 11	太祖(朱元璋) **洪武** 1	惠宗(顺帝)(妥懽帖睦尔) **至正** 28	明昇 **开熙** 2	
1369	己酉	11. 22	2	29	3	
1370	庚戌	12. 3	3	30④	4	
1371	辛亥	12. 14	4	昭宗(爱猷识理达腊) **宣光** 1	5⑥(亡)	
1372	壬子	11. 25	5	2		
1373	癸丑	12. 7	6	3		
1374	甲寅	闰 11. 18	7	4		
1375	乙卯	11. 29	8	5		
1376	丙辰	12. 10	9	6		
1377	丁巳	11. 21	10	7		
1378	戊午	12. 2	11	8④		
1379	己未	12. 13	12	脱古斯帖木儿 **天元** 1		
1380	庚申	11. 23	13	2		兀纳失里 1
1381	辛酉	12. 6	14	3		2
1382	壬戌	12. 17	15	4		3
1383	癸亥	11. 27	16	5		4
1384	甲子	12. 8	17	6		5
1385	乙丑	11. 20	18	7		6
1386	丙寅	12. 1	19	8		7
1387	丁卯	12. 11	20	9		8
1388	戊辰	11. 22	21	10		9
1389	己巳	12. 4	22	恩克卓里克图汗 1		10
1390	庚午	12. 15	34	2		11
1391	辛未	11. 26	24	3		12
1392	壬申	12. 7	25	4		13
				鞑靼		
1393	癸酉	12. 19	26	额勒伯克汗 1		安克帖木儿 1
1394	甲戌	11. 29	27	2		2
1395	乙亥	12. 10	28	3		3
1396	丙子	11. 20	29	4		4

高丽	日本 南朝	日本 北朝	越南	公元
恭愍王 17	长庆天皇 正平 23③	应安 1	大治 11	1368
18	24	2	杨日礼 大(天)定 1	1369
自此行明年号 19	建德 1	3	艺宗暊 绍庆 1	1370
20	2	4③	2	1371
21	文中 1	后圆融天皇 5	3	1372
22	2	6	睿宗曔 隆庆 1	1373
23⑨	3	7	2	1374
禑王 1	天授 1	永和 1	3	1375
2	2	2	4	1376
行北元年号 3	3	3	废帝晛 昌符 1	1377
自此行明年号 4	4	4	2	1378
5	5	康历 1	3	1379
6	6	2	4	1380
7	弘和 1	永德 1	5	1381
8	2	2④	6	1382
9	后龟山天皇 3	后小松天皇 3	7	1383
10	元中 1	至德 1	8	1384
11	2	2	9	1385
12	3	3	10	1386
13	4	嘉庆 1	11	1387
禑昌 1⑥	5	2	顺宗颙 光泰 1	1388
恭让王王瑶 1⑪	6	康应 1	2	1389
2	7	明德 1	3	1390
3	8	2	4	1391
李朝太祖康献王(李成桂) 1⑦	9⑩(亡)	3	5	1392
朝鲜				
以下行明年号 2		4	6	1393
3		应永 1	7	1394
4		2	8	1395
5		3	9	1396

公元	干支	公历元旦的农历日期	明	鞑靼	
1397	丁丑	12.2	洪武 30	额勒伯克汗 5	
1398	戊寅	12.13	31(闰⑤)	6	
1399	己卯	11.24	惠帝(朱允炆) 建文 1	7	
1400	庚辰	12.5	2	坤帖木儿汗 1	
1401	辛巳	12.17	3	2	
1402	壬午	11.28	4⑥	3	
1403	癸未	12.8	成祖(朱棣) 永乐 1	鬼力赤汗 1	
1404	甲申	闰11.19	2	2	
1405	乙酉	12.1	3	3	
1406	丙戌	12.11	4	4	
1407	丁亥	11.22	5	5	
1408	戊子	12.4	6	6	
1409	己丑	12.16	7	鞑靼答里巴汗 1	鞑靼本雅失里 1
1410	庚寅	11.26	8	2	2
1411	辛卯	12.7	9	3	3
1412	壬辰	12.18	10	4	4
1413	癸巳	11.29	11	5	
1414	甲午	12.10	12	6	
1415	乙未	11.21	13	7	
1416	丙申	12.2	14	额色库汗 1	
1417	丁酉	12.14	15	2	
1418	戊戌	11.25	16	3	
1419	己亥	12.6	17	4	
1420	庚子	12.16	18	5	
1421	辛丑	11.28	19	6	
1422	壬寅	12.8	20	7	
1423	癸卯	12.19	21	8	
1424	甲辰	11.30	22⑧	9	
1425	乙巳	12.12	仁宗(朱高炽) 洪熙 1⑥	10	
1426	丙午	11.23	宣宗(朱瞻基) 宣德 1	阿台汗 1	
1427	丁未	12.4	2	2	
1428	戊申	12.15	3	3	
1429	己酉	11.26	4	4	
1430	庚戌	12.7	5	5	
1431	辛亥	12.18	6	6	

哈密	朝鲜	日本	越南	公元
安克帖木儿 5	康献王 6	应永 4	光泰 10	1397
6	7⑨	5	少帝窦 建新 1	1398
7	定宗(李芳果) 1	6	2	1399
8	2⑪	7	**大虞 胡朝**	1400
			季犛 圣元 1	
9	太宗(李芳远) 1	8	汉苍 绍成 1	1401
10	2	9	2	1402
11	3	10	开大 1	1403
12	4	11	2	1404
脱脱 1	5	12	3	1405
2	6	13	4	1406
3	7	14	5	1407
			后陈朝	
			简定帝頠 兴庆 1	
4	8	15	2	1408
5	9	16	季扩 重光(庆光) 1	1409
6	10	17	2	1410
7	11	18	3	1411
兔力帖木儿 1	12	称光天皇 19⑧	4	1412
2	13	20	5(灭于明)	1413
3	14	21		1414
4	15	22		1415
5	16	23		1416
6	17	24		1417
7	18⑧	25		1418
8	世宗(李祹) 1	26		1419
9	2	27		1420
10	3	28		1421
11	4	29		1422
12	5	30		1423
13	6	31		1424
14	7	32		1425
卜答失里 1	8	33	暠(复国) 天庆 1	1426
2	9	34	2	1427
			后黎朝前期	
3	10	后花园天皇 正长 1⑦	太祖利 顺天 1	1428
4	11	永享 1	2	1429
5	12	2	3	1430
6	13	3	4	1431

公元	干支	公历元旦的农历日期	明	鞑靼	哈密	
1432	壬子	11.28	宣德 7	阿台汗 7	卜答失里 7	
1433	癸丑	12.10	8	8	8	
1434	甲寅	11.21	9	9	9	
1435	乙卯	12.2	10①	10	10	
1436	丙辰	12.13	英宗(朱祁镇) 正统 1	11	11	
1437	丁巳	11.25	2	12	12	
1438	戊午	12.6	3	13	13	
1439	己未	12.16	4	脱脱不花汗 1	倒瓦答失里 1	
1440	庚申	11.27	5	2	2	
1441	辛酉	12.9	6	3	3	
1442	壬戌	闰11.19	7	4	4	
1443	癸亥	12.1	8	5	5	
1444	甲子	12.12	9	6	6	
1445	乙丑	11.23	10	7	7	
1446	丙寅	12.4	11	8	8	
1447	丁卯	12.15	12	9	9	
1448	戊辰	11.25	13	10	10	叶宗留 泰定 1
1449	己巳	12.7	14⑨	11	11	2
1450	庚午	12.18	代宗(朱祁钰) 景泰 1	12	12	
1451	辛未	11.29	2	13	13	
1452	壬申	12.10	3	14	14	
1453	癸酉	11.22	4	也先汗 添元 1	15	
1454	甲戌	12.3	5	2	16	
1455	乙亥	12.14	6	3	17	
1456	丙子	11.24	7	麻儿可儿吉思汗 1	18	
1457	丁丑	12.6	英宗(朱祁镇) 天顺① 1	2	19	
1458	戊寅	12.16	2	摩伦汗 1	卜列革 1	
1459	己卯	11.27	3	2	2	
1460	庚辰	12.8	4	3	3	
1461	辛巳	闰11.20	5	4	努温答失里 1	
1462	壬午	12.1	6	5	2	
1463	癸未	12.12	7	满都鲁汗 1	3	
1464	甲申	11.23	8①	2	4	
1465	乙酉	12.4	宪宗(朱见深) 成化 1	3	5	
1466	丙戌	12.15	2	4	6	
1467	丁亥	11.25	3	5	7	**吐鲁番**
1468	戊子	12.6	4	6	8	也密力火者在位年无考
1469	己丑	12.18	5	7	9	阿力 1

	朝鲜	日本	越南	公元
	世宗 14	永享 4	顺天 5	1432
	15	5	6	1433
	16	6	太宗麟 绍平 1	1434
	17	7	2	1435
	18	8	3	1436
	19	9	4	1437
	20	10	5	1438
	21	11	6	1439
	22	12	大宝 1	1440
	23	嘉吉 1	2	1441
	24	2	3	1442
	25	3	仁宗邦基 大和(太和、大利) 1	1443
	26	文安 1	2	1444
	27	2	3	1445
	28	3	4	1446
	29	4	5	1447
	30	5	6	1448
黄萧养 东阳⑨ 1	31	宝德 1	7	1449
2⑤	32②	2	8	1450
	文宗李珦 1	3	9	1451
	2⑤	享德 1	10	1452
	端宗李弘暐 1	2	11	1453
	2	3	延宁 1	1454
	世祖李瑈 1 闰⑥	康正 1	2	1455
	2	2	3	1456
王斌 天绣 1	3	长禄 1	4	1457
	4	2	5	1458
	5	3	宜民 天兴 1	1459
李添保 武烈 1	6	宽正 1	圣宗灏 光顺 1	1460
	7	2	2	1461
	8	3	3	1462
	9	4	4	1463
	10	后土御门天皇 5⑦	5	1464
刘通 德胜③ 1	11	6	6	1465
2(闰③)	12	文正 1	7	1466
	13	应仁 1	8	1467
	14⑨	2	9	1468
	睿宗李晄 1⑪	文明 1	10	1469

公元	干支	公历元旦的农历日期	明	鞑靼	哈密
1470	庚寅	11. 29	**成化** 6	满都鲁汗 8	努温答失里 10
1471	辛卯	12. 11	7	9	11
1472	壬辰	11. 21	8	10	12
1473	癸巳	12. 3	9	11	13
1474	甲午	12. 14	10	达延汗 1	14
1475	乙未	11. 24	11	2	15
1476	丙申	12. 5	12	3	16
1477	丁酉	12. 17	13	4	17
1478	戊戌	11. 28	14	5	18
1479	己亥	12. 9	15	6	19
1480	庚子	11. 20	16	7	20
1481	辛丑	12. 2	17	8	21
1482	壬寅	12. 12	18	9	22
1483	癸卯	11. 23	19	10	23
1484	甲辰	12. 3	20	11	24
1485	乙巳	12. 15	21	12	25
1486	丙午	11. 26	22	13	26
1487	丁未	12. 7	23⑨	14	27
1488	戊申	12. 18	孝宗(朱祐樘) **弘治** 1	15	罕慎 1
1489	己酉	11. 29	2	16	虚位
1490	庚戌	12. 11	3	17	虚位
1491	辛亥	11. 21	4	18	虚位
1492	壬子	12. 2	5	19	陕巴 1
1493	癸丑	12. 14	6	20	2
1494	甲寅	11. 24	7	21	3
1495	乙卯	12. 5	8	22	4
1496	丙辰	12. 16	9	23	5
1497	丁巳	11. 28	10	24	6
1498	戊午	12. 9	11	25	7
1499	己未	闰 11. 20	12	26	8
1500	庚申	12. 1	13	27	9
1501	辛酉	12. 12	14	28	10
1502	壬戌	11. 23	15	29	11
1503	癸亥	12. 4	16	30	12
1504	甲子	12. 14	17	31	13
1505	乙丑	11. 27	18⑤	32	14
1506	丙寅	12. 8	武宗(朱厚照) **正德** 1	33	拜牙即 1
1507	丁卯	12. 19	2	34	2
1508	戊辰	11. 29	3	35	3

吐鲁番	朝鲜	日本	越南	公元
阿力 2	成宗李娎 1	文明 2	洪德 1	1470
3	以下行明年号 2	3	2	1471
4	3	4	3	1472
5	4	5	4	1473
6	5	6	5	1474
7	6	7	6	1475
8	7	8	7	1476
9	8	9	8	1477
10	9	10	9	1478
阿黑麻 1	10	11	10	1479
2	11	12	11	1480
3	12	13	12	1481
4	13	14	13	1482
5	14	15	14	1483
6	15	16	15	1484
7	16	17	16	1485
8	17	18	17	1486
9	18	长享 1	18	1487
10	19	2	19	1488
11	20	延德 1	20	1489
12	21	2	21	1490
13	22	3	22	1491
14	23	明应 1	23	1492
15	24	2	24	1493
16	25⑫	3	25	1494
17	燕山君李隆 1	4	26	1495
18	2	5	27	1496
19	3	6	28	1497
20	4	7	宪宗镨 景统 1	1498
21	5	8	2	1499
22	6	后柏原天皇 9⑨	3	1500
23	7	文龟 1	4	1501
24	8	2	5	1502
25	9	3	6	1503
26	10	永正 1	肃宗滰 泰贞 1	1504
满速儿 1	11	2	威穆帝渲 端庆 1	1505
2	中宗李怿 1⑨	3	2	1506
3	2	4	3	1507
4	3	5	4	1508

公元	干支	公历元旦的农历日期	明	鞑靼	哈密	吐鲁番
1509	己巳	12.11	正德 4	达延汗 36	拜牙即 4	满速儿 5
1510	庚午	11.21	5	37	5	6
1511	辛未	12.2	6	38	6	7
1512	壬申	12.13	7	39	7	8
1513	癸酉	11.25	8	40	8	9
1514	甲戌	12.6	9	41	9(亡)	10
1515	乙亥	12.17	10	42		11
1516	丙子	11.28	11	43		12
1517	丁丑	12.10	12	44		13
1518	戊寅	12.20	13	45		14
1519	己卯	12.1	14	46	朱宸濠 顺德 1	15
1520	庚辰	12.11	15	47		16
1521	辛巳	11.23	16④	48		17
1522	壬午	12.4	世宗(朱厚熜) 嘉靖 1	49		18
1523	癸未	12.15	2	50		19
1524	甲申	11.26	3	51		20
1525	乙酉	12.8	4	52		21
1526	丙戌	12.19	5	53		22
1527	丁亥	11.29	6	54		23
1528	戊子	12.10	7	55		24
1529	己丑	11.20	8	56		25
1530	庚寅	12.2	9	57		26
1531	辛卯	12.13	10	58		27
1532	壬辰	11.24	11	59		28
1533	癸巳	12.7	12	60		29
1534	甲午	12.17	13	61		30
1535	乙未	11.28	14	62		31
1536	丙申	12.9	15	63		32
1537	丁酉	12.20	16	64		33
1538	戊戌	12.1	17	65		34
1539	己亥	12.12	18	66		35
1540	庚子	11.23	19	67		36
1541	辛丑	12.5	20	68		37
1542	壬寅	12.16	21	69		38
1543	癸卯	11.26	22	70		39

朝鲜	日本	越南		公元
中宗 4	永正 6	襄翼帝晭 洪顺 1		1509
5	7	2		1510
6	8	3		1511
7	9	4		1512
8	10	5		1513
9	11	6		1514
10	12	7		1515
11	13	昭宗椅 光绍 1	陈暠 天应 1	1516
			陈升 宣和 1	
12	14	2	2	1517
13	15	榜 大德 1	3	1518
		檍 天宪 1		
14	16	昭宗椅 光绍 4	4	1519
15	17	5	5	1520
16	大永 1	6	6(亡)	1521
17	2	恭皇椿 统元 1		1522
18	3	2		1523
19	4	3		1524
20	5	4		1525
21	后奈良天皇 6④	5		1526
22	7	6		1527
		莫朝		
		太祖登庸 明德 1		
23	享禄 1	2		1528
24	2	3		1529
25	3	太宗登瀛 大正(大政、天正) 1		1530
26	4	2		1531
27	天文 1	3		1532
			后黎朝	
28	2	4	庄宗维宁 元(广)和 1	1533
29	3	5	2	1534
30	4	6	3	1535
31	5	7	4	1536
32	6	8	5	1537
33	7	9	6	1538
34	8	10	7	1539
35	9	11	8	1540
36	10	宪宗福海 广和(光华) 1	9	1541
37	11	2	10	1542
38	12	3	11	1543

公元	干支	公历元旦的农历日期	明	鞑靼	吐鲁番
1544	甲辰	12.7	嘉靖 23	卜赤汗 1	满速儿 40
1545	乙巳	12.19	24	2	41
1546	丙午	11.29	25	3	沙汗 1
1547	丁未	12.10	26	4	2
1548	戊申	11.21	27	达赉逊库登汗 1	3
1549	己酉	12.5	28	2	4
1550	庚戌	12.14	29	3	5
1551	辛亥	11.25	30	4	6
1552	壬子	12.6	31	5	7
1553	癸丑	12.17	32	6	8
1554	甲寅	11.28	33	7	9
1555	乙卯	12.9	34	8	10
1556	丙辰	12.20	35	9	11
1557	丁巳	12.1	36	10	12
1558	戊午	12.12	37	土蛮汗 1	13
1559	己未	11.23	38	2	14
1560	庚申	12.4	39	3	15
1561	辛酉	12.16	40	4	16
1562	壬戌	11.26	41	5	17
1563	癸亥	12.7	42	6	18
1564	甲子	12.18	43	7	19
1565	乙丑	11.29	44	8	20
1566	丙寅	12.10	45⑫	9	21
1567	丁卯	11.22	穆宗(朱载垕) 隆庆 1	10	22
1568	戊辰	12.3	2	11	23
1569	己巳	12.15	3	12	24
1570	庚午	11.25	4	13	25
1571	辛未	12.6	5	14	马黑麻 1
1572	壬申	12.16	6⑥	15	以下世系不明
1573	癸酉	11.28	神宗(朱翊钧) 万历 1	16	
1574	甲戌	12.9	2	17	
1575	乙亥	12.20	3	18	
1576	丙子	12.1	4	19	
1577	丁丑	12.13	5	20	
1578	戊寅	11.24	6	21	
1579	己卯	12.5	7	22	
1580	庚辰	12.15	8	23	
1581	辛巳	11.25	9	24	

* 1545 年，大越（后黎）大臣郑检夺取兵权，1592 年郑松灭莫朝，收复京城升龙，自此开始了“黎氏为王郑氏执政时期”，事实上形成南北朝对峙局面。郑氏政权（1545—1787 年）共历13代，于1786

	朝鲜	日本	越南* 莫朝	越南* 后黎朝	公元
	中宗 39⑦	天文 13	广和(光华) 4	元(广)和 12	1544
	仁宗李峼 1	14	5	13	1545
	明宗李峘 1	15	6	14	1546
	2	16	宣宗福源 永定 1	15	1547
	3	17	景历 1	16	1548
	4	18	2	中宗维暄 顺平 1	1549
	5	19	3	2	1550
	6	20	4	3	1551
	7	21	5	4	1552
	8	22	6	5	1553
	9	23	光宝 1	6	1554
	10	弘治 1	2	7	1555
	11	2	3	8	1556
	12	正亲町天皇 3⑨	4	英宗维邦 天祐 1	1557
	13	永禄 1	5	正治 1	1558
	14	2	6	2	1559
张琏 造历 1	15	3	7	3	1560
2	16	4	8	4	1561
3⑤	17	5	茂洽 淳福 1	5	1562
	18	6	2	6	1563
	19	7	3	7	1564
蔡伯贯 大宝⑫ 1	20	8	4	8	1565
2①	21	9	崇康 1	9	1566
	22⑥	10	2	10	1567
	宣祖李昖 1	11	3	11	1568
	2	12	4	12	1569
	3	元龟 1	5	13	1570
	4	2	6	14	1571
	5	3	7	洪福 1	1572
	6	天正 1	8	世宗维潭 嘉泰 1	1573
	7	2	9	2	1574
	8	3	10	3	1575
	9	4	11	4	1576
	10	5	12	5	1577
	11	6	延成 1	光兴 1	1578
	12	7	2	2	1579
	13	8	3	3	1580
	14	9	4	4	1581

年为西山阮惠所灭。

公元	干支	公历元旦的农历日期	明	鞑靼	后金
1582	壬午	12.6	万历 10	土蛮汗 25	
1583	癸未	12.8 *	11	26	
1584	甲申	12.19	12	27	
1585	乙酉	12.1	13	28	
1586	丙戌	11.12	14	29	
1587	丁亥	11.23	15	30	
1588	戊子	12.4	16	31	
1589	己丑	11.15	17	32	
1590	庚寅	11.25	18	33	
1591	辛卯	12.6	19	34	
1592	壬辰	11.17	20	35	
1593	癸巳	11.29	21	布延彻辰汗 1	
1594	甲午	闰11.10	22	2	
1595	乙未	11.21	23	3	
1596	丙申	12.2	24	4	
1597	丁酉	11.14	25	5	
1598	戊戌	11.24	26	6	
1599	己亥	12.5	27	7	
1600	庚子	11.16	28	8	
1601	辛丑	11.27	29	9	
1602	壬寅	12.9	30	10	
1603	癸卯	11.20	31	11	
1604	甲辰	12.1	32	虎墩兔汗 1	
1605	乙巳	11.12	33	2	
1606	丙午	11.23	34	3	
1607	丁未	12.4	35	4	
1608	戊申	11.14	36	5	
1609	己酉	11.26	37	6	
1610	庚戌	12.7	38	7	
1611	辛亥	11.18	39	8	
1612	壬子	11.29	40	9	
1613	癸丑	11.9	41	10	
1614	甲寅	11.21	42	11	
1615	乙卯	12.1	43	12	
1616	丙辰	11.13	44	13	金太祖（努尔哈赤）天命 1
1617	丁巳	11.24	45	14	2
1618	戊午	12.5	46	15	3
1619	己未	11.16	47	16	4

* 该年将儒略改为格利历，以10月5日为15日。

朝鲜	日本	越南 莫朝	越南 后黎朝	公元
宣祖 15	天正 10	延成 5	光兴 5	1582
16	11	6	6	1583
17	12	7	7	1584
18	13	8	8	1585
19	后阳成天皇 14⑪	端泰 1	9	1586
20	15	2	10	1587
21	16	兴治 1	11	1588
22	17	2	12	1589
23	18	3	13	1590
24	19	洪宁 1	14	1591
25	文禄 1	全 武安 1(亡)	15	1592
26	2		16	1593
27	3		17	1594
28	4		18	1595
29	庆长 1		19	1596
30	2		20	1597
31	3		21	1598
32	4		22	1599
33	5		敬宗维新 慎德 1 弘定 1	1600
34	6		2	1601
35	7		3	1602
36	8		4	1603
37	9		5	1604
38	10		6	1605
39	11		7	1606
40	12		8	1607
41②	13		9	1608
光海君李珲 1	14		10	1609
2	15		11	1610
3	后水尾天皇 16③		12	1611
4	17		13	1612
5	18		14	1613
6	19		15	1614
7	元和 1		16	1615
8	2		17	1616
9	3		18	1617
10	4		19	1618
11	5		神宗维祺 永祚 1	1619

公元	干支	公历元旦的农历日期	明	鞑靼	后金
1620	庚申	11.27	光宗(朱常洛) 泰昌⑧ 1⑨	虎墩兔汗 17	天命 5
1621	辛酉	12.9	熹宗(朱由校) 天启 1	18	6
1622	壬戌	11.20	2	19	7
1623	癸亥	12.1	3	20	8
1624	甲子	11.11	4	21	9
1625	乙丑	11.23	5	22	10
1626	丙寅	12.4	6	23	11
1627	丁卯	11.14	7⑧	24	太祖皇太极 天聪 1
1628	戊辰	11.25	思宗(朱由检) 崇祯 1	25	2
1629	己巳	12.8	2	26	3
1630	庚午	11.18	3	27	4
1631	辛未	11.29	4	28	5
1632	壬申	闰11.10	5	29	6
1633	癸酉	11.21	6	30	7
1634	甲戌	12.2	7	31(亡)	8
1635	乙亥	11.13	8		9
					清
1636	丙子	11.24	9		崇德④ 1
1637	丁丑	12.6	10	张普微 天运 1	2
1638	戊寅	11.17	11		3
1639	己卯	11.28	12		4
1640	庚辰	12.9	13		5
1641	辛巳	11.20	14		6
1642	壬午	12.1	15		7
				大顺	
1643	癸未	闰11.11	16		8⑧
1644	甲申	11.22	17 ③	李自成 永昌 1	世祖(福临) 顺治 1

		朝鲜	日本	越南	公元
		光海君　12	元和　6	永祚　2	1620
		13	7	3	1621
徐鸿儒 大成(乘)　兴胜⑤1⑩	万俟德　玄静　1	14	8	4	1622
		仁祖李倧　1③	9	5	1623
		2	宽永　1	6	1624
		3	2	7	1625
		4	3	8	1626
		5	4	9	1627
	张惟元　永兴　1	6	5	10	1628
		7	明正天皇　6⑪	德隆　1	1629
		8	7	2	1630
		9	8	3	1631
		10	9	4	1632
		11	10	5	1633
		12	11	6	1634
		13	12	阳和　1	1635
		14	13	2	1636
		15	14	3	1637
		16	15	4	1638
		17	16	5	1639
		18	17	6	1640
		19	18	7	1641
		20	19	8	1642
	大西	21	后光明天皇　20⑩	真宗维祐　福泰　1	1643
	张献忠　大顺⑪　1	行清年号　22	正保　1	2	1644

表 23　清纪年表

公元	干支	公历元旦的农历日期	清	南明	南明	
1644	甲申	11.22	清世祖(福临) 顺治 1	福王(朱由崧) 弘光 1⑤		李自成 永昌 1
1645	乙酉	12.4	2	唐王(朱聿键) 隆武(闰⑥) 1		2⑤
1646	丙戌	11.15	3	2⑧	韩王(朱本铉) 定武 1	
				唐王(朱聿鐭) 绍武⑪ 1		
1647	丁亥	11.24	4	桂王(朱由榔)⑪ 永历 1	2	
1648	戊子	12.7	5	2	3	
1649	己丑	11.19	6	3	4	
1650	庚寅	11.29	7	4	5	
1651	辛卯	闰 11.10	8	5	6	
1652	壬辰	11.20	9	6	7	
1653	癸巳	12.2	10	7	8	
1654	甲午	11.13	11	8	9	
1655	乙未	11.24	12	9	10	
1656	丙申	12.5	13	10	11	
1657	丁酉	11.17	14	11	12	
1658	戊戌	11.28	15	12	13	
1659	己亥	12.9	16	13	14	
1660	庚子	11.19	17	14	15	
1661	辛丑	12.1	18①	15⑫	16	
1662	壬寅	11.12	清圣祖(玄烨) 康熙 1		17	
1663	癸卯	11.22	2		18	
1664	甲辰	12.4	3			
1665	乙巳	11.16	4			王耀祖 大庆③ 1
1666	丙午	11.26	5			
1667	丁未	12.7	6			
1668	戊申	11.18	7			

大西			朝鲜	日本	越南	公元
张献忠 大顺⑪ 1	刘守分 天定⑨ 1		行清年号22	后光明天皇 正保 1	福泰 2	1644
2	刘守龙 清光⑥ 1		23	2	3	1645
3⑫		郑成功1	24	3	4	1646
	蒋尔恂 中兴 1	2	25	4	5	1647
孙可望 兴朝 1		3	26	庆安 1	6	1648
		4	27⑤	2	神宗维祺(复位) 庆德 1	1649
		5	孝宗李淏 1	3	2	1650
		6	2	4	3	1651
		7	3	承应 1	4	1652
		8	4	2	盛德 1	1653
		9	5	后西天皇 3⑨	2	1654
		10	6	明历 1	3	1655
		11	7	2	4	1656
		12	8	3	5	1657
		13	行清年号 9	万治 1	永寿 1	1658
		14	10⑤	2	2	1659
		15	显宗李渊 1	3	3	1660
	萧惟堂 天顺 1	16	2	宽文 1	4	1661
		17⑤	3	2	万庆 1	1662
		郑锦⑤1	4	灵元天皇 3①	玄宗维禑 景治 1	1663
		2	5	4	2	1664
		3	6	5	3	1665
		4	7	6	4	1666
		5	8	7	5	1667
		6	9	8	6	1668

公元	干支	公历元旦的农历日期	清		周
1669	己酉	11.29	康熙 8		
1670	庚戌	12.10	9		
1671	辛亥	11.21	10		
1672	壬子	12.2	11		
1673	癸丑	11.14	12	杨起隆 广德⑫ 1	吴三桂⑪ 1
1674	甲寅	11.25	13	耿精忠 裕民⑩ 1	2
1675	乙卯	12.6	14	2	3
1676	丙辰	11.16	15	3⑩	4
1677	丁巳	11.28	16		5
1678	戊午	12.9	17		昭武 1
1679	己未	11.19	18		吴世潘 洪化 1
1680	庚申	11.30	19		2
1681	辛酉	11.12	20		3⑩
1682	壬戌	11.23	21		
1683	癸亥	12.4	22		
1684	甲子	11.15	23		
1685	乙丑	11.27	24		
1686	丙寅	12.7	25		
1687	丁卯	11.18	26		
1688	戊辰	11.28	27		
1689	己巳	12.10	28		
1690	庚午	11.21	29		
1691	辛未	12.3	30		
1692	壬申	11.14	31		
1693	癸酉	11.25	32		
1694	甲戌	12.6	33		
1695	乙亥	11.16	34		
1696	丙子	11.27	35		
1697	丁丑	12.9	36		
1698	戊寅	11.20	37		
1699	己卯	12.1	38		
1700	庚辰	11.12	39		
1701	辛巳	11.23	40		
1702	壬午	12.4	41		
1703	癸未	11.14	42		
1704	甲申	11.25	43		
1705	乙酉	12.6	44		
1706	丙戌	11.17	45	魏枝叶 文兴⑨ 1	
1707	丁亥	11.28	46		

	朝鲜	日本	越南	公元
郑锦 7	显宗 10	宽文 9	景治 7	1669
8	11	10	8	1670
9	12	11	9	1671
10	13	12	嘉宗维䄲 阳德 1	1672
11	14	延宝 1	2	1673
12	15⑧	2	德元 1	1674
13	肃宗李焞 1	3	2	1675
14	2	4	熙宗维祫 永治 1	1676
15	3	5	2	1677
16	4	6	3	1678
17	5	7	4	1679
18	6	8	正和 1	1680
19	7	天和 1	2	1681
郑克塽 1	8	2	3	1682
2⑧	9	3	4	1683
	10	贞享 1	5	1684
	11	2	6	1685
	12	3	7	1686
	13	东山天皇 4③	8	1687
	14	元禄 1	9	1688
	15	2	10	1689
	16	3	11	1690
	17	4	12	1691
	18	5	13	1692
	19	6	14	1693
	20	7	15	1694
	21	8	16	1695
	22	9	17	1696
	23	10	18	1697
	24	11	19	1698
	25	12	20	1699
	26	13	21	1700
	27	14	22	1701
	28	15	23	1702
	29	16	24	1703
	30	宝永 1	25	1704
	31	2	裕宗维禟 永盛 1	1705
	32	3	2	1706
	33	4	3	1707

公元	干支	公历元旦的农历日期	清	
1708	戊子	12.9	康熙 47	张念一 天德 1
1709	己丑	11.21	48	
1710	庚寅	12.2	49	
1711	辛卯	11.13	50	
1712	壬辰	11.23	51	
1713	癸巳	12.5	52	
1714	甲午	11.15	53	
1715	乙未	11.26	54	
1716	丙申	12.7	55	
1717	丁酉	11.19	56	
1718	戊戌	11.30	57	
1719	己亥	11.11	58	
1720	庚子	11.22	59	
1721	辛丑	12.4	60	朱一贵 永和④ 1⑥
1722	壬寅	11.14	61⑪	
1723	癸卯	11.25	世宗(胤禛) 雍正 1	
1724	甲辰	12.6	2	
1725	乙巳	11.17	3	
1726	丙午	11.28	4	
1727	丁未	12.10	5	
1728	戊申	11.20	6	
1729	己酉	12.2	7	
1730	庚戌	11.13	8	
1731	辛亥	11.23	9	
1732	壬子	12.4	10	
1733	癸丑	11.16	11	
1734	甲寅	11.27	12	
1735	乙卯	12.8	13⑧	
1736	丙辰	11.19	高宗(弘历) 乾隆 1	
1737	丁巳	12.1	2	
1738	戊午	11.12	3	
1739	己未	11.22	4	
1740	庚申	12.3	5	
1741	辛酉	11.14	6	
1742	壬戌	11.25	7	
1743	癸亥	12.6	8	
1744	甲子	11.17	9	
1745	乙丑	11.29	10	
1746	丙寅	12.10	11	

朝鲜	日本	越南	公元
肃宗 34	宝永 5	永盛 4	1708
35	中御门天皇 6⑥	5	1709
36	7	6	1710
37	正德 1	7	1711
38	2	8	1712
39	3	9	1713
40	4	10	1714
41	5	11	1715
42	享保 1	12	1716
43	2	13	1717
44	3	14	1718
45	4	15	1719
46⑥	5	保泰 1	1720
景宗李昀 1	6	2	1721
2	7	3	1722
3	8	4	1723
4⑧	9	5	1724
英祖李昑 1	10	6	1725
2	11	7	1726
3	12	8	1727
4	13	9	1728
5	14	维祊 永庆 1	1729
6	15	2	1730
7	16	3	1731
8	17	纯宗维祥 龙德 1	1732
9	18	2	1733
10	19	3	1734
11	樱町天皇⑪ 20③	懿宗维祳 永祐 1	1735
12	元文 1	2	1736
13	2	3	1737
14	3	4	1738
15	4	5	1739
16	5	显宗维祧 景兴 1	1740
17	宽保 1	2	1741
18	2	3	1742
19	3	4	1743
20	延享 1	5	1744
21	2	6	1745
22	3⑤	7	1746

公元	干支	公历元旦的农历日期	清	朝鲜
1747	丁卯	11.21	乾隆 12	英祖 23
1748	戊辰	12.1	13	24
1749	己巳	11.13	14	25
1750	庚午	11.23	15	26
1751	辛未	12.4	16	27
1752	壬申	11.15	17	28
1753	癸酉	11.27	18	29
1754	甲戌	12.9	19	30
1755	乙亥	11.19	20	31
1756	丙子	11.30	21	32
1757	丁丑	11.12	22	33
1758	戊寅	11.22	23	34
1759	己卯	12.3	24	35
1760	庚辰	11.14	25	36
1761	辛巳	11.26	26	37
1762	壬午	12.7	27	38
1763	癸未	11.18	28	39
1764	甲申	11.28	29	40
1765	乙酉	12.10	30	41
1766	丙戌	11.21	31	42
1767	丁亥	12.1	32	43
1768	戊子	11.11	33	44
1769	己丑	11.24	34	45
1770	庚寅	12.5	35	46
1771	辛卯	11.16	36	47
1772	壬辰	11.27	37	48
1773	癸巳	12.9	38	49
1774	甲午	11.19	39	50
1775	乙未	11.30	40	51
1776	丙申	11.11	41	52③
1777	丁酉	11.22	42	正祖李昇 1
1778	戊戌	12.3	43	2
1779	己亥	11.14	44	3
1780	庚子	11.25	45	4
1781	辛丑	12.7	46	5
1782	壬寅	11.18	47	6
1783	癸卯	11.28	48	7
1784	甲辰	12.9	49	8
1785	乙巳	11.21	50	9

* 后桃园天皇即位后第三年改元安永，光格天皇即位后第三年改元天明。

日本		越南		公元
桃园天皇	延享 4⑨	景兴 8		1747
	宽延 1	9		1748
	2	10		1749
	3	11		1750
	宝历 1	12		1751
	2	13		1752
	3	14		1753
	4	15		1754
	5	16		1755
	6	17		1756
	7	18		1757
	8	19		1758
	9	20		1759
	10	21		1760
	11	22		1761
后樱町天皇	12⑦	23		1762
	13	24		1763
	明和 1	25		1764
	2	26		1765
	3	27		1766
	4	28		1767
	5	29		1768
	6	30		1769
后桃园天皇 *	7⑪	31		1770
	8	32		1771
	安永 1	33		1772
	2	34		1773
	3	35		1774
	4	36		1775
	5	37		1776
	6	38	阮朝 **	1777
	7	39	阮文岳 泰德 1	1778
光格天皇	8⑪	40	2	1779
	9	41	3	1780
	天明 1	42	4	1781
	2	43	5	1782
	3	44	6	1783
	4	45	7	1784
	5	46	8	1785

** 自 1778—1801 年为西山阮朝，国号为大越。

公元	干支	公历元旦的农历日期	清		朝鲜
1786	丙午	12.2	乾隆 51	林爽文 顺天⑪ 1	正祖 10
1787	丁未	11.12	52	2	11
1788	戊申	11.24	53	3②	12
1789	己酉	12.6	54		13
1790	庚戌	11.16	55		14
1791	辛亥	11.27	56		15
1792	壬子	12.8	57		16
1793	癸丑	11.19	58		17
1794	甲寅	11.30	59		18
1795	乙卯	12.11	60		19
1796	丙辰	11.22	仁宗(颙琰) 嘉庆 1		20
1797	丁巳	12.4	2	黎树 万利② 1 王大叔 大庆② 1	21
1798	戊午	11.15	3		22
1799	己未	11.26	4		23
1800	庚申	12.7	5		24⑥
1801	辛酉	11.17	6		纯祖李玜 1
1802	壬戌	11.27	7		2
1803	癸亥	12.8	8		3
1804	甲子	11.19	9		4
1805	乙丑	12.1	10		5
1806	丙寅	11.12	11		6
1807	丁卯	11.23	12		7
1808	戊辰	12.4	13		8
1809	己巳	11.16	14		9
1810	庚午	11.26	15		10
1811	辛未	12.7	16		11
1812	壬申	11.17	17		12
1813	癸酉	11.29	18		13
1814	甲戌	12.10	19		14
1815	乙亥	11.21	20		15
1816	丙子	12.3	21		16
1817	丁丑	11.14	22		17
1818	戊寅	11.25	23		18
1819	己卯	12.5	24		19
1820	庚辰	11.16	25⑧		20
1821	辛巳	11.27	宣宗(旻宁) 道光 1		21
1822	壬午	12.9	2		22
1823	癸未	11.20	3		23

日本	越南		公元
天明 6	景兴 47	泰德 9	1786
7	愍宗维祁 昭统 1	10	1787
8	2	阮文惠 光中 1	1788
宽政 1	3(亡)	2	1789
2		3	1790
3		4	1791
4		5	1792
5		阮光缵 景盛 1	1793
6		2	1794
7		3	1795
8		4	1796
9		5	1797
10		6	1798
11		7	1799
12		8	1800
享和 1		宝兴 1	1801
2		世祖福映 * 嘉隆 1	1802
3		2	1803
文化 1		3	1804
2		4	1805
3		5	1806
4		6	1807
5		7	1808
6		8	1809
7		9	1810
8		10	1811
9		11	1812
10		12	1813
11		13	1814
12		14	1815
13		15	1816
仁孝天皇 14③		16	1817
文政 1		17	1818
2		18	1819
3		圣祖福晈 明命 1	1820
4		2	1821
5		3	1822
6		4	1823

* 自此改国号为越南。

公元	干支	公历元旦的农历日期	清	太平天国	大成	
1824	甲申	12.1	道光 4			
1825	乙酉	11.13	5			
1826	丙戌	11.23	6			
1827	丁亥	12.4	7			
1828	戊子	11.15	8			
1829	己丑	11.26	9			
1830	庚寅	12.7	10			
1831	辛卯	11.18	11			
1832	壬辰	11.28	12			
1833	癸巳	11.11	13			
1834	甲午	11.22	14			
1835	乙未	12.3	15			
1836	丙申	11.13	16			
1837	丁酉	11.25	17			
1838	戊戌	12.6	18			
1839	己亥	11.16	19			
1840	庚子	11.27	20			
1841	辛丑	12.9	21			
1842	壬寅	11.20	22			
1843	癸卯	12.1	23			
1844	甲辰	11.12	24			
1845	乙巳	11.23	25			
1846	丙午	12.4	26			
1847	丁未	11.15	27			
1848	戊申	11.25	28			
1849	己酉	12.7	29			
1850	庚戌	11.19	30①			
1851	辛亥	11.29	文宗(奕詝) 咸丰 1	洪秀全＊ 1		
1852	壬子	11.11	2	2		
1853	癸丑	11.22	3	3		
1854	甲寅	12.3	4	4		
1855	乙卯	11.13	5	5	陈开 洪德⑧ 1	
1856	丙辰	11.24	6	6	2	
1857	丁巳	12.6	7	7	3	
1858	戊午	11.17	8	8	4	
1859	己未	11.28	9	9	5	
1860	庚申	12.9	10	10	6	蓝大顺 顺天 1
1861	辛酉	11.21	11⑦	11	7⑦	2

＊ 太平天国起义于道光30年12月10日，相当于阳历1851年1月11日，故置于1851年栏内。

朝鲜	日本	越南	公元
纯祖 24	文政 7	明命 5	1824
25	8	6	1825
26	9	7	1826
27	10	8	1827
28	11	9	1828
29	12	10	1829
30	天保 1	11	1830
31	2	12	1831
32	3	13	1832
33	4	14	1833
34⑪	5	15	1834
宪宗李奂 1	6	16	1835
2	7	17	1836
3	8	18	1837
4	9	19	1838
5	10	20	1839
6	11	21	1840
7	12	宪祖福暶 绍治 1	1841
8	13	2	1842
9	14	3	1843
10	弘化 1	4	1844
11	2	5	1845
12	孝明天皇 3②	6	1846
13	4	7	1847
14	嘉永 1	翼宗福时 嗣德 1	1848
15⑥	2	2	1849
哲宗李昇 1	3	3	1850
2	4	4	1851
3	5	5	1852
4	6	6	1853
5	安政 1	7	1854
6	2	8	1855
7	3	9	1856
8	4	10	1857
9	5	11	1858
10	6	12	1859
11	万延 1	13	1860
12	文久 1	14	1861

公元	干支	公历元旦的农历日期	清	太平天国	
1862	壬戌	12.2	穆宗(载淳) **同治** 1	洪秀全 12	**顺天** 3
1863	癸亥	11.12	2	13	4
1864	甲子	11.22	3	洪天贵福⑤ 14⑥	5
1865	乙丑	12.4	4		
1866	丙寅	11.15	5		
1867	丁卯	11.26	6		
1868	戊辰	12.7	7		
1869	己巳	11.19	8		
1870	庚午	11.30	9		
1871	辛未	11.11	10		
1872	壬申	11.21	11		
1873	癸酉	12.3	12		
1874	甲戌	11.13	13⑫		
1875	乙亥	11.24	德宗(戴湉) **光绪** 1		
1876	丙子	12.5	2		
1877	丁丑	11.17	3		
1878	戊寅	11.28	4		
1879	己卯	12.9	5		
1880	庚辰	11.20	6		
1881	辛巳	12.2	7		
1882	壬午	11.12	8		
1883	癸未	11.23	9		
1884	甲申	12.4	10		
1885	乙酉	11.16	11		
1886	丙戌	11.27	12		
1887	丁亥	12.8	13		
1888	戊子	11.18	14		
1889	己丑	11.29	15		
1890	庚寅	12.11	16		
1891	辛卯	11.21	17		
1892	壬辰	12.2	18		
1893	癸巳	11.14	19		
1894	甲午	11.25	20		
1895	乙未	12.6	21		
1896	丙申	11.16	22		

* 明治天皇即位后第三年改元明治。

朝鲜	日本	越南	公元
哲宗 13	文久 2	嗣德 15	1862
14⑫	3	16	1863
高宗李熙 1	元治 1	17	1864
2	庆应 1	18	1865
3	明治天皇⑧ * 2⑫	19	1866
4	3	20	1867
5	明治 1	21	1868
6	2	22	1869
7	3	23	1870
8	4	24	1871
9	5	25	1872
10	6	26	1873
11	7	27	1874
12	8	28	1875
13	9	29	1876
14	10	30	1877
15	11	31	1878
16	12	32	1879
17	13	33	1880
18	14	34	1881
19	15	35	1882
20	16	36	1883
		协和帝洪佚 1	
21	17	简宗福昊 建福 1	1884
22	18	咸宜帝福明 咸宜 1	1885
23	19	景宗福昇 同庆 1 **	1886
24	20	2	1887
25	21	3	1888
26	22	成泰帝福昭 成泰 1	1889
27	23	2	1890
28	24	3	1891
29	25	4	1892
30	26	5	1893
行清年号 31	27	6	1894
32	28	7	1895
建阳 1	29	8	1896

** 1884 年，法军侵占越南北部，1885 年，清政府与法签订《天津条约》，承认越南为法保护国，放弃对越南的宗主权，结束了中国与越南的藩属关系。

公元	干支	公历元旦的农历日期	清	韩国	日本	越南
1897	丁酉	11.28	光绪 23	高宗李熙 光武* 1	明治 30	成泰 9
1898	戊戌	12.9	24	2	31	10
1899	己亥	11.20	25	3	32	11
1900	庚子	12.1	26	4	33	12
1901	辛丑	11.11	27	5	34	13
1902	壬寅	11.22	28	6	35	14
1903	癸卯	12.3	29	7	36	15
1904	甲辰	11.14	30	8	37	16
1905	乙巳	11.26	31	9	38	17
1906	丙午	12.7	32	10	39	18
1907	丁未	11.17	33	11⑦	40	继帝福晃 维新 1
1908	戊申	11.28	34⑩	纯宗李拓 隆熙 1	41	2
1909	己酉	12.10	溥仪 宣统 1	2	42	3
1910	庚戌	11.20	2	3⑧被日本吞并	43	4
1911	辛亥	12.1	3 **	以下为日本殖民统治时期	44	5

* 李熙于是年宣布建大韩帝国称皇帝。

** 宣统皇帝宣布于是年农历十二月二十日（公历是1912年的2月12日）退位，从此结束了清朝的统治。

表 24　民国纪年表

公元	干支	公历元旦的农历日期	中华民国	韩国	日本	越南
1912	壬子	11.13	中华民国 1	以下为日本殖民统治时期	大正天皇 大正 1⑦	维新 6
1913	癸丑	11.24	2		2	7
1914	甲寅	12.6	3		3	8
1915	乙卯	11.16	4		4	9
1916	丙辰	11.26	5 *		5	弘宗福昶 启定 1
1917	丁巳	12.8	6		6	2
1918	戊午	11.19	7		7	3
1919	己未	11.30	8		8	4
1920	庚申	11.11	9		9	5
1921	辛酉	11.23	10		10	6
1922	壬戌	12.4	11		11	7
1923	癸亥	11.15	12		12	8
1924	甲子	11.25	13		13	9
1925	乙丑	12.7	14		14	保大福晪 保大 1
1926	丙寅	11.17	15		昭和天皇 昭和 1	3
1927	丁卯	11.28	16		2	3
1928	戊辰	12.9	17		3	4
1929	己巳	11.21	18		4	5
1930	庚午	12.2	19		5	6
1931	辛未	11.13	20		6	7
1932	壬申	11.24	21		7	8
1933	癸酉	12.6	22		8	9
1934	甲戌	11.16	23		9	10
1935	乙亥	11.26	24		10	11
1936	丙子	12.7	25		11	12
1937	丁丑	11.19	26		12	13
1938	戊寅	11.30	27		13	14
1939	己卯	11.11	28		14	15

* 1915 年 12 月篡夺了辛亥革命胜利果实的袁世凯宣布将民国 5 年改为“洪宪”元年，登上“洪宪皇帝”宝座，但在全国一片反袁讨伐声中，被迫于 3 月 22 日取消了“洪宪”年号，恢复了中华民国。

公元	干支	公历元旦的农历日期	中华民国	韩国		日本	越南	越南
1940	庚辰	11. 22	中华民国 29	以下为日本殖民统治时期		昭和 15	保大 16	
1941	辛巳	12. 4	30			16	17	
1942	壬午	11. 15	31			17	18	
1943	癸未	11. 25	32			18	19	
1944	甲申	12. 6	33			19	20	
1945	乙酉	11. 18	34	1945 年 8 月日本投降后，朝鲜半岛南部由美军控制，北部由苏军控制。		20	21⑧	越南民主共和国 1⑨
1946	丙戌	11. 28	35			21	22⑪ *	2
1947	丁亥	12. 10	36			22		3
1948	戊子	11. 21	37	大韩民国 1⑧	朝鲜民主主义人民共和国 1⑨	23		4
1949	己丑	12. 3	38	2	2	24	1⑦	5

* 保大 1945 年 8 月 30 日退位后，于 1946 年离开越南开始流亡生活。1949 年 4 月 27 日回到越南西贡，4 月 29 日成为“越南国临时中央政府”的国家元首，7 月 1 日正式就职。

表 25　四国帝王纪年庙号年号顺检表

中　国

先　秦

西周(公元前 1046—前 771 年)

①武王发(前 1046—前 1043)
②成王诵(前 1042—前 1026)
③康王钊(前 1025—前 996)
④昭王瑕(前 995—前 977)
⑤穆王满(前 976—前 923)
⑥恭王繄扈(前 922—前 900)
⑦懿王囏(前 899—前 892)
⑧孝王辟方(前 891—前 886)
⑨夷王燮(前 885—前 878)
⑩厉王胡(前 877—前 842)
共和(前 841—前 828)
⑪宣王静(前 827—前 782)
⑫幽王宫涅(前 781—前 771)

东周(公元前 770—前 249 年)

⑬平王宜臼(前 770—前 720)
⑭桓王林(前 719—前 697)
⑮庄王佗(前 696—前 682)
⑯釐(僖)王胡齐
(前 681—前 677)
⑰惠王阆(前 676—前 652)
⑱襄王郑(前 651—前 619)
⑲顷王壬臣(前 618—前 613)
⑳匡王班(前 612—前 607)
㉑定王瑜(前 606—前 586)
㉒简王夷(前 585—前 572)
㉓灵王泄心(前 571—前 545)
㉔景王贵(前 544—前 520)
㉕悼王猛(前 519)
㉖敬王匄(前 519—前 476)
㉗元王仁(前 475—前 469)
㉘贞定王介(前 468—前 441)
㉙哀王去疾(前 441)
㉚思王叔(前 441)
㉛考王嵬(前 440—前 426)
㉜威烈王午(前 425—前 402)
㉝安王骄(前 401—前 376)
㉞烈王喜(前 375—前 369)
㉟显王扁(前 368—前 321)
㊱慎靓王定(前 320—前 315)
㊲赧王延(前 314—前 256)
㊳东周君(前 255—前 249)

鲁(公元前 1035—前 249 年)

①伯禽(前 1035—前 999)

②考公酋（前998—前995）
③炀公熙（前994—前989）
④幽公宰（前988—前975）
⑤魏公溃（前974—前925）
⑥厉公擢（前924—前888）
⑦献公具（前887—前856）
⑧真公濞（前855—前826）
⑨武公敖（前825—前816）
⑩懿公戏（前815—前807）
⑪孝公称（前806—前769）
⑫惠公弗湟（前768—前723）
⑬隐公息姑（前722—前712）
⑭桓公允（前711—前694）
⑮庄公同（前693—前662）
⑯湣公启（前661—前660）
⑰釐（僖）公申（前659—前627）
⑱文公兴（前626—前609）
⑲宣公倭（前608—前591）
⑳成公黑肱（前590—前573）
㉑襄公午（前572—前542）
㉒昭公稠（前541—前510）
㉓定公宋（前509—前495）
㉔哀公将（前494—前468）
㉕悼公宁（前467—前431）
㉖元公嘉（前430—前410）
㉗穆公显（前409—前377）
㉘共公奋（前376—前355）
㉙康公屯（前354—前346）
㉚景公匽（前345—前317）
㉛平公叔（前316—前297）
㉜文公贾（前296—前274）
㉝顷公雠（前273—前249）

齐（公元前1046—前379年）

①太公望
②丁公吕伋
③乙公得
④癸公慈母
⑤哀公不辰
⑥胡公静
⑦献公山（前859—前851）
⑧武公寿（前850—前825）
⑨厉公无忌（前824—前816）
⑩文公赤（前815—前804）
⑪成公说（前803—前795）
⑫庄公购（前794—前731）
⑬釐（僖）公禄父（前730—前698）
⑭襄公诸儿（前697—前686）
⑮桓公小白（前685—前643）
⑯孝公昭（前642—前633）
⑰昭公潘（前632—前613）
⑱懿公商人（前612—前609）
⑲惠公元（前608—前599）
⑳顷公无野（前598—前582）
㉑灵公环（前581—前554）
㉒庄公光（前553—前548）
㉓景公杵臼（前547—前490）
㉔晏孺子（前489）
㉕悼公阳生（前488—前485）
㉖简公壬（前484—前481）
㉗平公骜（前480—前456）
㉘宣公积（前455—前405）

㉙康公贷(前 404—前 379)

田齐(公元前 410—前 221 年)

①悼子(前 410—前 405)
②和子(前 404—前 384)
③齐侯剡(前 383—前 375)
④桓公午(前 374—前 357)
⑤威王因齐(前 356—前 320)
⑥宣王辟疆(前 319—前 301)
⑦湣王地(前 300—前 284)
⑧襄王法章(前 283—前 265)
⑨齐王建(前 264—前 221)

晋(公元前 11 世纪—前 369 年)

①唐叔虞
②晋侯燮
③武侯宁族
④成侯服人
⑤厉侯福
⑥靖侯宜臼(前 858—前 841)
⑦鳌(僖)侯司徒(前 840—前 823)
⑧献侯籍(前 822—前 812)
⑨穆侯弗生(前 811—前 785)
⑩殇叔(前 784—前 781)
⑪文侯仇(前 780—前 746)
⑫昭侯伯(前 745—前 740)
⑬孝侯平(前 739—前 724)
⑭鄂侯郤(前 723—前 718)
⑮哀侯光(前 717—前 710)
⑯小子侯(前 709—前 707)
⑰晋侯湣(前 706—前 679)
⑱武公称(前 678—前 677)
⑲献公诡诸(前 676—前 651)
⑳惠公夷吾(前 650—前 637)
㉑怀公圉(前 636)
㉒文公重耳(前 636—前 628)
㉓襄公驩(前 627—前 621)
㉔灵公夷皋(前 620—前 607)
㉕成公黑臀(前 606—前 600)
㉖景公据(前 599—前 581)
㉗厉公寿曼(前 580—前 573)
㉘悼公周(前 572—前 558)
㉙平公彪(前 557—前 532)
㉚昭公夷(前 531—前 526)
㉛顷公去疾(前 525—前 512)
㉜定公午(前 511—前 475)
㉝出公错(前 474—前 452)
㉞敬公(前 451—前 434)
㉟幽公柳(前 433—前 416)
㊱烈公止(前 415—前 389)
㊲桓公(前 388—前 369)

赵(公元前 475—前 222 年)

①襄子毋邺(前 475—前 425)
②桓子(前 424)
③献侯浣(前 423—前 409)
④烈侯籍(前 408—前 387)
⑤敬侯章(前 386—前 375)
⑥成侯种(前 374—前 350)
⑦肃侯緤(前 349—前 326)
⑧武灵王雍(前 325—前 299)

⑨惠文王何（前298—前266）
⑩孝成王丹（前265—前245）
⑪悼襄王偃（前244—前236）
⑫幽穆王迁（前235—前228）
⑬代王嘉（前227—前222）

魏（公元前445—前225年）

①文侯斯（前445—前396）
②武侯击（前395—前370）
③惠王罃（前369—前319）
④襄王嗣（前318—前296）
⑤昭王遬（前295—前277）
⑥安釐王圉（前276—前243）
⑦景湣王增（前242—前228）
⑧魏王假（前227—前225）

韩（公元前424—前230年）

①武子启章（前424—前409）
②景侯虔（前408—前400）
③烈侯取（前399—前387）
④文侯（前386—前377）
⑤哀侯（前376—前375）
⑥懿侯若山（前374—前363）
⑦昭侯（前362—前333）
⑧宣惠王（前332—前312）
⑨襄王仓（前311—前296）
⑩釐王咎（前295—前273）
⑪桓惠王（前272—前239）
⑫韩王安（前238—前230）

燕（公元前11世纪—前222年）

①召公
②—⑨燕侯无名
⑩惠侯（前864—前827）
⑪釐侯（前826—前791）
⑫顷侯（前790—前767）
⑬哀侯（前766—前765）
⑭郑侯（前764—前729）
⑮穆侯（前728—前711）
⑯宣侯（前710—前698）
⑰桓公（前697—前691）
⑱庄公（前690—前658）
⑲襄公（前657—前618）
⑳桓公（前617—前602）
㉑宣公（前601—前587）
㉒昭公（前586—前574）
㉓武公（前573—前555）
㉔文公（前554—前549）
㉕懿公（前548—前545）
㉖惠公（前544—前536）
㉗悼公（前535—前529）
㉘共公（前528—前524）
㉙平公（前523—前505）
㉚简公（前504—前493）
㉛献公（前492—前465）
㉜孝公（前464—前455）
㉝成公（前454—前439）
㉞文公（前438—前415）
㉟简公（前414—前370）
㊱桓公（前369—前362）
㊲文公（前361—前333）

㊳易王(前 332—前 321) *
㊴燕王哙(前 320—前 312)
㊵昭王平(前 311—前 279)
㊶惠王(前 278—前 272)
㊷武成王(前 271—前 258)
㊸孝王(前 257—前 255)
㊹燕王喜(前 254—前 222)

楚(公元前 11 世纪—前 223 年)

①熊绎
②熊艾
③熊黚
④熊胜
⑤熊杨
⑥熊渠
⑦熊挚
⑧熊延
⑨熊勇(前 847—前 838)
⑩熊严(前 837—前 828)
⑪熊霜(前 827—前 822)
⑫熊徇(前 821—前 800)
⑬熊鄂(前 799—前 791)
⑭若敖(熊仪)(前 790—前 764)
⑮霄敖(熊坎)(前 763—前 758)
⑯蚡冒(熊眴)(前 757—前 741)
⑰武王通(前 740—前 690)
⑱文王赀(前 689—前 677)
⑲堵敖囏(前 676—前 672)
⑳成王恽(前 671—前 626)
㉑穆王商臣(前 625—前 614)
㉒庄王侣(前 613—前 591)
㉓共公审(前 590—前 560)
㉔康王昭(前 559—前 545)
㉕郏敖(前 544—前 541)
㉖灵王围(前 540—前 529)
㉗平王居(前 528—前 516)
㉘昭王珍(前 515—前 489)
㉙惠王章(前 488—前 432)
㉚简王仲(前 431—前 408)
㉛声王当(前 407—前 402)
㉜悼王疑(前 401—前 381)
㉝肃王臧(前 380—前 370)
㉞宣王良夫(前 369—前 340)
㉟威王商(前 339—前 329)
㊱怀王槐(前 328—前 299)
㊲顷襄王横(前 298—前 263)
㊳考烈王熊元(前 262—前 238)
㊴幽王悍(前 237—前 228)
㊵哀王犹(前 227)
㊶楚王负刍(前 227—前 223)

郑(公元前 806—前 375 年)

①桓公友(前 806—前 771)
②武公掘突(前 770—前 744)
③庄公寤生(前 743—前 701)
④昭君忽(前 700)

* 自文公至易王纪年,《史记·燕世家》《六国年表》与《竹书纪年》记载有矛盾,今从全注全译《史记·六国年表》注。

⑤厉公突（前700—前697）
⑥昭公忽（前696—前695）
⑦子亹（前694）
⑧子婴（前693—前680）
⑨厉公突（前679—前673）
⑩文公捷（前672—前628）
⑪穆公兰（前627—前605）
⑫灵公夷（前604）
⑬襄公坚（前604—前587）
⑭悼公濆（前586—前585）
⑮成公睔（前584—前571）
⑯釐（僖）公恽（前570—前566）
⑰简公嘉（前565—前530）
⑱定公宁（前529—前514）
⑲献公虿（前513—前501）
⑳声公胜（前500—前463）
㉑哀公易（前462—前455）
㉒共公丑（前454—前424）
㉓幽公巳（前423）
㉔繻公骀（前422—前396）
㉕康公乙（前395—前375）

宋（公元前11世纪—前286年）

①微子启
②微仲
③宋公稽
④丁公申
⑤湣公共
⑥炀公熙
⑦厉公鲋祀
⑧釐公举（前858—前831）
⑨惠公𣊬（前830—前800）
⑩哀公（前800）
⑪戴公（前799—前766）
⑫武公司空（前765—前748）
⑬宣公力（前747—前729）
⑭穆公和（前728—前720）
⑮殇公与夷（前719—前711）
⑯宣公冯（前710—前692）
⑰湣公捷（前691—前682）
⑱桓公御说（前681—前651）
⑲襄公兹父（前650—前637）
⑳成公王臣（前636—前620）
㉑昭公杵臼（前619—前611）
㉒文公鲍（前610—前589）
㉓共公瑕（前588—前576）
㉔平公成（前575—前532）
㉕元公佐（前531—前517）
㉖景公头曼（前516—前451）
㉗昭公特（前450—前404）
㉘悼公购由（前403—前396）
㉙休公田（前395—前373）
㉚辟公辟兵（前372—前370）
㉛剔成（前369—前329）
㉜宋君偃（前328—前286）

卫（公元前11世纪—前209年）

①康叔
②康伯
③考伯
④嗣伯
⑤疐伯

⑥靖伯
⑦贞伯
⑧顷侯(前 866—前 855)
⑨釐侯(前 854—前 813)
⑩共伯余(前 812)
⑪武公和(前 812—前 758)
⑫庄公杨(前 757—前 735)
⑬桓公完(前 734—前 719)
⑭宣公晋(前 718—前 700)
⑮惠公朔(前 699—前 697)
⑯黔牟(前 696—前 687)
⑮惠公朔复位(前 686—前 669)
⑰懿公赤(前 668—前 661)
⑱戴公申(前 660)
⑲文公燬(前 659—前 635)
⑳成公郑(前 634—前 600)
㉑穆公遫(前 599—前 589)
㉒定公臧(前 588—前 577)
㉓献公衎(前 576—前 559)
㉔殇公狄(前 558—前 547)
㉓献公衎(复位)(前 546—前 544)
㉕襄公恶(前 543—前 535)
㉖灵公元(前 534—前 493)
㉗出公辄(前 492—前 481)
㉘庄公蒯聩(前 480—前 478)
㉙卫君起(前 477)
㉗出公辄后元(前 476—前 456)
㉚悼公黔(前 455—前 451)
㉛敬公弗(前 450—前 432)
㉜昭公纠(前 431—前 426)
㉝怀公亹(前 425—前 415)
㉞慎公颓(前 414—前 373)
㉟声公训(前 372—前 362)
㊱成侯遬(前 361—前 333)
㊲平侯(前 332—前 325)
㊳嗣君(前 324—前 283)
㊴怀君(前 282—前 252)
㊵元君(前 251—前 230)
㊶君角(前 229—前 209)

曹(公元前 11 世纪—前 487 年)

①叔振铎
②太伯
③仲君平
④宫伯侯
⑤孝伯云
⑥夷伯喜(前 864—前 835)
⑦幽伯彊(前 834—前 826)
⑧戴伯鲜(前 825—前 796)
⑨惠伯雉(前 795—前 760)
⑩石甫(前 759)
⑪穆公武(前 759—前 757)
⑫桓公终生(前 756—前 702)
⑬庄公射姑(前 701—前 671)
⑭釐公夷(前 670—前 662)
⑮昭公斑(前 661—前 653)
⑯共公襄(前 652—前 618)
⑰文公寿(前 617—前 595)
⑱宣公庐(前 594—前 578)
⑲成公负刍(前 577—前 555)
⑳武公胜(前 554—前 528)
㉑平公须(前 527—前 524)

㉒悼公午（前523—前515）
㉓襄公野（前514—前510）
㉔隐公通（前509—前506）
㉕靖公路（前505—前502）
㉖伯阳（前501—前487）

陈（公元前11世纪—前479年）

①胡公满
②申公犀侯
③相公皋羊
④孝公突
⑤慎公圉戎
⑥幽公宁（前854—前832）
⑦釐公孝（前831—前796）
⑧武公灵（前795—前781）
⑨夷公说（前780—前778）
⑩平公燮（前777—前755）
⑪文公圉（前754—前745）
⑫桓公鲍（前744—前707）
⑬厉公他（前706—前700）
⑭利公跃（前699）
⑮庄公林（前699—前693）
⑯宣公杵臼（前692—前648）
⑰穆公款（前647—前632）
⑱共公朔（前631—前614）
⑲灵公平国（前613—前599）
⑳成公午（前598—前569）
㉑哀公弱（前568—前534）
㉒惠公吴（前533—前506）
㉓怀公柳（前505—前502）
㉔湣公越（前501—前479）

蔡（公元前11世纪—前447年）

①叔度
②仲胡
③伯荒
④宫侯
⑤厉侯
⑥武侯（前863—前838）
⑦夷侯（前837—前810）
⑧釐侯所事（前809—前762）
⑨共侯兴（前761—前760）
⑩戴侯（前759—前750）
⑪宣侯考父（前749—前715）
⑫桓侯封人（前714—前695）
⑬哀侯献舞（前694—前675）
⑭穆侯肸（前674—前646）
⑮庄侯甲午（前645—前612）
⑯文侯申（前611—前592）
⑰景侯固（前591—前543）
⑱灵侯班（前542—前531）
⑲平侯庐（前530—前522）
⑳悼侯东国（前521—前519）
㉑昭侯申（前518—前491）
㉒成侯朔（前490—前472）
㉓声侯产（前471—前457）
㉔元侯（前456—前451）
㉕蔡侯齐（前450—前447）

杞（公元前11世纪—前445年）

①东楼公
②西楼公

③题公
④谋娶公
⑤武公（前 750—前 704）
⑥靖公（前 703—前 681）
⑦共公（前 680—前 673）
⑧惠公（前 672—前 655）
⑨成公（前 654—前 637）
⑩桓公姑容（前 636—前 567）
⑪孝公匄（前 566—前 550）
⑫文公益姑（前 549—前 536）
⑬平公郁（前 535—前 518）
⑭悼公成（前 517—前 506）
⑮隐公乞（前 505）
⑯釐公遂（前 505—前 487）
⑰湣公维（前 486—前 471）
⑱哀公阏路（前 470—前 461）
⑲出公敕（前 460—前 449）
⑳简公春（前 448—前 445）

许（公元前 712—前 482）

①穆公姜新臣（前 712—前 656）
②僖公业（前 655—前 622）
③昭公锡我（前 621—前 592）
④灵公宁（前 591—前 547）
⑤悼公买（前 546—前 523）
⑥男斯（前 522—前 504）
⑦元公成（前 503—前 482）

邾（邹）（公元前 722—前 469 年）

①仪父克（前 722—前 678）
②邾子琐（前 677—前 666）
③文公蘧篨（前 665—前 614）
④定公貜且（前 613—前 574）
⑤宣公牼（前 573—前 556）
⑥悼公华（前 555—前 541）
⑦庄公穿（前 540—前 507）
⑧隐公益（前 506—前 488）
⑨桓公革（前 487—前 473）
⑩隐公益（前 472—前 471）
⑪公子何（前 470—前 469）

滕（公元前 715—前 484 年）

①宣公婴齐（前 715—前 641）
②昭公（前 640—前 600）
③文公（前 599—前 575）
④成公原（前 574—前 539）
⑤悼公宁（前 538—前 514）
⑥顷公结（前 513—前 491）
⑦隐公虞母（前 490—前 484）

莒（公元前 608—前 481 年）

①渠丘公朱（前 608—前 577）
②黎比公密州（前 576—前 542）
③展舆（前 541）
④著丘公去疾（前 540—前 528）
⑤郊公狂（前 527）
⑥共公庚舆（前 527—前 519）
⑤郊公狂（前 518—前 481）

薛（公元前 578—前 481 年）

①献公穀（前 578—前 511）

②襄公定（前 510—前 498）
③比君（前 497）
④惠公夷（前 496—前 481）

吴（公元前 11 世纪—前 473 年）

①周章（19 传至寿梦始显）
⑲寿梦（前 585—前 561）
⑳诸樊（前 560—前 548）
㉑馀祭（前 547—前 531）
㉒馀眛（前 530—前 527）
㉓僚（前 526—前 515）
㉔阖闾（前 514—前 496）
㉕夫差（前 495—前 473）

越（公元前 510—前 334 年）

①允常（前 510—前 497）
②勾践（前 496—前 465）
③鹿郢（前 464—前 459）
④不寿（前 458—前 449）
⑤朱勾（前 448—前 412）
⑥王翳（前 411—前 376）
⑦孚错枝（前 375）
⑧无余之（前 374—前 363）
⑨无颛（前 362—前 355）
⑩无疆（前 354—前 334）

秦（公元前 857—前 221 年）

①非子
②秦侯（前 857—前 848）
③公伯（前 847—前 845）
④秦仲（前 844—前 822）
⑤庄公（前 821—前 778）
⑥襄公（前 777—前 766）
⑦文公（前 765—前 716）
⑧宁公（前 715—前 704）
⑨出公出子（前 703—前 698）
⑩武公（前 697—前 678）
⑪德公（前 677—前 676）
⑫宣公（前 675—前 664）
⑬成公（前 663—前 660）
⑭穆公任好（前 659—前 621）
⑮康公罃（前 620—前 609）
⑯共公和（前 608—前 604）
⑰桓公（前 603—前 577）
⑱景公（前 576—前 537）
⑲哀公（前 536—前 501）
⑳惠公（前 500—前 491）
㉑悼公（前 490—前 477）
㉒厉共公（前 476—前 443）
㉓躁公（前 442—前 429）
㉔怀公（前 428—前 425）
㉕灵公（前 424—前 415）
㉖简公悼子（前 414—前 406）
㉗敬公（前 405—前 394）
㉘惠公（前 393—前 387）
㉙出公（前 386—前 385）
㉚献公（前 384—前 362）
㉛孝公渠梁（前 361—前 338）
㉜惠文王（前 337—前 311）
㉝武王荡（前 310—前 307）
㉞昭襄王（前 306—前 251）

㉟孝文王（前 250）
㊱庄襄王楚（前 249—前 247）
㊲秦王政（前 246—前 221）

秦　汉

秦（前 221—前 207）

①始皇帝嬴政（前 221—前 210）
②二世嬴胡亥（前 209—前 207）
③三世嬴子婴（前 206）

张楚陈胜（前 209—前 208）
楚怀王熊心（前 208—前 207）
义帝熊心（前 206）
楚霸王项羽（前 206—前 202）

汉（前 206—后 8）

①汉高祖刘邦（前 206—前 195）
②惠帝刘盈（前 194—前 188）
③高后吕雉（前 187—前 180）
④文帝刘恒（前 179—前 157）
⑤景帝刘启（前 156—前 141）
⑥武帝刘彻（前 140—前 87）
　建元（前 140—前 135）
　元光（前 134—前 129）
　元朔（前 128—前 123）
　元狩（前 122—前 117）
　元鼎（前 116—前 111）
　元封（前 110—前 105）
　太初（前 104—前 101）
　天汉（前 100—前 97）
　太始（前 96—前 93）
　征（延）和（前 92—前 89）
　后元（前 88—前 87）
⑦昭帝刘弗陵（前 86—前 74）
　始元（前 86—前 81）
　元凤（前 80—前 75）
　元平（前 74）
⑧宣帝刘询（前 73—前 49）
　本始（前 73—前 70）
　地节（前 69—前 66）
　元康（前 65—前 62）
　神爵（前 61—前 58）
　五凤（前 57—前 54）
　甘露（前 53—前 50）
　黄龙（前 49）
⑨元帝刘奭（前 48—前 33）
　初元（前 48—前 44）
　永光（前 43—前 39）
　建昭（前 38—前 34）
　竟宁（前 33）
⑩成帝刘骜（前 32—前 7）
　建始（前 32—前 29）
　河平（前 28—前 25）
　阳朔（前 24—前 21）
　鸿嘉（前 20—前 17）
　永始（前 16—前 13）
　元延（前 12—前 9）
　绥和（前 8—前 7）
⑪哀帝刘欣（前 6—前 1）
　建平（前 6）
　太初元将（前 5）

建平（前5—前3）
元寿（前2—前1）
⑫平帝刘衎（1—5）
元始（1—5）
⑬孺子刘婴（6—8）
居摄（6—8）
初始（8）

新（9—23）

王莽（9—23）
始建国（9—13）
天凤（14—19）
地皇（20—23）

汉淮阳王刘玄（23—25）
更始（23—25）
隗嚣（23—32）
复汉（汉复）（23—32）
隗纯（33—34）
公孙述（25—36）
龙兴（25—36）
刘盆子（25—27）
建世（25—27）

东汉（25—220）

①光武帝刘秀（25—57）
建武（25—55）
中元（56—57）
②明帝刘庄（58—75）
永平（58—75）
③章帝刘炟（76—88）
建初（76—83）
元和（84—86）
章和（87—88）
④和帝刘肇（89—105）
永元（89—104）
元兴（105）
⑤殇帝刘隆（106）
延平（106）
⑥安帝刘祜（107—125）
永初（107—113）
元初（114—119）
永宁（120）
建光（121）
延光（122—125）
⑦少帝刘懿（125）
延光（125）
⑧顺帝刘保（126—144）
永建（126—131）
阳嘉（132—135）
永和（136—141）
汉安（142—143）
建康（144）
⑨冲帝刘炳（145）
永憙（嘉）（145）
⑩质帝刘缵（146）
本初（146）
⑪桓帝刘志（147—167）
建和（147—149）
和平（150）
元嘉（151—152）
永兴（153—154）

永寿(155—157)

延熹(158—166)

永康(167)

⑫灵帝刘宏(168—188)

建宁(168—171)

熹平(172—177)

光和(178—183)

中平(184—188)

⑬少帝刘辩(189)

光熹(189)

昭宁(189)

⑭献帝刘协(189—220)

永汉(189)

中平(189)

初平(190—193)

兴平(194—195)

建安(196—219)

延康(220)

匈奴(前 209—后 48 年南北分裂)

①单于冒顿(前 209—前 174)

②单于稽粥(前 173—前 161)

③单于军臣(前 160—前 126)

④单于伊稚斜(前 125—前 114)

⑤单于乌维(前 113—前 105)

⑥儿单于乌(詹)师庐(前 104—前 102)

⑦单于句犁湖(前 101)

⑧单于且鞮侯(前 100—前 96)

⑨单于狐鹿姑(前 95—前 85)

⑩单于壶衍鞮(前 84—前 68)

⑪单于虚闾权渠阏(前 67—前 60)

⑫单于握衍朐鞮屠耆堂(前 59—前 58)

⑬单于呼韩邪(前 57—前 30)

⑭单于复株累若鞮(前 29—前 20)

⑮单于搜谐若鞮(前 19—前 12)

⑯单于车牙若鞮(前 11—前 8)

⑰单于乌珠留若鞮(前 7—13)

⑱单于乌留(累)若鞮(14—18)

⑲单于呼都而尸道皋若鞮(19—46)

⑳单于乌达鞮侯(47)

北匈奴(47—118)

㉑单于蒲奴(47—50?)

㉒单于优留(? —87)

㉓单于北(88—91)

㉔单于於除鞬(92—93)

㉕单于逢侯(94—118)

南匈奴(48—216)

①单于呼韩邪(即醢落尸逐鞮单于)(48—56)

②单于丘浮尤鞮(57)

③单于伊伐于虑鞮(58—59)

④单于醢僮尸逐侯鞮(60—62)

⑤单于丘除车林鞮(63)

⑥单于胡邪尸逐侯鞮(64—85)

⑦单于伊屠于闾鞮(86—88)

⑧单于休兰尸逐侯鞮(89—93)

⑨单于安国(94)

⑩单于师子（亭独尸逐鞮侯）（95—98）
⑪单于万氏尸逐鞮（99—124）
⑫单于乌稽侯尸逐鞮（125—128）
⑬单于去特若尸逐就（129—140）
⑭单于车纽（141—143）
⑮单于呼兰若尸逐就（144—147）
⑯单于伊陵尸逐就（148—172）
⑰单于屠特若尸逐就（173—178）
⑱单于呼征（179）
⑲单于羌渠（180—188）
⑳单于持至尸逐侯（189—195）
㉑单于呼厨泉（196—216）

乌孙（前 105—?）

①岑陬军须靡（前 105—前 72）
②肥王翁归靡（前 71—前 60）
③狂王泥靡（前 59—前 54）

小昆靡：

①乌就屠（前 53—前 21）
②附离（前 20）
③安日（前 20—前 12）
④末振将（前 11—?）

大昆靡：

①元贵靡（前 53—前 51）
②雌栗靡（前 50—前 11）
③伊秩靡（前 10—?）

鲜卑（156—235）

檀石槐（156—181）

小种鲜卑

轲比能（190—235）

乌桓（168—207）

上谷乌桓难楼（168—207）
辽西乌桓①丘力居（168—190）
②蹋顿（191—207）
辽东乌桓苏仆延（168—207）
右北平乌桓乌延（168—207）

烧当羌（55—131）

①滇吾（约 55—59）
②东吾（约 60—77 以前）
③迷吾（约 78—87）
④迷唐（88—101 以后）
⑤东号（89—107）
⑥麻奴（108—124）
⑦犀苦（125—131）

先零羌（108—117）

①滇零（108—112）
②零昌（113—117）

魏晋南北朝

魏（220—265）

①文帝曹丕（220—226）
黄初（220—226）
②明帝曹叡（227—239）
太和（227—232）
青龙（233—236）

景初(237—239)

③齐王曹芳(240—253)

正始(240—248)

嘉平(249—253)

④高贵乡公曹髦(254—259)

正元(254—255)

甘露(256—259)

⑤元帝曹奂(260—265)

景元(260—263)

咸熙(264—265)

公孙渊(237—238)

绍汉(237—238)

蜀汉(221—263)

①昭烈帝刘备(221—222)

章武(221—222)

②后主刘禅(223—263)

建兴(223—237)

延熙(238—257)

景耀(258—262)

炎兴(263)

吴(222—280)

①大帝孙权(222—252)

黄武(222—228)

黄龙(229—231)

嘉禾(232—237)

赤乌(238—250)

太元(251)

神凤(252)

②会稽王孙亮(252—257)

建兴(252—253)

五凤(254—255)

太平(256—257)

③景帝孙休(258—263)

永安(258—263)

④末帝孙皓(264—280)

元兴(264)

甘露(265)

宝鼎(266—268)

建衡(269—271)

凤凰(272—274)

天册(275)

天玺(276)

天纪(277—280)

西晋(265—316)

①武帝司马炎(265—290)

泰始(265—274)

咸宁(275—279)

太康(280—289)

太熙(290)

②惠帝司马衷(290—306)

永熙(290)

永平(291)

元康(291—299)

永康(300)

永宁(301)

太安(302—303)

永安(304)

建武(304)

永安(304)
永兴(304—305)
光熙(306)
③怀帝司马炽(307—311)
永嘉(307—312)
④愍帝司马邺(313—316)
建兴(313—316)

赵厥(300—302)
太平(302)
司马伦(301)
建始(301)
刘尼(303)
神凤(303)

东晋(317—420)

①元帝司马睿(317—322)
建武(317)
大(太)兴(318—321)
永昌(322)
②明帝司马绍(323—325)
太宁(323—325)
③成帝司马衍(326—342)
咸和(326—334)
咸康(335—342)
④康帝司马岳(343—344)
建元(343—344)
⑤穆帝司马聃(345—361)
永和(345—356)
升平(357—361)
⑥哀帝司马丕(362—365)
隆和(362)
兴宁(363—365)
⑦废帝司马奕(366—370)
太和(366—370)
⑧简文帝司马昱(371—372)
咸安(371—372)
⑨孝武帝司马曜(373—396)
宁康(373—375)
太元(376—396)
⑩安帝司马德宗(397—418)
隆安(397—401)
元兴(402)
大亨(402)
元兴(403—404)
义熙(405—418)
⑪恭帝司马德文(419—420)
元熙(419—420)

司马保(319—320)
建康(320)

李弘(370)
凤凰(370)

桓玄(403—404)
永始(403—404)

宋(420—479)

①武帝刘裕(420—422)
永初(420—422)
②少帝刘义符(423)
景平(423)

③文帝刘义隆(424—453)

元嘉(424—453)

④孝武帝刘骏(454—464)

孝建(454—456)

大明(457—464)

⑤前废帝刘子业(465)

永光(465)

景和(465)

⑥明帝刘彧(465—472)

泰始(465—471)

泰豫(472)

⑦后废帝刘昱(473—476)

元徽(473—476)

⑧顺帝刘凖(477—479)

昇明(477—479)

程道养(432—437)

泰始(432—437)

南齐(479—502)

①高帝萧道成(479—482)

建元(479—482)

②武帝萧赜(483—493)

永明(483—493)

③郁林王萧昭业(494)

隆昌(494)

④海陵王萧昭文(494)

延兴(494)

⑤明帝萧鸾(494—498)

建武(494—497)

永泰(498)

⑥东昏侯萧宝卷(499—500)

永元(499—500)

⑦和帝萧宝融(501—502)

中兴(501—502)

唐遇之(486)

兴平(486)

雍道晞(500)

建义(500)

梁(502—557)

①武帝萧衍(502—549)

天监(502—519)

普通(520—526)

大通(527—528)

中大通(529—534)

大同(535—545)

中大同(546)

太清(547—549)

②简文帝萧纲(550)

大宝(550)

③豫章王萧栋(551)

天正(551)

④武陵王萧纪(552)

天正(552—553)

⑤元帝萧绎(553—554)

承圣(553—554)

⑥贞阳侯萧渊明(555)

天成(555)

⑦敬帝萧方智(555—557)

绍泰(555)

太平(556—557)

鲜于琛(535)

上愿(535)

后梁(555—587)

①宣帝萧詧(555—561)

大定(555—561)

②明帝萧岿(562—585)

天保(562—585)

③萧琮(586—587)

广运(586—587)

陈(557—589)

①武帝陈霸先(557—559)

永定(557—559)

②文帝陈蒨(560—566)

天嘉(560—565)

天康(566)

③废帝陈伯宗(567—568)

光大(567—568)

④宣帝陈顼(569—582)

太建(569—582)

⑤后主陈叔宝(583—589)

至德(583—586)

祯明(587—589)

成(汉)(303—347)

①李特(303)

建初(303)

②李流(303)

③李雄(303—334)

建兴(304—305)

晏平(306—310)

玉衡(311—334)

④李班(334)

⑤李期(335—337)

玉恒(335—337)

⑥李寿(338—343)

汉兴(338—343)

⑦李势(344—347)

太和(344—345)

嘉宁(346—347)

汉(前赵)(304—329)

①刘渊(304—309)

元熙(304—307)

永凤(308)

河瑞(309)

②刘聪(310—317)

光兴(310)

嘉平(311—314)

建元(315)

麟嘉(316—317)

③刘粲(318)

汉昌(318)

④刘曜(318—329)

光初(318—329)

句渠知(320)

平赵(320)

后赵(319—351)

①石勒(319—333)

太和(328—329)

建平(330—333)

②石弘(334)

延熙(334)

③石虎(335—349)

建武(335—348)

太宁(349)

④石世(349)

⑤石遵(349)

⑥石鉴(350)

青龙(350)

⑦石祇(350—351)

永宁(350—351)

冉魏(350—352)

冉闵

永兴(350—352)

前燕(334—370)

①慕容皝(334—348)

②慕容儁(349—359)

燕元丰(349—351)

元玺(352—356)

光寿(357—359)

③慕容暐(360—370)

建熙(360—370)

后燕(384—407)

①慕容垂(384—395)

燕元(384—385)

建兴(386—395)

②慕容宝(396—397)

永康(396—397)

③慕容盛(398—400)

建平(398)

长乐(399—400)

④慕容熙(401—407)

光始(401—406)

建始(407)

西燕(384—394)

①慕容泓(384)

燕兴(384)

②慕容冲(385)

更始(385)

③段随(386)

昌平(386)

④慕容颛(386)

建明(386)

⑤慕容瑶(386)

建平(386)

⑥慕容忠(386)

建武(386)

⑦慕容永(386—394)

中兴(386—394)

北燕(407—436)

①高云(407—409)

正始(407—409)

②冯跋（409—430）
　　太平（409—430）
③冯弘（431—436）
　　太兴（431—436）

南燕（398—410）

①慕容德（398—404）
　　燕元年（398—399）
　　建平（400—404）
②慕容超（405—410）
　　太上（405—410）

段部鲜卑（318—356）

①段末柸（318—324）
②段牙（325）
③段辽（326—339）
④段兰（343—349）
⑤段龛（350—356）

宇文鲜卑（333—344）

①宇文逸豆归（333—344）

吐谷浑（329—700）

①叶延（329—351）
②碎奚（352—371）
③视连（372—390）
④视罴（391—400）
⑤乌纥堤（401—405）
⑥武王树洛干（406—417）
⑦威王阿柴（418—424）
⑧惠王慕瓒（425—436）
⑨慕利延（437—452）
⑩拾寅（453—481）
⑪易度侯（482—490）
⑫伏连筹（491—约540）
⑬夸吕可汗（约541—591）
（余载唐代）

前秦（350—394）

①苻洪（350）
②苻健（351—354）
　　皇始（351—354）
③苻生（355—356）
　　寿光（355—356）
④苻坚（357—384）
　　永兴（357—358）
　　甘露（359—364）
　　建元（365—384）
⑤苻丕（385）
　　太安（385）
⑥苻登（386—393）
　　太初（386—393）
⑦苻崇（394）
　　延初（394）

后秦（384—417）

①姚苌（384—393）
　　白雀（384—385）
　　建初（386—393）
②姚兴（394—415）

皇初(394—398)

弘始(399—415)

③姚泓(416—417)

永和(416—417)

西秦(385—431)

①乞伏国仁(385—387)

建义(385—387)

②乞伏乾归(388—411)

太初(388—400)

更始(409—411)

③乞伏炽磐(412—427)

永康(412—419)

建弘(420—427)

④乞伏暮末(428—431)

永弘(428—431)

拓跋鲜卑(220—337 建“代”以前)

①拓跋力微(220—277)

②拓跋悉鹿(278—286)

③拓跋绰(287—293)

④拓跋弗(294)

⑤拓跋禄官(295—307)

⑥拓跋猗卢(308—316)

⑦拓跋郁律(317—321)

⑧拓跋贺傉(322—325)

⑨拓跋纥那(326—328)

⑩拓跋翳槐(329—337)

代(338—376)

①拓跋什翼犍(338—376)

建国(338—376)

前凉(301—376)

①张轨(301—313)

②张寔(314—319)

永安(314—319)

③张茂(320—323)

永元(320—323)

④张骏(324—345)

太元(324—345)

⑤张重华(346—352)

建兴(346—353)

⑥张祚(354)

和平(354)

⑦张玄靓(355—362)

建兴(355—362)

⑧张天锡(363—376)

太清(363—376)

后凉(386—403)

①吕光(386—399)

太安(386—388)

麟嘉(389—395)

龙飞(396—398)

承康(399)

②吕绍(399)

③吕纂(399—400)

咸宁(399—400)

④吕隆(401—403)

神鼎(401—403)

夏(407—431)

①赫连勃勃(407—424)

龙昇(407—412)

凤翔(413—417)

昌武(418)

真兴(419—424)

②赫连昌(425—427)

承光(425—427)

③赫连定(428—431)

胜光(428—431)

西凉(400—421)

①李暠(400—416)

庚子(400—404)

建初(405—416)

②李歆(417—420)

嘉兴(417—419)

③李恂(420—421)

永建(420—421)

北凉(397—460)

①段业(397—400)

神玺(397—398)

天玺(399—400)

②沮渠蒙逊(401—432)

永安(401—411)

玄始(412—427)

承玄(428—430)

义和(431—432)

③沮渠牧犍(433—439)

永和(433—439)

④沮渠无讳(443)

承平(443)

⑤沮渠安周(444—460)

承平(444—460)

南凉(397—414)

①秃发乌孤(397—399)

太初(397—399)

②秃发利鹿孤(400—401)

建和(400—401)

③秃发傉檀(402—414)

弘昌(402—404)

嘉平(408—414)

④白亚栗斯、刘虎(415—416)

翟魏(330—393)

①翟斌(330—384)

②翟真(385)

③翟成(386)

④翟辽(386—390)

建光(388—390)

⑤翟钊(391—393)

定鼎(391—393)

北魏(386—534)

①太祖道武帝拓跋珪(386—408)

登国(386—395)

皇始(396—397)

天兴(398—403)

天赐(404—408)

②太宗明元帝拓跋嗣(409—423)

永兴(409—413)

神瑞(414—415)

泰常(416—423)

③世祖太武帝拓跋焘(424—451)

始光(424—427)

神䴥(428—431)

延和(432—434)

太延(435—439)

太平真君(440—450)

正平(451)

④南安王拓跋余(452)

承平(452)

⑤高宗文成帝拓跋濬(452—465)

兴安(452—453)

兴光(454)

太安(455—459)

和平(460—465)

⑥显祖献文帝拓跋弘(466—470)

天安(466)

皇兴(467—470)

⑦高祖孝文帝元宏(471—499)

延兴(471—475)

承明(476)

太和(477—499)

⑧宣武帝元恪(500—515)

景明(500—503)

正始(504—507)

永平(508—511)

延昌(512—515)

⑨肃宗孝明帝元诩(516—528)

熙平(516—517)

神龟(518—519)

正光(520—524)

孝昌(525—527)

武泰(528)

⑩敬宗孝庄帝元子攸(528—529)

建义(528)

永安(528—529)

⑪东海王(长广王)元晔(530)

建明(530)

⑫节闵帝(广陵王)元恭(531)

普泰(531)

⑬安定王元朗(531)

中兴(531)

⑭孝武帝(出帝)元修(532—534)

太昌(532)

永兴(532)

永熙(532—534)

西魏(535—556)

①文帝元宝炬(535—551)

大统(535—551)

②废帝元钦(552—553)

③恭帝拓跋廓(554—556)

东魏(534—550)

孝静帝元善见(534—550)

天平(534—537)

元象(538)

兴和(539—542)

武定(543—550)

北齐(550—577)

①文宣帝高洋(550—559)

天保(550—559)

②废帝高殷(560)

乾明(560)

③孝昭帝高演(560)

皇建(560)

④武成帝高湛(561—564)

大(太)宁(561)

河清(562—564)

⑤后主高纬(565—576)

天统(565—569)

武平(570—575)

隆化(576)

⑥幼主高恒(577)

承光(577)

北周(557—581)

①孝闵帝宇文觉(557)

②世宗孝明帝宇文毓(557—560)

武成(559—560)

③高祖武帝宇文邕(561—578)

保定(561—565)

天和(566—571)

建德(572—577)

宣政(578)

④宣帝宇文赟(579)

大成(579)

⑤静帝宇文阐(579—581)

大象(579—580)

大定(581)

柔然(464—520)

①受罗部真可汗(464—484)

永康(464—484)

②伏名敦可汗(485—491)

太平(485—491)

③侯其伏代库者可汗(492—505)

太安(492—505)

④佗汗可汗伏图(506—507)

始平(506—507)

⑤豆罗伏跋豆伐可汗(508—520)

建昌(508—520)

高昌(497—640)

①麴嘉(497—523)

②麴光(524—530)

③麴坚(531—548)

章和(531—548)

④麴元喜(549—约550)

永平(549—550)

⑤麴口(551—约554)

和平(551—554)

⑥麴宝茂(约555—560)

建昌(555—560)

⑦麴乾固(561—601)

延昌(561—601)

⑧麹伯雅(602—613)

延和(602—613)

⑨麹□(614—619)

义和(614—619)

⑩麹伯雅(620—623)

重光(620—623)

⑪麹文泰(624—640)

延寿(624—640)

⑫麹智盛(640)

氐王—仇池公(296—506)

①杨茂搜(296—317)

②杨难敌(318—334)

③杨毅(335—337)

④杨初(338—355)

⑤杨国(356)

⑥杨俊(357—360)

⑦杨世(361—370)

⑧杨纂(371)

⑨杨定(385—394)

⑩杨盛(395—425)

⑪杨玄(426—429)

⑫杨保宗(429)

⑬杨难当(430—442)

⑭杨保炽(442)

⑮杨文德(443—450)

⑯杨元和(455—465)

⑰杨僧嗣(466—473)

⑱杨文度(474—477)

⑲杨文弘(478—482)

⑳杨后起(483—486)

㉑杨集始(487—503)

㉒杨绍先(504—506)

隋　唐

隋(581—619)

①文帝杨坚(581—604)

开皇(581—600)

仁寿(601—604)

②炀帝杨广(605—617)

大业(605—617)

③恭帝杨侑(617—618)

义宁(617—618)

④越王杨侗(618—619)

皇泰(618—619)

向海明(613)

白乌(613)

刘迦论(614)

大世(614)

操师乞(616)

始兴(616)

林士弘(616—622)

太平(616—622)

窦建德(617—621)

丁丑(617)

五凤(618—621)

刘黑闼(622—623)

天造(622—623)

李密(617—618)

永平(617—618)

刘武周(617—620)

天兴(617—620)
梁师都(617—628)
永隆(617—628)
郭子和(617—618)
丑平(617—618)
薛举(617—618)
秦兴(617—618)
薛仁杲(618)
秦兴(618)
萧铣(617—621)
鸣凤(617—621)
朱粲(615—619)
昌达(618—619)
宇文化及(618—619)
天寿(618—619)
李轨(618—619)
安乐(618—619)
高开道(618—624)
始兴(618—624)
王世充(619—621)
开明(619—621)
李子通(619—621)
明政(619—621)
辅公祏(623—624)
天明(623—624)

唐(618—689)

①高祖李渊(618—626)
武德(618—626)
②太宗李世民(627—649)
贞观(627—649)
③高宗李治(650—683)
永徽(650—655)
显庆(656—660)
龙朔(661—663)
麟德(664—665)
乾封(666—667)
总章(668—669)
咸亨(670—673)
上元(674—675)
仪凤(676—678)
调露(679)
永隆(680)
开耀(681)
永淳(682)
弘道(683)
④中宗李显(684)
嗣圣(684)
⑤睿宗李旦(684)
文明(684)
⑥则天太后武曌(684—689)
光宅(684)
垂拱(685—688)
永昌(689)
载初(689)

周(690—705)

武则天(690—704)
天授(690—691)
如意(692)
长寿(692—693)
延载(694)

证圣(695)
天册万岁(695)
万岁登封(696)
万岁通天(696)
神功(697)
圣历(698—699)
久视(700)
大足(701)
长安(701—704)

唐(705—907)

④中宗李显(705—709)
神龙(705—706)
景龙(707—709)
⑦少帝李重茂(710)
唐隆(710)
⑤睿宗李旦(710—712)
景云(710—711)
太极(712)
延和(712)
⑧玄宗李隆基(712—755)
先天(712)
开元(713—741)
天宝(742—755)
⑨肃宗李亨(756—762)
至德(756—757)
乾元(758—759)
上元(760—761)
宝应(762)
⑩代宗李豫(763—779)
广德(763—764)
永泰(765)
大历(766—779)
⑪德宗李适(780—804)
建中(780—783)
兴元(784)
贞元(785—804)
⑫顺宗李诵(805)
永贞(805)
⑬宪宗李纯(806—820)
元和(806—820)
⑭穆宗李恒(821—824)
长庆(821—824)
⑮敬宗李湛(825—826)
宝历(825—826)
⑯文宗李昂(827—840)
大(太)和(827—835)
开成(836—840)
⑰武宗李炎(841—846)
会昌(841—846)
⑱宣宗李忱(847—859)
大中(847—859)
⑲懿宗李漼(860—873)
咸通(860—873)
⑳僖宗李儇(874—888)
乾符(874—879)
广明(880)
中和(881—884)
光启(885—887)
文德(888)
㉑昭宗李晔(889—904)
龙纪(889)

大顺(890—891)
景福(892—893)
乾宁(894—897)
光化(898—900)
天复(901—903)
天祐(904)
㉒哀帝李柷(905—907)

安禄山(756)
圣武(756)
安庆绪(757—759)
载初(757)
天成(757—759)
史思明(759—760)
应天(759)
顺天(759—760)
史朝义(761—763)
显圣(761—763)
朱泚(783—784)
应天(783)
天皇(784)
李希烈(784—786)
武成(784—786)
黄巢(878—884)
王霸(878—879)
金统(880—884)
襄王李煴(886)
建贞(886)
董昌(894—896)
大圣(894)
顺天(895—896)

突厥(552—582 东西分裂)

①土门可汗(552)
②乙息可汗科罗(553)
③木杆可汗俟斤(一名燕都)(554—572)
④佗钵可汗(573—581)

东突厥(582—630)

⑤伊利可汗(即沙钵略可汗)(582—587)
⑥莫何可汗处罗侯(588)
⑦都兰可汗雍虞闾(589—599)
⑧启民可汗(600—609)
⑨始毕可汗咄吉(610—619)
⑩处罗可汗俟利弗设(620)
⑪颉利可汗咄苾(621—630)

西突厥(582—740)

①达头可汗(582—602)
步伽可汗(599年达头自立为步伽可汗)
②处罗(曷沙那)可汗(604—611)
③射匮可汗(612—619)
④统叶护可汗(620—628)
⑤乙毗钵罗肆叶护可汗咄力特勤(629—632)
⑥奚利邲咄陆可汗泥熟莫贺设(633—634)

南庭:

⑦沙钵罗咥利失可汗同娥设

（635—639）
⑧乙毗沙钵罗叶护可汗薄布特勤（640—641）
⑨兴昔亡可汗阿史那弥射（657—662）
阿史那都支可汗（671—679）
⑩兴昔亡可汗元庆（685—693）
阿史那俀子可汗（693—694）
⑪十姓可汗阿史那献（708—717）

北庭：

①乙毗咄陆可汗欲谷设（638—642）
②乙毗射匮可汗（643—651）
③沙钵罗可汗阿史那贺鲁（652—657）
④继往绝可汗阿史那步真（658—666）
⑤后继往绝可汗斛瑟罗（686—703）
竭忠事主可汗（690 年斛瑟罗改号竭忠事主可汗）
⑥十姓可汗阿史那怀道（704—739）
十姓可汗昕（740）

后突厥（682—745）

①骨咄禄可汗（682—694）
②默啜可汗（695—715）
③小可汗（拓西可汗）匐俱（716）
④毗伽可汗（小杀可汗）默棘连（717—734）
⑤伊然可汗（734）
⑥登利可汗（735—741）
⑦骨咄叶护可汗（742）
⑧乌苏米施可汗（743—744）
⑨白眉可汗鹘陇匐白眉特勤（745）

薛延陀（628—647）

①真珠毗伽可汗夷男（628—645）
②颉利俱利薛沙多弥可汗拔灼（646）
③伊特勿失可汗咄摩支（647）

回鹘（回纥）（744—848）

①骨啜禄毗伽阙可汗骨力裴罗（744—745）
②葛勒可汗磨延啜（746—759）
③登里可汗（牟羽可汗）（760—780）
④合骨咄禄毗伽可汗顿莫贺达干（781—789）
⑤忠贞可汗（790）
⑥阿啜可汗（791—795）
⑦骨咄禄可汗（796—805）
⑧腾里可汗（806—808）
⑨保义可汗（809—821）
⑩崇德可汗（822—824）
⑪曷萨特勤可汗（825—832）
⑫胡特勤可汗（833—839）
⑬廅馺特勤可汗（840）
⑭乌介可汗（841—846）
⑮遏捻可汗（847—848）

渤海（698—926）

①高王大祚荣（698—719）

②武王大武艺（720—737）

仁安（720—737）

③文王大钦茂（737—792）

大兴（738—792）

④废王大元义（793）

⑤成王大华屿（794）

中兴（794）

⑥康王大嵩邻（795—808）

正历（795—808）

⑦定王大元瑜（809—811）

永德（809—811）

⑧僖王大言义（812—817）

朱雀（812—817）

⑨简王大明忠（818）

太始（818）

⑩宣王大仁秀（819—829）

建兴（819—829）

⑪□王大彝震（830—856）

咸和（830—856）

⑫□王大虔晃（857—870）

⑬□王大玄锡（871—893）

⑭□王大玮瑎（894—906）

⑮末王大諲譔（907—926）

吐谷浑（329—700）

⑭世伏可汗（592—597）

⑮伏允可汗（598—634）

⑯趉故吕乌甘豆可汗（635）

⑰乌他也拔勤豆可汗（636—687）

⑱忠可汗（688—699）

⑲青海王宣超（700）

高昌（497—640）

麴伯雅（602—613）

延和（602—613）

于阗（912—940）

于阗王李圣天（912—940）

同庆（912—940）

吐蕃（617—846）

①弃宗弄赞（即松赞干布）（617—650）

②弃芒论芒赞（651—676）

③器弩悉弄（677—704）

④弃隶缩赞（705—755）

⑤挲悉笼腊赞（756—797）

⑥足之煎（798）

⑦弃腊松赞（799—814）

⑧可黎可足（815—838）

彝泰（815—838）

⑨达磨（839—846）

南诏（649—937）

大蒙国

①高祖细奴逻（649—674）

②世宗兴宗王逻盛炎（675—712）

③太宗威成王盛逻皮（713—728）

④南诏王皮逻阁（729—748）

⑤神武王阁逻凤（749—778）

始建（752—768）

长寿（769—778）

⑥孝恒帝异牟寻(779—808)

见龙(780—783)

上元(784—?)

元封(? —808)

⑦孝惠王寻阁劝(809)

应道(809)

⑧幽王劝龙晟(810—816)

龙兴(810—816)

⑨靖王劝利(817—823)

全义(817—819)

大丰(820—824)

⑩昭成王劝丰祐(825—859)

保和(824—839?)

天启(? —859)

⑪景庄帝世隆(860—877)

建极(860—872?)

法尧(? —877)

⑫大封民宣武帝隆舜(878—897)

贞明(878—?)

承智(?)

大同(?)

嵯耶(? —897)

⑬孝哀帝舜化贞(898—902)

中兴(898—902)

⑭大长和皇帝郑买嗣(903—910)

安国(903—910)

⑮肃文帝郑仁旻(911—926)

始元(911—?)

天瑞景星(?)

安和(?)

贞祐(?)

初历(?)

孝治(?)

⑯恭惠帝郑隆亶(927)

天应(927)

⑰大天兴悼康帝赵善政(928—929)

尊圣(928)

⑱大义宁肃恭帝杨干贞(929—937)

兴圣(929)

大明(930—937)

大理(937—1094)

①太祖段思平(937—944)

文德(938—?)

神武(? —944)

②文经皇帝段思英(945)

文经(945)

③圣慈帝段思良(946—952)

至治(946—952)

④至道帝段思聪(953—968)

明德(953—?)

广德(? —967)

顺德(969)

五 代 十 国

后梁(907—923)

①太祖朱温(907—912)

开平(907—910)

乾化(911—912)

②朱友珪(913)

凤历(913)

③末帝朱友贞(913—923)

乾化(913—914)

贞明(915—920)

龙德(921—923)

后唐(923—936)

②庄宗李存勗(923—925)

同光(923—925)

③明宗李嗣源(926—933)

天成(926—929)

长兴(930—933)

④闵帝李从厚(934)

应顺(934)

⑤末帝李从珂(934—936)

清泰(934—936)

后晋(936—946)

①高祖石敬瑭(936—942)

天福(936—942)

②出帝石重贵(943—946)

天福(943)

开运(944—946)

后汉(947—950)

①高祖刘知远(947—948)

天福(947)

乾祐(948)

②隐帝刘承祐(949—950)

乾祐(949—950)

后周(951—960)

①太祖郭威(951—954)

广顺(951—953)

显德(954)

②世宗柴荣(955—959)

显德(955—959)

③恭帝柴宗训(960)

显德(960)

吴(902—937)

①太祖杨行密(902—905)

(唐)天复(902—903)

(唐)天祐(904—905)

②景帝杨渥(906—908)

(唐)天祐(906—908)

③宣帝杨隆演(909—920)

(唐)天祐(909—918)

武义(919—920)

④睿帝杨溥(921—937)

顺义(921—926)

乾贞(927—928)

大和(929—934)

天祚(935—937)

吴越(907—978)

①太祖钱镠(907—931)

(唐)天祐(907)

天宝(908—923)

宝大(924—925)

宝正(926—931)

②钱元瓘(932—941)

(后唐)长兴(932—933)

(后唐)应顺(934)

(后唐)清泰(934—935)

(后晋)天福(936—941)

③钱弘佐(942—946)

(后晋)天福(942—943)

(后晋)开运(944—946)

④钱宏倧(947)

(后汉)天福(947)

⑤钱俶(948—978)

(后汉)乾祐(948—950)

(后周)广顺(951—953)

(后周)显德(954—959)

(宋)建隆(960—962)

(宋)乾德(963—967)

(宋)开宝(968—975)

(宋)太平兴国(976—978)

前蜀(891—925)

①高祖王建(891—918)

(唐)天复(907)

武成(908—910)

永平(911—915)

通正(916)

天汉(917)

光天(918)

②顺正公王衍(919—925)

乾德(919—924)

咸康(925)

后蜀(925—965)

①高祖孟知祥(934)

明德(934)

②后主孟昶(935—978)

明德(935—937)

广政(938—960)

(下用宋年号)

闽(909—944)

①太祖王审知(909—925)

(后梁)开平(909—910)

(后梁)乾化(911—912)

(后梁)凤历(913)

(后梁)乾化(913—914)

(后梁)贞明(915—920)

(后梁)龙德(921—922)

(后唐)同光(923—925)

②王延翰(926)

(后唐)天成(926)

③王延钧(927—935)

(后唐)天成(926—929)

(后唐)长兴(930—932)

龙启(933—934)

永和(935)

④康宗王昶(936—938)

通文(936—938)

⑤景宗王羲(939—942)

永隆(939—942)

⑥王延政(943—945)

天德(943—945)

楚(896—951)

①武穆王马殷(896—930)

(后唐)天成(926—929)

(后唐)长兴(930)

②衡阳王马希声(931—932)

(后唐)长兴(931—932)

③文昭王马希范(933—946)

(后唐)长兴(933)

(后唐)应顺(934)

(后唐)清泰(934—935)

(后晋)天福(936—943)

(后晋)开运(944—946)

④废王马希广(947—950)

(后汉)天福(947)

(后汉)乾祐(948—950)

⑤恭孝王马希萼

(南唐)保大(951)

南汉(917—971)

①高祖刘龑(917—941)

乾亨(917—924)

白龙(925—927)

大有(928—941)

②殇帝刘玢(942)

光天(942)

③中宗刘晟(943—957)

应乾(943)

乾和(943—957)

④后主刘𬬮(958—971)

大宝(958—971)

北汉(951—979)

①世祖刘旻(951—954)

(后汉)乾祐(951—954)

②孝和帝刘钧(955—968)

(后汉)乾祐(955—956)

天会(957—968)

③刘继恩(968)

天会(968)

④英武帝刘继元(969—979)

天会(969—973)

广运(974—979)

荆南(南平)(907—963)

①武信王高季兴(907—928)

(后梁)开平(907—910)

(后梁)乾化(911—912)

(后梁)凤历(913)

(后梁)乾化(913—914)

(后梁)贞明(915—920)

(后梁)龙德(921—922)

(后唐)同光(923—925)

(后唐)天成(926—927)

(吴)乾贞(928)

②文献王高从诲(929—947)

(吴)大和(929)

(后唐)长兴(930—933)

(后唐)应顺(934)

(后唐)清泰(934—935)

(后晋)天福(936—943)

(后晋)开运(944—946)

(后汉)天福(947)

③贞懿王高保融(948—959)

(后汉)乾祐(948—950)

(后周)广顺(951—953)

(后周)显德(954—959)

④高保勗(960—961)

(宋)建隆(960—961)

⑤高继冲(962—963)

(宋)建隆(962)

(宋)乾德(963)

南唐(937—975)

①烈祖李昪(937—942)

昪元(937—942)

②元宗李璟(943—961)

保大(943—957)

中兴(958)

交泰(958)

(后周)显德(958—959)

(宋)建隆(960—961)

③后主李煜(962—975)

(宋)建隆(962)

(宋)乾德(963—967)

(宋)开宝(968—975)

契丹—辽(907—1125)

①太祖耶律亿(阿保机)(907—927)

神册(916—921)

天赞(922—925)

天显(926—927)

②太宗耶律德光(928—947)

天显(928—937)

会同(938—946)

大同(947)

③世宗耶律阮(947—950)

天禄(947—950)

④穆宗耶律璟(951—968)

应历(951—968)

东丹(926—936)

东丹王耶律倍(926—936)

甘露(926—936)

宋 辽 金 元

北宋(960—1126)

①太祖赵匡胤(960—975)

建隆(960—962)

乾德(963—967)

开宝(968—975)

②太宗赵光义(976—997)

太平兴国(976—983)

雍熙(984—987)

端拱(988—989)

淳化(990—994)

至道(995—997)

③真宗赵恒(998—1022)

咸平(998—1003)

景德(1004—1007)

大中祥符(1008—1016)

天禧(1017—1021)

乾兴(1022)
④仁宗赵祯(1023—1063)
天圣(1023—1031)
明道(1032—1033)
景祐(1034—1037)
宝元(1038—1039)
康定(1040)
庆历(1041—1048)
皇祐(1049—1053)
至和(1054—1055)
嘉祐(1056—1063)
⑤英宗赵曙(1064—1067)
治平(1064—1067)
⑥神宗赵顼(1068—1085)
熙宁(1068—1077)
元丰(1078—1085)
⑦哲宗赵煦(1086—1100)
元祐(1086—1093)
绍圣(1094—1097)
元符(1098—1100)
⑧徽宗赵佶(1101—1125)
建中靖国(1101)
崇宁(1102—1106)
大观(1107—1110)
政和(1111—1117)
重和(1118)
宣和(1119—1125)
⑨钦宗赵桓(1126)
靖康(1126)

李顺、王小波(994—995)
应运(994—995)
王则(1047—1048)
得圣(1047—1048)
依智高(1052—1053)
端懿(1052—1053)
方腊(1120—1121)
永乐(1120—1121)

南宋(1127—1279)

①高宗赵构(1127—1162)
建炎(1127—1130)
绍兴(1131—1162)
②孝宗赵昚(1163—1189)
隆兴(1163—1164)
乾道(1165—1173)
淳熙(1174—1189)
③光宗赵惇(1190—1194)
绍熙(1190—1194)
④宁宗赵扩(1195—1224)
庆元(1195—1200)
嘉泰(1201—1204)
开禧(1205—1207)
嘉定(1208—1224)
⑤理宗赵昀(1225—1264)
宝庆(1225—1227)
绍定(1228—1233)
端平(1234—1236)
嘉熙(1237—1240)
淳祐(1241—1252)
宝祐(1253—1258)
开庆(1259)

景定(1260—1264)
⑥度宗赵禥(1265—1274)
咸淳(1265—1274)
⑦恭宗赵显(1275)
德祐(1275)
⑧端宗赵昰(1276—1277)
景炎(1276—1277)
⑨卫王赵昺(1278—1279)
祥兴(1278—1279)

赵旉(1129)
明受(1129)
钟相(1130)
天载(1130)
杨么(1133—1135)
大圣天王(1133—1135)
王法思(1141)
罗平(1141)
阿谢(1176)
乾贞(1176)
李接(1179)
罗平(1179)
吴曦(1207)
转运(1207)

契丹—辽(907—1125)

⑤景宗耶律贤(969—982)
保宁(969—978)
乾亨(979—982)
⑥圣宗耶律隆绪(983—1030)
统和(983—1011)
开泰(1012—1020)
太平(1021—1030)
⑦兴宗耶律宗真(1031—1054)
景福(1031)
重熙(1032—1054)
⑧道宗耶律洪基(1055—1100)
清宁(1055—1064)
咸雍(1065—1074)
大康(1075—1084)
大安(1085—1094)
寿昌(1095—1100)
⑨天祚帝耶律延禧(1101—1125)
乾统(1101—1110)
天庆(1111—1120)
保大(1121—1125)

北辽(1122—1123)

①宣宗耶律淳(1122)
建福(1122)
②宣宗后萧德妃(1122)
德兴(1122)
③梁王耶律雅里(1123)
神历(1123)

西辽(1124—1211)

①德宗耶律大石(1124—1143)
延庆(1124—1133)
康国(1134—1143)
②感天后萧氏(1144—1150)
咸清(1144—1150)

③仁宗耶律夷列（1151—1163）
　　绍兴（1151—1163）
④承天后普速完（1164—1177）
　　崇福（1164—1177）
⑤末主耶律直鲁古（1178—1211）
　　天禧（1178—1211）

金（1115—1234）

①太祖完颜阿骨打（1115—1122）
　　收国（1115—1116）
　　天辅（1117—1122）
②太宗完颜晟（1123—1134）
　　天会（1123—1134）
③熙宗完颜亶（1135—1148）
　　天会（1135—1137）
　　天眷（1138—1140）
　　皇统（1141—1148）
④海陵王完颜亮（1149—1160）
　　天德（1149—1152）
　　贞元（1153—1155）
　　正隆（1156—1160）
⑤世宗完颜雍（1161—1189）
　　大定（1161—1189）
⑥章宗完颜璟（1190—1208）
　　明昌（1190—1195）
　　承安（1196—1200）
　　泰和（1201—1208）
⑦卫绍王完颜永济（1209—1213）
　　大安（1209—1211）
　　崇庆（1212）
　　至宁（1213）
⑧宣宗完颜珣（1213—1223）
　　贞祐（1213—1216）
　　兴定（1217—1221）
　　元光（1222—1223）
⑨哀宗完颜守绪（1224—1233）
　　正大（1224—1231）
　　开兴（1232）
　　天兴（1232—1233）
⑩末帝完颜承麟（1234）
　　天兴（1234）

刘豫（1130—1137）
　　阜昌（1130—1137）
德寿陀顼（1196）
　　身圣（1196）
耶律留哥（1213—1214）
　　元统（1213—1214）
刘永昌（1214）
　　天赐（1214）
张致（1215—1216）
　　兴隆（1215—1216）
郝定（1216）
　　顺天（1216）
杨安儿（1214）
　　天顺（1214）

蒙古（1206—1271）

①太祖成吉思汗铁木真
（1206—1227）
　　少子拖雷监国（1228）
②太宗窝阔台（1229—1241）

皇后乃马真(1242—1245)
③定宗贵由(1246—1248)
皇后海迷失(1249—1250)
④宪宗蒙哥(1251—1259)

元(1271—1368)

⑤世祖忽必烈(1260—1294)
中统(1260—1263)
至元(1264—1294)
⑥成宗铁穆耳(1295—1307)
元贞(1295—1296)
大德(1297—1307)
⑦武宗海山(1308—1311)
至大(1308—1311)
⑧仁宗爱育黎拔力八达(1312—1320)
皇庆(1312—1313)
延祐(1314—1320)
⑨英宗硕德八剌(1321—1323)
至治(1321—1323)
⑩泰定帝也孙铁木儿(1324—1328)
泰定(1324—1327)
致和(1328)
⑪顺帝阿速吉八(1328)
天顺(1328)
⑫文宗图贴睦尔(1328)
天历(1328)
⑬明宗和世㻋(1329)
天历(1329)
⑭宁宗懿璘质班(1332)
至顺(1332)
⑮惠宗妥懽帖睦尔(1333—1368)
元统(1333—1334)
至元(1335—1340)
至正(1341—1368)

杜可用(1280)
万乘(1280)
陈吊眼、邱细春(1281)
昌泰(1281)
林桂芳、赵良钤(1283)
延康(1283)
黄华(1283—1284)
祥兴(1283—1284)
杨镇龙(1289)
安定(1289)
陈空崖(1297)
正治(1297)
朱光卿(1337)
赤符(1337)
天完主徐寿辉(1351—1360)
治平(1351—1355)
太平(1356—1357)
天启(1358)
天定(1359—1360)
周主张士诚(1354—1357)
天祐(1354—1357)
宋主韩林儿(1355—1366)
龙凤(1355—1366)
汉主陈友谅(1360—1362)
大义(1360—1361)
大定(1362)
陈理(1363—1364)

德寿(1363—1364)
夏主明玉珍(1362—1365)
天统(1362—1366)
明昇(1367—1371)
开熙(1367—1371)

西夏(1032—1227)

①景宗李元昊(1032—1048)
明(显)道(1032—1033)
开运(1034)
广运(1034—1035)
大庆(1036—1037)
天授礼法延祚(1038—1048)
②毅宗李谅祚(1049—1067)
延嗣宁国(1049)
天祐垂圣(1050—1052)
福圣承道(1053—1056)
䙗都(1057—1062)
拱化(1063—1067)
③惠宗李秉常(1068—1085)
乾道(1068)
天赐礼盛国庆(1069—1073)
大安(1074—1084)
天安礼定(1085—1086)
④崇宗李乾顺(1087—1139)
天仪治平(1087—1089)
天佑安民(1090—1097)
永安(1098—1100)
贞观(1101—1113)
雍宁(1114—1118)
元德(1119—1126)
正德(1127—1134)
大德(1135—1139)
⑤仁宗李仁孝(1140—1193)
大庆(1140—1143)
人庆(1144—1148)
天盛(1149—1169)
乾祐(1170—1193)
⑥桓宗李纯祐(1194—1205)
天庆(1194—1205)
⑦襄宗李安全(1206—1210)
应天(1206—1209)
皇建(1210)
⑧神宗李遵顼(1211—1223)
光定(1211—1223)
⑨献宗李德旺(1224—1226)
乾定(1224—1226)
⑩末主李晛(1227)
宝义(1227)

吐蕃—唃厮罗(1015—1104)

①唃厮罗(1015—1065)
②董毡(1066—1086)
③阿里骨(1087—1096)
④瞎征(1097—1099)
⑤陇拶(1100—1104)

大理(938—1254)

⑤应道帝段素顺(970—985)
明政(970—985)
⑥昭明帝段素英(986—1009)

广明(986—1004)
明应(1005—?)
明治(?—1009)
⑦宣肃帝段素廉(1010—1022)
明启(1010—1022)
⑧秉义帝段素隆(1023—1026)
明通(1023—1026)
⑨圣德帝段素真(1027—1041)
正治(1027—1041)
⑩天明帝段素兴(1042—1044)
圣明(1042—1043)
天明(1044)
⑪孝德帝段思廉(1045—1075)
保安(1045—1052)
正安(1053—1055)
正德(?)
保德(?—1075)
⑫上德帝段廉义(1076—1080)
上德(1076)
广安(1077—1080)
⑬上明帝段寿辉(1081)
上明(1081)
⑭保定帝段正明(1082—1094)
保立(1082—?)
建安(?)
天祐(?—1094)
⑮富有圣德表正帝高昇泰(1095—1096)
上治(1095—1096)
⑯中宗文安帝段正淳(1097—1108)
天授(1097)
开明(1098—1103)
天正(1104—1105)
文安(1106—1108)
⑰宪宗宣仁帝段和誉(1109—1147)
日新(1109)
文治(1110—?)
永嘉(?—1128)
保天(1129—?)
广运(?—1147)
⑱景宗段正兴(1148—1172)
永贞(1148)
大宝(1149—1155)
龙兴(1156—?)
盛明(?)
建德(?—1172)
⑲宣宗段智兴(1173—1200)
利贞(1173—1176)
盛德(1177—1181)
嘉会(1182—1185)
元亨(1186—1195)
安定(?—1200)
⑳亨天帝段智廉(1201—1205)
凤历(1201)
元寿(?—1205)
㉑神宗段智祥(1206—1238)
天开(1206—1226)
天辅(1227—?)
仁寿(?—1238)
㉒孝义帝段祥兴(1239—1251)
道隆(1239—1251)
㉓天定贤王段兴智(1252—1254)

天定(1252—1254)

明　清

明(1368—1644)

①太祖朱元璋(1368—1398)
洪武(1368—1398)
②恭闵惠帝朱允炆(1399—1402)
建文(1399—1402)
③成祖朱棣(1403—1424)
永乐(1403—1424)
④仁宗朱高炽(1425)
洪熙(1425)
⑤宣宗朱瞻基(1426—1435)
宣德(1426—1435)
⑥英宗朱祁镇(1436—1449)
正统(1436—1449)
⑦代宗朱祁钰(1450—1456)
景泰(1450—1456)
⑥英宗朱祁镇(1457—1464)
天顺(1457—1464)
⑧宪宗朱见深(1465—1487)
成化(1465—1487)
⑨孝宗朱祐樘(1488—1505)
弘治(1488—1505)
⑩武宗朱厚熙(1506—1521)
正德(1506—1521)
⑪世宗朱厚熜(1522—1566)
嘉靖(1522—1566)
⑫穆宗朱载垕(1567—1572)
隆庆(1567—1572)
⑬神宗朱翊钧(1573—1619)
万历(1573—1619)
⑭光宗朱常洛(1620)
泰昌(1620)
⑮熹宗朱由校(1621—1627)
天启(1621—1627)
⑯庄烈帝朱由检(1628—1644)
崇祯(1628—1644)

叶宗留(1448—1449)
泰定(1448—1449)
刘通(1465—1466)
德胜(1465—1466)
朱宸濠(1519)
顺德(1519)
张琏(1560—1562)
造历(1560—1562)
蔡伯贯(1565—1566)
大宝(1565—1566)
徐鸿儒(1622)
兴胜(1622)
万俟德(1622)
玄静(1622)
张惟元(1628)
永兴(1628)
张普薇(1637)
天运(1637)

南明(1645—1663)

福王朱由崧(1644)
弘光(1644)

鲁王朱以海(1646—1651)

庚寅(1646—1651)

唐王朱聿键(1645—1646)

隆武(1645—1646)

唐王朱建镈(1646)

绍武(1646)

桂王朱由榔(1647—1661)

永历(1647—1661)

韩王朱本铉(1646—1663)

定武(1646—1663)

后金—清(1616—1911)

①太祖爱新觉罗努尔哈赤(1616—1626)

天命(1616—1626)

②太宗皇太极(1627—1643)

天聪(1627—1635)

崇德(1636—1643)

③世祖福临(1644—1661)

顺治(1644—1661)

④圣祖玄烨(1662—1722)

康熙(1662—1772)

⑤世宗胤禛(1723—1735)

雍正(1723—1735)

⑥高宗弘历(1736—1795)

乾隆(1736—1795)

⑦仁宗颙琰(1796—1820)

嘉庆(1796—1820)

⑧宣宗旻宁(1821—1850)

道光(1821—1850)

⑨文宗奕詝(1851—1861)

咸丰(1851—1861)

⑩穆宗载淳(1862—1874)

同治(1862—1874)

⑪德宗载湉(1875—1908)

光绪(1875—1908)

⑫溥仪(1909—1911)

宣统(1909—1911)

刘守分(1644)

天定(1644)

刘守龙(1645)

清光(1645)

蒋尔恂(1647)

中兴(1647)

萧惟堂(1661)

天顺(1661)

王耀祖(1665)

大庆(1665)

杨起隆(1673)

广德(1673)

周主吴三桂(1673—1678)

昭武(1678)

吴世璠(1679—1681)

洪化(1679—1681)

耿精忠(1674—1676)

裕民(1674—1676)

魏枝叶(1706)

文兴(1706)

张念一(1708)

天德(1708)

朱一贵(1721)

永和(1721)

林爽文(1786—1788)

顺天(1786—1788)

黎树(1797)

万利(1797)

王大叔(1797)

大庆(1797)

陈开(1855—1861)

洪德(1855—1861)

蓝大顺(1860—1864)

顺天(1860—1864)

大顺(1644—1645)

李自成(1644—1645)

永昌(1644—1645)

大西(1644—1646)

张献忠(1644—1646)

大顺(1644—1646)

孙可望(1648)

兴朝(1648)

太平天国(1851—1868)

①洪秀全(1851—1864)

②洪天贵福(1864—1868)

北元(1368—1402)

顺帝　至正(1368—1370)

①昭宗爱猷识理达腊(1371—1378)

宣光(1371—1378)

②后主脱古思帖木儿(1379—1388)

天元(1379—1388)

③恩克卓里克图汗(1389—1392)

④额勒伯克汗(1393—1399)

⑤坤帖木儿汗(1400—1402)

鞑靼(1403—1634)

⑥鬼力赤汗(1403—1408)

⑦答里巴汗(1409—1415)

⑧额色库汗(1416—1425)

⑨阿台汗(1426—1438)

⑩脱脱不花汗(1439—1452)

⑪也先汗(1453—1455)

添元(1453—1455)

⑫麻儿可儿吉思汗(1456—1457)

⑬摩伦汗(1458—1462)

⑭满都鲁汗(1463—1473)

⑮达延汗(1474—1543)

⑯卜赤汗(1544—1547)

⑰达赉逊库登汗(1548—1557)

⑱土蛮汗(1558—1592)

⑲布延彻辰汗(1593—1603)

⑳虎墩兔汗(即林丹汗)(1604—1634)

哈密(1380—1514)

①兀纳失里(1380—1392)

②安克帖木儿(1393—1404)

③脱脱(1405—1411)

④兔力帖木儿(1412—1425)
⑤卜答失里(1426—1438)
⑥倒瓦答失里(1439—1457)
⑦卜列革(1458—1460)
⑧努温答失里(1461—1487)
⑨罕慎(1488)
⑩陕巴(1492—1505)
⑪拜牙即(1506—1514)

吐鲁番(约 1452—1571)

①也密力火者(约 1452—1468)
②阿力(1469—1478)
③阿黑麻(1479—1504)
④满速儿(1505—1545)
⑤沙(1546—1570)
⑥马黑麻(1571)

高句丽 *(共 28 代)

东明王(前 37—前 20)
瑠璃王(前 19—17)
大武神王(18—43)
闵中王(44—47)
慕本王(48—52)
太祖王(53—145)
次大王(146—164)
新大王(165—178)
故国川王(179—196)
山上王(197—226)
东川王(227—247)
中川王(248—269)
西川王(270—291)
烽上王(292—299)
美川王(300—330)
故国原王(331—370)
小兽林王(371—383)
故国坏王(384—390)
广开土王(391—412)
长寿王(413—490)
文咨王(491—518)
安藏王(519—530)
安原王(531—544)
阳原王(545—558)
平原王(559—589)
婴阳王(590—617)
荣留王(618—641)
宝藏王(642—668)

朝　鲜

古朝鲜(三代)

箕准王(前 206—前 195)
卫满王(前 194—前 110)

* 高句丽（也叫高句骊），是公元前 37 年在中国东北地区建立的少数民族地方政权，公元 427 年迁都平壤，于公元 688 年灭亡。上世纪 90 年代，特别是进入 21 世纪以来，中国与朝韩学界对于高句丽的政权归属问题多有争议。为此几国学界多次举行相关的学术研讨会，大致达成了“历史共享”的史学观。本《年表》作为一部查检历史年代的工具书，只列出高句丽的历史纪年，以供查阅。

右渠王(前109)

新罗(56代)

赫居王(前57—4)
南解王(4—24)
懦理王(24—56)
脱解王(57—79)
婆娑王(80—111)
祇摩王(112—133)
逸圣王(134—153)
阿达罗王(154—183)
伐休王(184—195)
奈解王(196—229)
助贲王(230—246)
沾解王(247—261)
味鄒王(262—283)
儒礼王(284—297)
基临王(298—309)
讫解王(310—355)
奈勿王(356—401)
实圣王(402—416)
讷祇王(417—457)
慈悲王(458—478)
炤知王(479—499)
智证王(500—513)
法兴王(514—539)
　建元(536—539)
真兴王(540—575)
　建元(540—550)
　开国(551—567)
　大昌(568—571)
　鸿济(572—575)
真智王(576—578)
　鸿济(576—578)
真平王(579—631)
　鸿济(580—583)
　建福(584—631)
善德女王(632—646)
　建福(632—633)
　仁平(634—646)
真德女王(647—653)
　太和(647—653)
武烈王(654—660)
文武王(661—680)
神文王(681—691)
孝昭王(692—701)
圣德王(702—736)
孝成王(737—741)
景德王(742—764)
惠恭王(765—779)
宣德王(780—784)
元圣王(785—798)
昭圣王(799)
哀庄王(800—808)
宪德王(809—825)
兴德王(826—835)
僖康王(836—837)
闵哀王(838)
神武王(839)
文圣王(839—856)
宪安王(857—860)
景文王(861—874)

宪康王(875—885)
定康王(886)
真圣女王(887—896)
孝恭王(897—911)
神德王(912—916)
景明王(917—923)
景哀王(924—926)
敬顺王(927—935)

百济(31 代)

温祚王(前 18—27)
多娄王(28—76)
己娄王(77—127)
盖娄王(128—165)
肖古王(166—213)
仇首王(214—233)
沙伴王(234)
古尔王(234—285)
责稽王(286—297)
汾西王(298—303)
比流王(304—343)
契王(344—345)
近肖古王(346—374)
近仇首王(375—383)
枕流王(384)
辰斯王(385—391)
阿莘王(392—404)
腆支王(405—419)
久尔辛王(420—426)
毗有王(427—454)
盖卤王(455—474)
文周王(475—476)
三斤王(477—478)
东城王(479—500)
武宁王(501—522)
圣王(523—553)
威德王(554—597)
惠王(598)
法王(599)
武王(600—640)
义慈王(641—660)
豊王(661—663)

高丽(34 代)

摩振(901—910)
　　武泰(904)
　　圣册(905—910)
泰封(911—917)
　　永德万岁(911—913)
　　政开(914—917)
太祖(918—943)
　　天授(918—943)
惠宗(944—945)
定宗(946—949)
光宗(950—975)
景宗(976—981)
成宗(982—997)
穆宗(998—1009)
显宗(1010—1031)
德宗(1032—1034)
靖宗(1035—1046)
文宗(1047—1083)

顺宗(1083)
宣宗(1084—1094)
献宗(1095)
肃宗(1096—1105)
睿宗(1106—1122)
仁宗(1123—1146)
毅宗(1147—1170)
明宗(1171—1197)
神宗(1198—1204)
熙宗(1205—1211)
康宗(1212—1213)
高宗(1214—1259)
元宗(1260—1274)
忠烈王(1275—1308)
忠宣王(1309—1313)
忠肃王(1314—1330)
忠惠王(1331—1332)
忠肃王(再)(1333—1339)
忠惠王(再)(1340—1344)
忠穆王(1345—1348)
忠定王(1349—1351)
恭愍王(1352—1374)
隅王(1375—1387)
昌王(1388)
恭让王(1389—1392)

朝鲜(27 代)

太祖(1392—1398)
定宗(1399—1400)
太宗(1401—1418)
世宗(1419—1450)
文宗(1451—1452)
端宗(1453—1455)
世祖(1455—1468)
睿宗(1469)
成宗(1470—1494)
燕山君(1495—1506)
中宗(1506—1544)
仁宗(1545)
明宗(1546—1567)
宣祖(1568—1608)
光海君(1609—1623)
仁祖(1623—1649)
孝宗(1650—1659)
显宗(1660—1674)
肃宗(1675—1720)
景宗(1721—1724)
英祖(1725—1776)
正祖(1777—1800)
纯祖(1801—1834)
宪宗(1835—1849)
哲宗(1850—1863)
高宗(1864—1897)

韩国(1897—1910)

高宗(1897—1906)
　光武(1897—1906)
纯宗(1907—1910)
　隆熙(1907—1910)

日 本

绳文文化时期＊
(约1万年前—约前3世纪)

神武天皇(前660—前585)
绥靖天皇(前581—前550)
安宁天皇(前549—前511)
懿德天皇(前510—前476)
孝昭天皇(前475—前393)
孝安天皇(前392—前291)
孝灵天皇(前290—前215)

弥生文化时期
(约前3世纪—约公元3世纪)

孝元天皇(前214—前158)
开化天皇(前157—前98)
崇神天皇(前97—前30)
垂仁天皇(前29—70)
景行天皇(71—130)
成务天皇(131—190)
仲哀天皇(192—200)
(摄)神功皇后(201—269)

古坟文化时期
(约3世纪—约6世纪)

应神天皇(270—310)
仁德天皇(313—399)
履中天皇(400—405)
反正天皇(406—410)
允恭天皇(412—453)
安康天皇(454—456)
雄略天皇(457—479)
清宁天皇(480—484)
显宗天皇(485—487)
仁贤天皇(488—497)
武烈天皇(498—506)
继体天皇(507—533)
安闲天皇(534—535)
宣化天皇(536—539)

飞鸟文化时期(约6世纪—约645)

钦明天皇(540—571)
敏达天皇(571—584)
用明天皇(585—586)
崇峻天皇(587—592)
推古女皇(593—628)
舒明天皇(628—641)
皇极女皇(641—644)

白凤文化时期(645—710)

孝德天皇(645—654)
大化(645—649)
白雉(650—654)
齐明女皇(655—661)

＊ 绳文文化时期以及弥生文化时期的各天皇均系日本近现代少数学界人士根据缺乏科学依据的神话和传说推演而成。参见第30页注。

天智天皇(662—671)
弘文天皇(671—672)
朱雀(672)
天武天皇(672—685)
白凤(673—685)
持统女皇(686—696)
朱雀(686—696)
文武天皇(697—707)
大宝(701—703)
庆云(704—707)

奈良文化时期*(710—784)

元明天皇(707—714)
和铜(708—714)
元正天皇(715—723)
灵龟(715—716)
养老(717—723)
圣武天皇(724—749)
神龟(724—728)
天平(729—748)
天平感宝(749)
孝谦女皇(749—758)
天平胜宝(749—756)
天平宝字(757—758)
淳仁天皇(758—764)
天平宝字(759—764)
称德女皇(764—769)
天平神户(765—766)
神户景云(767—769)
光仁天皇(770—780)
宝龟(770—780)
天应(781)

平安时期**(794—1192)

桓武天皇(781—805)
延历(782—805)
平城天皇(806—809)
大同(806—808)
仁和(809)
嵯峨天皇(809—823)
弘仁(810—823)
淳和天皇(823—833)
天长(824—833)
仁明天皇(833—850)
承和(834—847)
嘉祥(848—850)
文德天皇(850—858)
仁寿(851—853)
齐衡(854—856)
天安(857—858)
清和天皇(858—876)
贞观(859—876)
阳成天皇(876—884)
元庆(877—884)
光孝天皇(884—887)
仁和(885—887)

* 奈良文化时期也被称作天平文化时期。
** 平安时期包括弘仁·贞观文化时期和藤原文化时期。

宇多天皇(887—897)
仁和(888)
宽平(889—897)
醍醐天皇(897—930)
昌泰(898—900)
延喜(901—922)
延长(923—930)
朱雀天皇(930—946)
承平(931—937)
天庆(938—946)
村上天皇(947—967)
天历(947—956)
天德(957—960)
应和(961—963)
康保(964—967)
冷泉天皇(967—969)
安和(968—969)
圆融天皇(969—984)
天禄(970—972)
天延(973—975)
贞元(976—977)
天元(978—982)
永观(983—984)
花山天皇(984—986)
宽和(985—986)
一条天皇(986—1011)
永延(987—988)
永祚(989)
正历(990—994)
长德(995—998)
长保(999—1003)
宽弘(1004—1011)
三条天皇(1011—1016)
长和(1012—1016)
后一条天皇(1016—1036)
宽仁(1017—1020)
治安(1021—1023)
万寿(1024—1027)
长元(1028—1036)
后朱雀天皇(1036—1045)
长历(1037—1039)
长久(1040—1043)
宽德(1044—1045)
后冷泉天皇(1045—1068)
永承(1046—1052)
天喜(1053—1057)
康平(1058—1064)
治历(1065—1068)
后三条天皇(1068—1072)
延久(1069—1072)
白河天皇(1072—1086)
延久(1073)
承保(1074—1076)
承历(1077—1080)
永保(1081—1083)
应德(1084—1086)
堀河天皇(1086—1107)
宽治(1087—1093)
嘉保(1094—1095)
永长(1096)
承德(1097—1098)
康和(1099—1103)

长治(1104—1105)
嘉承(1106—1107)
鸟羽天皇(1107—1123)
天仁(1108—1109)
天永(1110—1112)
永久(1113—1117)
元永(1118—1119)
保安(1120—1123)
崇德天皇(1123—1140)
天治(1124—1125)
大治(1126—1130)
天承(1131)
长承(1132—1134)
保延(1135—1140)
近卫天皇(1141—1155)
永治(1141)
康治(1142—1143)
天养(1144)
久安(1145—1150)
仁平(1151—1153)
久寿(1154—1155)
后白河天皇(1155—1158)
保元(1156—1158)
二条天皇(1158—1165)
平治(1159)
永历(1160)
应保(1161—1162)
长宽(1163—1164)
永万(1165)
六条天皇(1165—1168)
仁安(1166—1168)
高仓天皇(1168—1180)
嘉应(1169—1170)
承安(1171—1174)
安元(1175—1176)
治承(1177—1180)
安德天皇(1180—1184)
养和(1181)

镰仓时期(1192—1333)

寿永(1182—1184)
后鸟羽天皇(1185—1198)
文治(1185—1189)
建久(1190—1198)
土御门天皇(1198—1210)
正治(1199—1200)
建仁(1201—1203)
元久(1204—1205)
建永(1206)
承元(1207—1210)
顺德天皇(1210—1221)
建历(1211—1212)
建保(1213—1218)
承久(1219—1221)
仲恭天皇(1221)
后堀河天皇(1221—1232)
贞应(1222—1223)
元仁(1224)
嘉禄(1225—1226)
安贞(1227—1228)
宽喜(1229—1231)
贞永(1232)

四条天皇(1232—1242)

天福(1233)

文历(1234)

嘉祯(1235—1237)

历仁(1238)

延应(1239)

仁治(1240—1242)

后嵯峨天皇(1242—1246)

宽元(1243—1246)

后深草天皇(1246—1259)

宝治(1247—1248)

建长(1249—1255)

康元(1256)

正嘉(1257—1258)

正元(1259)

龟山天皇(1259—1274)

文应(1260)

弘长(1261—1263)

文永(1264—1274)

后宇多天皇(1274—1287)

建治(1275—1277)

弘安(1278—1287)

伏见天皇(1287—1298)

正应(1288—1292)

永仁(1293—1298)

后伏见天皇(1298—1301)

正安(1299—1301)

后二条天皇(1301—1307)

乾元(1302)

嘉元(1303—1305)

德治(1306—1307)

花园天皇(1308—1318)

延庆(1308—1310)

应长(1311)

正和(1312—1316)

文保(1317—1318)

后醍醐天皇(1318—1331)

元应(1319—1320)

元亨(1321—1323)

正中(1324—1325)

嘉历(1326—1328)

元德(1329—1330)

元弘(1331)

南朝(1332—1392)

后醍醐天皇(1332—1339)

元弘(1332—1333)

建武(1334—1335)

延元(1336—1339)

后村上天皇(1339—1368)

兴国(1340—1345)

正平(1346—1368)

长庆天皇(1368—1383)

正平(1369)

建德(1370—1371)

文中(1372—1374)

天授(1375—1380)

弘和(1381—1383)

后龟山天皇(1383—1392)

元中(1384—1392)

北朝(1332—1392)

光严天皇(1332—1335)

正庆(1332—1333)

建武(1334—1335)

光明天皇(1336—1347)

建武(1336—1337)

室町时期＊(1338—1573)

历应(1338—1341)

康永(1342—1344)

贞和(1345—1347)

崇光天皇(1348—1351)

贞和(1348—1349)

观应(1350—1351)

后光严天皇(1352—1370)

文和(1352—1355)

延文(1356—1360)

康安(1361)

贞治(1362—1367)

应安(1368—1371)

后圆融天皇(1372—1382)

应安(1372—1374)

永和(1375—1378)

康历(1379—1380)

永德(1381—1382)

后小松天皇(1383—1412)

永德(1383)

至德(1384—1386)

嘉庆(1387—1388)

康应(1389)

明德(1390—1393)

应永(1394—1412)

称光天皇(1412—1427)

应永(1413—1427)

后花园天皇(1428—1464)

正长(1428)

永享(1429—1440)

嘉吉(1441—1443)

文安(1444—1448)

宝德(1449—1451)

享德(1452—1454)

康正(1455—1456)

长禄(1457—1459)

宽正(1460—1464)

后土御门天皇(1464—1500)

宽正(1465)

文正(1466)

应仁(1467—1468)

文明(1469—1486)

长享(1487—1488)

延德(1489—1491)

明应(1492—1500)

后柏原天皇(1500—1526)

文龟(1501—1503)

＊ 1338 年足利尊掌握兵权，拥立京都朝廷和南朝对立，史称北朝。第 3 代足利义满将军时确立了幕府权力，正式开始了室町幕府时代。1392 年南朝的后龟山天皇回归京都，将正统权力的象征神器移交给北朝的后小松天皇，结束了南北朝对立时期。

永正(1504—1520)
大永(1521—1526)
后奈良天皇(1526—1557)
大永(1527)
享禄(1528—1531)
天文(1532—1554)
弘治(1555—1557)
正亲町天皇(1557—1586)
永禄(1558—1569)

安土桃山时期(1568—1598)

元龟(1570—1572)
天正(1573—1586)
后阳成天皇(1586—1611)
天正(1587—1591)
文禄(1592—1595)

江户时期(1603—1867)

庆长(1596—1611)
后水尾天皇(1611—1629)
庆长(1612—1614)
元和(1615—1623)
宽永(1624—1629)
明正天皇(1629—1643)
宽永(1630—1643)
后光明天皇(1643—1654)
正保(1644—1647)
庆安(1648—1651)
承应(1652—1654)
后西天皇(1654—1663)
明历(1655—1657)
万治(1658—1660)
宽文(1661—1663)
灵元天皇(1663—1687)
宽文(1664—1672)
延宝(1673—1680)
天和(1681—1683)
贞享(1684—1687)
东山天皇(1687—1709)
元禄(1688—1703)
宝永(1704—1709)
中御门天皇(1709—1735)
宝永(1710)
正德(1711—1715)
享保(1716—1735)
樱町天皇(1735—1747)
元文(1736—1740)
宽保(1741—1743)
延享(1744—1747)
桃园天皇(1747—1762)
宽延(1748—1750)
宝历(1751—1762)
后樱町天皇(1762—1770)
宝历(1763)
明和(1764—1771)
后桃园天皇(1770—1779)
安永(1772—1780)
光格天皇(1779—1817)
天明(1781—1788)
宽政(1789—1800)
享和(1801—1803)

文化(1804—1817)
仁孝天皇(1817—1846)
文政(1818—1829)
天保(1830—1843)
弘化(1844—1847)
孝明天皇(1846—1867)
嘉永(1848—1853)
安政(1854—1859)
万延(1860)
文久(1861—1863)
元治(1864)
庆应(1865—1867)

近代(1868—)

明治天皇(1866—1911)
明治(1868—1911)
大正天皇(1912—1926)
大正(1912—1925)
昭和天皇(1926—1989)
昭和(1926—1989)

越 南

瓯雒国 *

安阳王(前257—前208)

南越 ** (前207—前112)

①南越王赵佗(前207—前137)
②文王赵胡(前136—前126)
③明王赵婴齐(前125—前114)
④哀王赵兴(前113)
⑤术阳侯赵建德(前112)

万春国

南越帝李贲(544—548)
赵越王赵光复(550—570)
后李南帝李佛子(571—602)

吴朝(939—967)

前吴王权(939—944)
平王杨三哥(945—950)
后吴王昌文(951—965)
昌炽(966—967)

大 瞿 越

丁朝(968—980)

大胜明皇帝(968—980)
太平(970—980)

前黎朝(980—1009)

桓宗(980—1005)
天福(980—988)
兴统(989—993)
应天(994—1005)

---

* 瓯雒国为传说中的国家，实际应为部落联盟。参见第65页注。

** 参见本书第70页注**。

龙铤(1005—1009)

应天(1005—1007)

景瑞(1008—1009)

大　越

李朝(1010—1225)

太祖公蕴(1010—1027)

顺天(1010—1027)

太宗佛玛(1028—1053)

天成(1028—1033)

通瑞(1034—1038)

乾符有道(1039—1041)

明道(1042—1043)

天感圣武(1044—1048)

崇兴大宝(1049—1053)

圣宗日尊(1054—1071)

龙瑞太平(1054—1058)

彰圣嘉庆(1059—1065)

龙彰天嗣(1066—1067)

天贶宝象(1068)

神武(1069—1071)

仁宗乾德(1072—1127)

太宁(1072—1075)

英武昭胜(1076—1084)

广祐(1085—1091)

会丰(符)(1092—1100)

龙符(1101—1109)

会祥大庆(1110—1119)

天符睿武(1120—1126)

天符庆寿(1127)

神宗阳焕(1128—1137)

大顺(1128—1132)

大彰宝嗣(1133—1137)

英宗天祚(1138—1175)

绍明(1138—1139)

大定(1140—1162)

正隆宝应(1163—1173)

天感至宝(1174—1175)

高宗龙翰(1176—1210)

贞符(1176—1185)

天资嘉瑞(1186—1201)

天嘉宝祐(1202—1204)

治平应龙(1205—1210)

惠宗昷(1211—1223)

建嘉(1211—1223)

昭皇佛金(1224)

天彰有道(1224)

陈朝(1225—1400)

太宗煚(1225—1257)

建中(1225—1232)

天应政平(1232—1250)

元丰(1251—1257)

圣宗晃(1258—1278)

绍隆(1258—1272)

宝符(1273—1278)

仁宗昤(1279—1292)

绍宝(1279—1284)

重兴(1285—1292)

英宗烇(1293—1313)

兴隆(1293—1313)

明宗奣(1314—1328)
大庆(1314—1323)
开泰(1324—1328)
宪宗旺(1329—1340)
开祐(1329—1340)
裕宗暭(1341—1368)
绍兴(1341—1357)
大治(1358—1368)
杨日礼(1369)
天定(1369)
艺宗暊(1370—1372)
绍庆(1370—1372)
睿宗曔(1373—1376)
隆庆(1373—1376)
废帝晛(1377—1387)
昌符(1377—1387)
顺宗颙(1388—1397)
光泰(1388—1397)
少帝㝨(1398—1398)
建新(1398—1400)

大 虞

胡朝(1400—1407)

季犛(1400)
圣元(1400)
汉苍(1401—1407)
绍成(1401—1402)
开大(1403—1407)

后陈朝

简定帝頠(1407—1408)
兴庆(1407—1408)
季扩(1409—1413)
重光(庆元)(1409—1413)
暠(明灭复国)(1426—1427)
天庆(1426—1427)

后黎朝前期(1428—1527)

太祖利(1428—1433)
顺天(1428—1433)
太宗麟(1434—1442)
绍平(1434—1439)
大宝(1440—1442)
仁宗邦基(1443—1458)
大和(1443—1453)
延宁(1454—1458)
宜民(1459)
天兴(1459)
圣宗灏(1460—1497)
光顺(1460—1469)
洪德(1470—1497)
宪宗鏳(1498—1503)
景统(1498—1503)
肃宗澯(1504)
泰贞(1504)
威穆帝濬(1505—1509)
端庆(1505—1509)
襄翼帝晭(1509—1515)
洪顺(1509—1515)
昭宗椅(1516—1517)
光绍(1516—1517)
榜(1518)

大德(1518)
樵(1518)
天宪(1518)
昭宗椅(复位)(1519—1521)
光绍(1519—1521)
陈暠(1516)
天应(1516)
陈升(1516—1521)
宣和(1516—1521)
(后黎朝)恭皇椿(1522—1527)
统元(1522—1527)

莫朝(1527—1592)

太祖登庸(1527—1529)
明德(1527—1529)
太宗登瀛(1530—1540)
大正(1530—1540)
福海(1541—1546)
广和(1541—1546)
福源(1547—1561)
永定(1547)
景历(1548—1553)
光宝(1554—1561)
茂洽(1562—1591)
淳福(1562—1565)
崇康(1566—1577)
延成(1578—1585)
端泰(1586—1587)
兴治(1588—1590)
洪宁(1591)
全(1592)
武安(1592)

后黎朝复辟时期(1533—1789)

庄宗维宁(1533—1548)
元(广)和(1533—1548)
中宗维晅(1549—1556)
顺平(1549—1556)
英宗维邦(1557—1573)
天祐(1557)
正治(1558—1571)
洪福(1572—1573)
世宗维潭(1573—1599)
嘉泰(1573—1577)
光兴(1578—1599)
敬宗维新(1600—1618)
慎德(1600)
弘定(1600—1618)
神宗维祺(1619—1642)
永祚(1619—1628)
德隆(1629—1634)
阳和(1635—1642)
真宗维祐
福泰(1643—1648)
神宗维祺(复位)(1649—1662)
庆德(1649—1652)
盛德(1653—1657)
永寿(1658—1661)
万庆(1662)
玄宗维禑(1663—1671)
景治(1663—1671)

嘉宗维祫(1672—1675)
阳德(1672—1673)
德元(1674—1675)
熙宗维祫(1676—1705)
永治(1676—1679)
正和(1680—1704)
裕宗维禟(1705—1729)
永盛(1705—1719)
保泰(1720—1729)
维祊(1729—1732)
永庆(1729—1732)
纯宗维祥(1732—1734)
龙德(1732—1734)
懿宗维振(1735—1739)
永祐(1735—1739)
显宗维祧(1740—1786)
景兴(1740—1786)
愍帝维祁(1787—1789)

西山阮朝(1778—1802)

阮文岳(1778—1787)
泰德(1778—1787)
阮文惠(1788—1792)
光中(1788—1792)
阮文缵(1793—1801)
景盛(1793—1800)
宝兴(1801)

越 南

阮朝

世祖福映(1802—1819)
嘉隆(1802—1819)
圣祖福皎(1820—1840)
明命(1820—1840)
宪祖福暶(1841—1847)
绍治(1841—1847)
翼宗福时(1848—1883)
嗣德(1848—1883)
协和帝洪佚(1883)
简宗福昊(1883—1884)
建福(1884)
咸宜帝福明(1885)
景宗福升(1886—1888)
同庆(1886—1888)
成泰帝福昭(1889—1906)
成泰(1889—1906)
维新帝福光(1907—1915)
维新(1907—1915)
启定帝福昶(1916—1924)
启定(1916—1924)
保大福晪帝(1925—1949)

四国历史年号索引表 *

* 索引表中各年号后括弧中的数字除注明“见第×××页”者外，均为年代。可根据该年代在各相关表两侧的年代中检索到该年号。

四画

天启(1358)
天启(1621—1627)
天寿(618—619)
天应(781)
天应(927)
天应(1516)
天应政平(1232—1250)
天运(1637)
天命(1616—1626)
天和(566—571)
天和(1681—1683)
天定(1252—1254)
天定(1359—1360)
天定(1369)
天定(1644)
天宝(742—755)
天宝(908—923)
天承(1131)
天明(623—624)
天明(1044)
天明(1781—1788)
天治(1124—1125)
天保(550—559)
天保(562—585)
天保(1830—1843)
天养(1144)
天复(901—903)
天宪(1518)
天显(926—927)
天显(928—937)
天皇(784)
天祐(904)
天祐(1086—1093)
天祐(？—1094)
天祐(1354—1357)
天祐(1557)
天祐垂圣(1050—1052)
天祚(935—937)
天统(565—569)
天统(1362—1366)
天贶宝象(1068)
天顺(1214)
天顺(1328)
天顺(1457—1464)
天顺(1661)
天玺(276)
天玺(399—400)
天监(502—519)
天资嘉瑞(1186—1201)
天载(1130)
天造(622—623)
天康(566)
天授(690—691)
天授(918—943)
天授(1097)
天授(1375—1380)
天授礼法延祚
(1038—1048)
天盛(1149—1169)
天眷(1138—1140)
天符庆寿(1127)
天符睿武(1120—1126)
天辅(1117—1122)
天辅(1227—?)
天喜(1053—1057)
天禄(947—950)
天禄(970—972)
天赐(404—408)
天赐(1214)
天赐礼盛国庆
(1069—1073)
天感圣武(1044—1048)
天感至宝(1174—1175)
天瑞景星
(见第160、261页)
天福(936—942)
天福(943)
天福(947)
天福(980—988)
天福(1233)
天嘉宝祐(1202—1204)
天嘉(560—565)
天彰有道(1225)
天德(943—945)
天德(957—960)
天德(1149—1152)
天德(1708)
天聪(1627—1635)
天禧(1017—1021)
天禧(1178—1211)
天禧(1205—1207)
天赞(922—925)
太(大)宁(561)

五画

六画

七画

应天(1206—1209)
应长(1311)
应永(1394—1412)
应永(1413—1427)
应安(1368—1371)
应安(1372—1374)
应运(994—995)
应和(961—963)
应保(1161—1162)
应顺(934)
应乾(943)
应道(809)
应德(1084—1086)
更始(23—25)
更始(385)
更始(409—411)
灵龟(715—716)
证圣(695)
赤乌(238—250)
赤符(1337)

八画

身圣(1196)
享和(1801—1803)
享保(1716—1735)
享禄(1528—1531)
享德(1452—1454)
和平(150)
和平(354)
和平(460—465)
和平(551—554)
和铜(708—714)
垂拱(685—688)
始元(前86—前81)
始元(911—?)
始平(506—507)
始光(424—427)
始兴(616)
始兴(618—624)
始建(752—768)
始建国(9—13)
定武(1646—1663)
定鼎(391—393)
宝义(1227)
宝大(924—925)
宝元(1038—1039)
宝历(825—826)
宝历(1751—1762)
宝历(1763)
宝正(926—931)
宝永(1704—1709)
宝永(1710)
宝庆(1225—1227)
宝兴(1801)
宝应(762)
宝龟(770—780)
宝治(1247—1248)
宝祐(1253—1258)
宝符(1273—1278)
宝鼎(266—268)
宝德(1449—1451)
居摄(6—8)
庚子(400—404)
庚寅(1646—1651)
建久(1190—1198)
建义(385—387)
建义(500)
建义(528)
建中(780—783)
建中(1225—1231)
建中靖国(1101)
建仁(1201—1203)
建元(前140—前135)
建元(315)
建元(343—344)
建元(365—384)
建元(479—482)
建元(536—539)
建元(540—550)
建历(1211—1212)
建文(1399—1402)
建长(1249—1255)
建世(25—27)
建宁(168—171)
建平(前6)
建平(前5—前3)
建平(330—333)
建平(386)
建平(398)
建平(400—404)
建弘(420—427)
建永(1206)
建光(121)

九画

十画

十一画

十二画

十三画

十四画

十五画

十六画

十八画

二十三画

附录一

武王伐纣之年可以用科学的方法推定

一、夏商周断代工程推得的克商之年尚需检定

第九个五年计划期间立项的夏商周断代工程，确定武王克商的年代是其重要的目标之一。公开发表的年代，迄今见到的文献只有 2000 年公布的阶段成果报告《简本》。其研究内容和结果，主要反映在第三部分“武王克商的研究”之中。1997 年，重点发掘了沣西 H18 周人的文化遗存，得出克商之年的范围为公元前 1050—前 1020 年。这一结论是正确的。

伐纣之年，曾经留存有《武成》和《世俘》历日，我们认为，这些最为可信的天文史料，是检验克商之年的主要依据。

被工程专家组认可的伐纣之年的备选年代有三个。首选之年为公元前 1046 年，它符合《武成》《世俘》历日天象；公元前 1044 年为利用岁鼎等七个历日天象，是符合得最好的，这是逐次筛选的唯一结果；公元前 1027 年为《古本竹书纪年》记载的伐纣之年。

以上是专家组提供的可供选择的三个备选伐纣之年，可供学者们研究决定。*

---

* 夏商周断代工程专家组编著：《夏商周断代工程 1996—2000 年阶段成果报告（简本）》，世界图书出版公司，2000 年，38—49 页。

二、公元前1046年是《武成》《世俘》历日的最优解

我们认为，使用张培瑜《中国先秦史历表》来确定伐纣之年的历日干支是否合天，是判断所定伐纣之年是否正确的简单易行的重要标准。所谓从七个天象中筛选出符合得最好的年份的想法，是多余的。

因为阴阳历只决定于太阳和月亮的行程，古代称日月为两个大明，太阳决定历法中的季节和月序，月亮决定日序。因此推定伐纣之年，不需要其他天象。所以推定伐纣之年而设立的推算七个天象历日的最佳位置没有意义。

我们不知道选择公元前1044年为伐纣之年唯一结果的理由，是否包括月相相合？这是江晓原等人所主张的伐纣之年。*

笔者设定的西周历法模型如下**：

西周的历法以朔望月为基础，大小月相间，每隔若干个大小月，置一个连大月。西周的日序从朏日开始，至下一个朏日前一天，为一个月。故大月30天，小月29天。每月分上下两个半月，每月的上半月的第一天至最后一天，都可以称为既生霸；每月下半月的第一天至最后一天，均可称为既死霸。因此，每个既生霸都是15天，每个既死霸可以是15天，也可以是14天。

西周以干支纪日，上半月的第一天为朏日，下半月的第一天又称为既望。通常第一天不纪干支，如《武成》《世俘》所载某月既生霸、既死霸等。其他日期则须写上干支以示区别，如既生霸丙戌、既死霸丁亥等。

我们将《中国先秦史历表》称为合天历，如果将西周的合天历称为农历，则朏日只可能是农历的初二、初三和初四，那么其所对应的下半月第一天就是17、18、19和20日，不可能是其他日期。

---

* 江晓原：《回天——武王伐纣与天文历史年代学》，上海人民出版社，2000年。

** 陈久金：《关于夏商周断代工程西周诸王王年的修正意见》，《广西民族大学学报》，2014（3）。

据《武成》和《世俘》，武王步自周都的日期有二说。一是《世俘》记载的丁丑（旁生霸丙子的下一天）；二是《武成》记载的癸巳（旁死霸壬辰的下一天）。可能武王在一月初三旁生霸丁丑日之后的行程，又有停顿，故暂以《武成》旁死霸的下一日为准。至二月既死霸庚申十八日，越五日甲子二十二日克商。

自正月癸巳二十一日，至二月甲子，计 32 日。自正月壬辰旁死霸，至二月既死霸庚申，确为 29 日，为朔望月中的小月。因此，西周历法中的既死霸、旁死霸、既旁死霸，是同一个概念，由此推理，既生霸、旁生霸、既旁生霸也是同一个概念。

《中国先秦史历表》公元前 1046 年正月朔为癸酉，二月朔为癸卯，与《武成》《世俘》所载天象历日几乎完全相合。而公元前 1044 年的正月朔日为辛卯，二月为辛酉，三月为庚寅，四月为庚申。由此推得正月旁死霸壬辰为 2 日，二月初四日为甲子，它与《武成》历日干支相差甚远。故我们不认为公元前 1044 年的天象历日与历史记录相合。

至于公元前 1027 年的伐纣之年，根本就不讲该年的月相，这是刘雨等人所主张的克商之年。* 它被定为备选伐纣之年，仅是因为古本《竹书纪年》记载了西周总年为 257 年，它与平王东迁之年相加，便为前 1027 年。但是，据《中国先秦史历表》，前 1027 年正月朔为壬午，二月朔为壬子，四月朔为壬亥，与《武成》伐纣之年的月相显然不合，故前 1027 年也不是伐纣之年。

《世经》引《武成》记载的如下：“惟一月壬辰旁死霸，越翌日癸巳，王朝步自周，于征伐纣。越若来二月既死霸，越五日甲子，朝至接于商，则咸刘商王纣。唯四月既旁生霸，越六日庚戌，武王燎于周庙，若翌日辛亥，祀于天位，越五日乙卯，武王乃以庶国祀馘于国周庙。”

有人批评说：“怀疑《古本竹书纪年》这个真古，相信假古，却偏偏去相信伶州鸠的鬼话，去相信贩卖历史假货出了名的刘歆的《武成》

* 刘雨、何炳棣：《夏商周断代工程基本思路责疑》，《刘雨金文论集》，紫禁城出版社，2008 年。

历日，这不能不说他们在研究的大思路上迷失了方向。”*

我们认为，这种批评是没有什么道理的。说我们贩卖历史假货，是乱扣帽子。刘歆《世经》引三统历所推《武成》历日，有《逸周书·世俘》可以为证。《武成》有古文和今文两种版本，文字略有出入，但并不矛盾。** 正如《简本》所说，《世俘》必非后人伪托，最为可信，是公认为检验克商年的主要依据。***

《武成》《世俘》历日与《中国先秦史历表》合天历的对应关系得稍加说明。这里的旁生霸、旁死霸、既死霸、既旁死霸等都是定点。它象征着一月两分上下半个月的第一天，上半月 15 天，下半月 15 或 14 天。正因为这样，这些名词后面才没有干支。旁者，方也。既死霸者，下半月的第一天。既旁生霸与既生霸相同。

因此，《武成》《世俘》的前 1046 年伐纣之年历日推导如下：正月癸酉朔，旁生霸丙子 4 日，若翌日丁丑 5 日，这是《逸周书》载王步自周的日期。旁死霸壬辰 20 日，无论是《世俘》还是《武成》载旁生霸、旁死霸时，均不缀干支，这是上、下半月第一天的特殊用法。若翌日丁丑 21 日武王步自周，于征伐商。二月癸卯朔，既死霸庚申 17 日，此处的二月既死霸与一月的旁死霸均为下半月的第一天，日期依法推出。越五日甲子 22 日，咸刘商王纣。四月壬寅朔，既旁生霸甲辰 3 日，此处的既旁生霸即旁生霸，为上半月的第一天。越六日庚戌 9 日，燎于周，翌日辛亥 10 日，祀于天。越五（四）日乙卯 14 日，祀馘于周庙。可见《武成》《世俘》所推历日，都是合天的。

三、五星聚等天象证实公元前 1046 年为伐纣之年

公元前 1046 年为克商之年，还有一个可靠的天象记录为实证，那

---

* 刘雨、何炳棣：《夏商周断代工程基本思路责疑》，《刘雨金文论集》，紫禁城出版社，2008 年。

** 可参考《世俘》《武成》。

*** 见：郭沫若《中国古代社会研究》中的译语。又见：《夏商周断代工程 1996—2000 年阶段成果报告（简本）》第 45 页下。

就是五星聚会。以异常天象来预言社会的治乱，是中国古代文化的传统特色和政治斗争的一种手段。这种现象，至少已经出现在用来解释商代夏政的上帝示警上。周文王与商纣王的斗争，也利用了这一政治斗争的手段。据文献记载，当时出现的瑞象至少有3条：

(1)《墨子·非攻下》说："赤鸟衔珪，降周之岐社，曰天命周文王，伐殷有国。"*

(2)《国语，周语》说："武王伐纣，岁在鹑火……我有周之分野。"**

(3)《春秋·元命苞》说："殷周之时，五星聚。"***

《墨子》是战国时人写的一本书。赤鸟就是朱雀，朱雀是四灵之一。周民族属于朱雀图腾的代表。赤鸟降落在周社，是说克商的前几年，有朱雀降落在周地，即出现周民族就要发迹的瑞象。赤鸟降落，当在文王在位之时。文王受天命，总得找到一个可以借托的理由。便是天上出现五星聚合的天象。经研究，正是天垂象的第二年，文王受天命讨伐殷纣建国。由此可见，五星聚之年，当是文王受命之前的一年。

《国语》是春秋左丘明撰写的书，其中提到武王克商当年，岁星正在鹑火星次。按星占观念，岁星所在的星次所对应的国家有利。所以，殷周之战，周胜利了，是周人取得政权的象征。正是出于这句话，张钰哲，张培瑜才著文《殷周天象和征商年代》，指出克商之年的可能年份为公元前1058、1046、1035、1023等。**** 可见，早在多年之前，两位张先生就据"岁在鹑火"这句话，将前1046年推为克商之年之一。

正是由于纣王的暴虐和异常天象的出现，才引起文王受命，改元称王。最大的异常天象莫过于五星聚会。因此，问题变得很简单。文王受

---

* 见：《墨子·非攻》《百子全书（第五卷）》，浙江人民出版社，1984年。

** 邬国义等：《国语译注》，上海古籍出版社，1994年，99—103页。

*** 见：《纬书集成》所辑《说郛》中《春秋·元命苞》，上海古籍出版社，1994年，131页。

**** 张钰哲、张培瑜：《殷周天象和征商年代》，《人文杂志》，1985（5）。又载《武王克商之年研究》，北京师范大学出版社，1997年，327—334页。

命到武王克商，究竟是多少年？据《尚书·泰誓》的记载和《世经》等的考证，文王受命称王后九年卒。武王即位，不改受命之元，十一年八百诸侯盟会于孟津观兵，十三年克商，完成了统一大业。只要知道了文王称王之年，就可推得克商的历史年代。

五星运动的位置，人们早在二三百年之前就能精密推算。直到最近几年，汉学家美国人班大卫撰《天命的宇宙——政治背景》，他将这次五星聚的时间推定为公元前 1059 年 5 月。五星聚集于鬼宿附近四度的范围之内。则受命后十三年，确为公元前 1046 年克商之年。* 可以肯定地说，有了此五星聚会的天象记录为证，公元前 1046 年为克商之年，已经成为不可动摇的铁定事实。也只有通过金文历谱诸多文献和月相论证，与五星聚合的天象记录不谋而合，才能得到确定无疑的结果。

事实上，北京国家天文台的赵永恒教授，已先于我们认识到这一发现的价值。他称已利用《瑞士星历表》软件，推算到公元前 1059 年 5 月 28 日，确实有五星聚于鬼宿的天象，从而推得克商之年为公元前 1046 年。他最后总结说："我同意此结论。"** 早在四十年前，张钰哲、张培瑜撰《殷周天象和征商年代》中，已指出了这次五星聚的时间为 1059 年 5 月 28 日，聚会的星空为井宿六度的范围，与班大卫、张永恒所推基本一致。可见公元前 1046 年为克商之年，已得到社会的广泛认可。

尚有疑问的是，较晚的文献如《御览》引《春秋·元命苞》在五星聚之后又多了"于房"二字。又《诗纬》说："五纬聚房，为义者受福，行恶者亡。"五星聚多出"于房"二字，明显是后人伪造。这是因为，很多人都认为二十八宿创立于周代，故文王时大概尚未有房宿的概念。即使司马迁写《天官书》时，其所载星座与后世也有很大不同。可见"于房"二字必为后人伪造。

---

* 徐凤先译，班大卫撰：《武王克商之年研究》，北京师范大学出版社，1997 年；又见徐凤先译，班大卫撰：《中国上古史实揭秘——天文考古学研究》，上海古籍出版社，2009 年。

** 赵永恒：《唐虞夏商天象考》，《重庆文理学院学报》，2011（2）。

中国的岁星纪年，每十二年巡天一周。岁星每年巡行一个星次，黄道带共分十二个星次。岁星运行到井宿、鬼宿时，为鹑首星次，柳宿、星宿、张宿时为鹑火星次，翼宿、轸宿时为鹑尾星次。以下顺次类推，不再重复。与此有关的问题是，利用岁星纪年，可以再次证实五星聚与克商之年的关系。据《周语》记载，伐纣之年正逢岁在鹑火之年。又据张培瑜和赵永恒推算，五星聚会在井宿和鬼宿，则井宿、鬼宿星次正在鹑火前一个星次，即正好黄道带一周多一个星次，恰为十三年。这再次证明，五星聚之年（前 1059 年），距岁星两次经过鹑火的时间为十三年。故武王克商，必为公元前 1046 年无疑。

附录二

对西周诸王王年的最终修正意见

笔者研究西周金文历谱，从1985年发表《西周月名日名考》以来已有数十年，曾参加夏商周断代工程专家组的研究工作。《简本》发表以后，曾听到一些批评意见，这对改进西周诸王王年的研究是有利的。[*] 现将修订和补充工作阐述如下。

一、利用已知王年及已确定该王时四要素俱全之记录，推定初吉、既生霸、既望、既死霸的日期，以定西周历法

西周使用什么历法，各家说法不一。刘歆是以既望为实望，以死霸为前半月，生霸为后半月的二分说。近人大多信王国维创立的四分月说。且不论先利用《史记·周本纪》记载的周幽王在位11年，周宣王在位46年的记录，他们的绝对年代是确定的。现今人们已经有许多出土的青铜器，可以确定是幽王、宣王时器，那么利用张培瑜《中国先秦史历表》就可推定幽王、宣王时器的初吉、既生霸、既望、既死霸的日期。[**] 由此可以确定，这些西周日名的日序（即朔望月合天历的日期），得到的这些日序都是实有的。现将可以证实确是幽王、宣王时四要素俱全的青铜器日序公布如表1。

---

* 夏商周断代工程专家组编著：《夏商周断代工程1996—2000年阶段成果报告（简本）》，世界图书出版公司，2000年。

** 张培瑜：《中国先秦史历表》，齐鲁书社，1987年。

表1　宣王、幽王时四要素俱全的青铜器日序

编号	文献或器名	王年	公元前	年月日干支纪时词语	推排结果
宣王（前827—前782）					
1	郾簋	宣一	826	二年正月初吉丁亥	正月丙戌朔，丁亥二日
2	颂鼎、壶、簋	宣二	825	三年五月既死霸甲戌	五月戊申朔，甲戌二十七日
3	兮甲盘	宣五	823	五年三月既死霸庚寅	三月丁卯朔，庚寅二十四日
4	此鼎、簋	宣十七	811	十又七年十又二月既生霸乙卯	十二月癸丑朔，乙卯三日
5	吴虎鼎	宣十八	810	十又八年十又三月既生霸丙戌	十三月丁丑朔，丙戌十日
6	趩鼎	宣十九	809	十又九年四月既望辛卯	四月甲戌朔，辛卯十八日
7	伊簋	宣二十七	801	王廿又七年正月既望丁亥（丑）	正月庚申朔，丁丑十八日
8	膳夫山鼎	宣三十七	791	卅又七年正月初吉庚戌	正月癸巳朔，庚戌十八日
幽王（前781—前771）					
9	柞钟	幽三	779	三年四月初吉甲寅	四月辛亥朔，甲寅四日
10	史伯硕父鼎	幽六	776	六年八月初吉己巳	八月辛酉朔，己巳九日

各类青铜器所在的王世，前人已经做过大量的研究，判断其王世的依据，有的根据其文字记载加以分析，有的根据不同器形和纹饰等加以判断。张长寿、陈公柔、王世民均以研究西周青铜器的分期著称。其《西周青铜器分期断代研究》（简称《分期断代研究》）曾系统地介绍分析了各类器形的王世特征。*

关于“此簋”的王世，《分期断代研究》指出：“1975 年陕西岐山

* 王世民、陈公柔、张长寿：《西周青铜器分期断代研究》，文物出版社，1999 年，97 页。

董家村青铜器窖藏出土，共8件。”“均为西周晚期宣王前后器。”* 据作者判断，由于出土在同一窖藏，又有8件器同时出土，其制作的王世为宣王时代，是可以确定的。由于宣王在位的绝对年代是已知的，故其当时的天象也可以用科学手段推出。所得结果为宣王十七年是公元前811年，其十二月既生霸乙卯的日期为初三日。这一结论意义十分重大。它表明，刘歆“死霸为朔后半月，生霸为望后半月”的假设不正确；王国维既生霸为一个月中第8、9日至14、15日的第二段的假设也不正确。它的日序，非但可以小于初八、初七，而且可以是朏日。由于是8件器盖同铭，其干支不可能发生错乱。可见这一结论是不可动摇的。

吴虎鼎：《分期断代研究》指出：“1992年陕西长安县申店乡徐家寨村出土……铭文有……王重申先王之命，授吴虎土地。”“可见此鼎（指吴虎鼎）应视作宣王时的标准器。”** 既然吴虎鼎是宣王标准器，那么据吴虎鼎推得的宣王十八年十三月既生霸丙戌为十日当属无疑。根据此鼎和吴虎鼎推得的既生霸日期介于三日和十日之间，由此可证，西周既生霸的范围，当在朏日和既望之间。

兮甲盘：器内有铭文13行129字。铭文记述了兮甲从王“初格伐猃狁”之事，“学者公认此盘为宣王时期器。”*** 这个例证，推得宣王五年既死霸庚寅为二十四日。由此可彻底否定刘歆死霸前半月、生霸后半月的观点。由此可定既死霸为既望至月末的日序。

颂鼎：除颂鼎外，同铭器还有簋、壶，为一组西周晚期前后器。这些器物，连同下文将提及的趞鼎，均称之在周康邵宫。这个在周康邵宫办事的王，《分期断代研究》定为西周晚期偏早，约为厉王前后器。**** 根据张培瑜用科学方法推得的合天历，厉王三年五月甲戌这一天不在下半月，从而可知，颂器不是厉王时器，而是宣王时器。由于颂鼎的王世

* 王世民、陈公柔、张长寿：《西周青铜器分期断代研究》，文物出版社，1999年，97页。

** 同上，41页。

*** 同上，156页。

**** 同上，47页。

被定为西周晚期，在大的时代上说是一致的。就器形加以分期，前后相差一个王是允许的。因此，将颂鼎看作宣王时器应不成问题。

趞鼎：器内有铭文10行95字。《分期断代研究》指出："此鼎铭文称'王在周康邵宫"，"与颂鼎相同，器形、纹饰亦同，其年代应相近，或是宣王前后器。"* 趞鼎载"十又九年四月既望辛卯"，推得宣王十九年四月既望辛卯为十八日。既望是什么含义，刘歆定义为定望，近代学者也大多理解为定望或合望之日。持四分月说的学者将既望理解为一个朔望月中的第三段，大致介于十五至二十三日之间。那么，所推宣王趞鼎的日期，当与四分月说最近。如果四分月说之初吉，确可作为第一段，那就好办了，但初吉真可作为第一段吗？下文将深入讨论。

膳夫山鼎：该鼎明确是幽王和宣王时的四要素齐全的青铜器。如果是初吉，还可以检验西周历法是否是四分月历。当然，这要看这些记录中，是否存在检验的条件，而这些记录中正好具备这个条件。山鼎，陕西扶风出土。其内壁有铭文12行119字。其铭文曰："惟卅又七年正月初吉庚戌，王在周各图室，南宫乎入右膳夫山。"《分期断代研究》判山鼎为西周晚期最高之器，"应在宣王时期"**，推排的结果为宣王三十七年正月初吉庚戌十八日。以往相信西周行四分月历的学者，不管是什么王，都尽可能将山鼎的初吉记录往七日以内靠，但即使是厉王三十七年，也不能相合。再往前就更难找到相应的初吉了。因此，决不能削足适履，推得的初吉为正月十八日是正确的。由此证明，西周的初吉，可以是十八日。西周历法，根本没有四分月之说，这当是铁证。

伊簋：该簋失盖，器为日本小川氏收藏。铭曰："惟廿又七年正月既望丁亥。王在周康宫。"《分期断代研究》指出："颂簋趞鼎铭文均载王在周康邵宫，此铭为周康宫穆大室，年代应相同，或稍晚。约为厉王前后。"*** 如此表述的分期意见，应如何理解呢？我们认为，与以上颂

---

* 王世民、陈公柔、张长寿：《西周青铜器分期断代研究》，文物出版社，1999年，48页。

** 同上，47页

*** 同上，91页

簋趩鼎王在周康卲宫的意见，当为厉王、宣王时代。“或稍晚”，更当理解为是宣王时代。但其铭文为二十七年正月既望丁亥，这个丁亥，不落在传统的既望范围之内，该如何理解？笔者认为，其铭文干支肯定有错。其错误的原因当如张闻玉《西周王年论稿》所述，所记丁亥者，并不都是真的丁亥，“记丁亥者，取其吉祥之义”。* 通过计算，此处的丁亥，实为丁丑，只是因为丁亥比丁丑更好，才改为丁亥。由此，得到两个既望干支均为十八日，一个是真实推出的，另一个是改了一个字得到的。如此看来，西周既望，很可能是平均在十八日前后，而不是人们通常所理解的实望。推为十八日的根据是，初一是朏日，即农历初三，距十八日确为半个月十五天。

二、初吉的含义和西周历法

经过宣、幽二王初吉日期的检定，用实际所得初吉的日期，否定了四分月说的存在。山鼎只可能是宣王时器，但推得的初吉不仅容纳不了四分月说的第一周，它为第十八日的结果是不可动摇的。由此可否定四分月说的客观存在。那么，初吉的含义是什么，人们为什么喜欢使用初吉这个词呢？现将《简本》载初吉的记录，按干支顺序重做排列如表2。

表2　《简本》载初吉按干支顺序排列资料

干支序数	初吉干支	铜器名称	铭文
6	己巳	史伯硕父鼎	六年八月初吉己巳
11	甲戌	虎簋盖	卅年四月初吉甲戌
11	甲戌	宰兽簋	六年二月初吉甲戌
11	甲戌	师俞簋盖	三年三月初吉甲戌
11	甲戌	师晨鼎	三年三月初吉甲戌
15	戊寅	十三年㾓壶	十又三年九月初吉戊寅
15	戊寅	晋侯苏钟	卅又三年六月初吉戊寅

* 张闻玉：《西周王年论稿》，贵州人民出版社，1996年，157—158页。

续表

干支序数	初吉干支	铜器名称	铭文
16	己卯	番匊生壶	廿又六年十月初吉己卯
18	辛巳	伯大祝追鼎	卅又二年八月初吉辛巳
24	丁亥	齐生鲁方彝盖	八年十二月初吉丁亥
24	丁亥	吴方彝盖	二祀，二月初吉丁亥
24	丁亥	散伯车父鼎	四年八月初吉丁亥
24	丁亥	散季簋	四年八月初吉丁亥
24	丁亥	师𣪕簋	元年正月初吉丁亥
24	丁亥	三年师兑簋	三年二月初吉丁亥
24	丁亥	郑季盨	元年六月初吉丁亥
24	丁亥	师嫠簋	十又一年九月初吉丁亥
24	丁亥	鄀簋	二年正月初吉丁亥
24	丁亥	虢季子白盘	十又二年正月初吉丁亥
27	庚寅	王臣簋	二年三月初吉庚寅
27	庚寅	谏簋	五年三月初吉庚寅
27	庚寅	克镈、钟	十又六年九月初吉庚寅
27	庚寅	克盨	十又八年十又二月初吉庚寅
29	壬辰	鬲攸从鼎	卅又一年三月初吉壬辰
35	戊戌	师望簋	十又三年六月初吉戊戌
35	戊戌	师望鼎	十又三年六月初吉戊戌
39	壬寅	无曩簋	十又三年正月初吉壬寅
47	庚戌	膳夫山鼎	卅又七年正月初吉庚戌
47	庚戌	五年卫鼎	五年正月初吉庚戌
51	甲寅	柞钟	三年四月初吉甲寅
51	甲寅	元年师兑簋	元年五月初吉甲寅
52	乙卯	趩尊	二祀三月初吉乙卯

上表的作用，需稍加说明和分析。对于初吉干支，以干支顺序排列的有利之处，在于可以清楚地看出，每个干支的初吉出现的次数。这个方法便于探讨初吉的性质。在32条初吉记录中，可以明显地看出，其分布十分不均匀。其中只有14个干支有记录，这在60个干支中，只占少数。经统计，其中丁亥就占了10条，甲戌和庚寅各占了4条。仅这3个初吉干支记录，就占全部初吉记录的一半还要多。其中有相邻两个干支均可为初吉记录，也有连续13个干支间均没有记录者，这种不均匀分布，是完全不合四分月说当均衡分布的常态的。因此，只有对以干支为顺序排列的初吉资料进行分析，才能真正认识到初吉不是月初的前七天。

那么，初吉是什么含义呢？我们认为，初，是该月的第一个或第一次。吉，为吉利的日子。干支有60个，而每个月只有30天。所以，对任何干支而言，初吉可以出现在月中的任何一天。当然，吉利的日子，只是术家或方家所为，各有各的标准，没有太多科学依据。还有一种解释是如张闻玉所述，有“丁亥为亥日例”“庚寅为寅日例”。由于丁亥、庚寅、甲戌为公认的吉日，凡是亥日、寅日、戌日等干支，也可附会为吉日。即便如此，初吉记录对于确定西周王年，仍然有着重要作用。至少在该王年中，应包含有这个王年，在该月中，应有这个干支。*

因此，关于初吉的性质，《易经》的解释是正确的。《易·既济》说：“初吉终乱。”“初吉，柔得中也，终止则乱，其道穷也。”初，即刚刚来到；吉，为吉利、吉祥之义，有逢凶趋吉之义，与凶字相对应。又《仪礼·少牢馈食之礼》云：“来日丁亥，用荐岁事于皇祖伯某，以某妃配某氏尚飨。”疏曰：“以日有十，辰有十二。以五刚日，配六阳辰，以五柔日配六阴辰。若以甲子、乙丑之等，以日配辰，丁日不定，故云丁未必亥……不得丁亥，则己亥、辛亥亦用之。”又“日用丁巳”。疏曰：“外事以刚日，内事以柔日。内事为冠昏祭祀，出郊为外事，谓

* 张闻玉：《铜器历日研究》，贵州人民出版社，1999年，14页。

征伐巡守之等，若然甲、丙、戊、庚、壬为刚日，乙、丁、己、辛、癸为柔日。”故使用初吉作祭祀、纪念之日时，当有刚柔、阴阳之别。外事为征伐、巡守等，用甲、丙、戊、庚、壬为五刚日和子、寅、辰、午、申、戌为六阳日，内事为冠、昏、祭祀等，用乙、丁、己、辛、癸五柔日和丑、卯、巳、未、酉、亥六阴日。可以用相应干支替代，但不能刚柔、阴阳乱用。

由此可见，具有较多丁亥初吉的记录，是由于内事祭祀、纪念、制作青铜器时为借用丁亥吉祥之义，另有甲戌、庚寅初吉较多的外事状况，亦大致相同。

也有学者指出，殷亡国之日，和本朝帝王的忌日，当为凶日，不可作为吉日，金文中至今不见初吉甲子的记录，可能正是这个原因。不然，如此重要的干支，不见初吉的记录就说不通了。*

西周行用什么历法？经过幽王、宣王检定的既生霸、既望、既死霸所得大多都是合天历的日期。西周行用四分月历的观念已被膳夫山鼎的初吉日期所否定，并且得到《周易·既济》等周代文献的相同解释，那么西周行用四分月历就是虚无的。西周行用的历法，当可以用幽王、宣王推得的合天历日期确定。

最有价值的当推趞鼎的既望十八日。该年（前 809 年）的实望之日在十五，但既望在十八日。这表明，西周的既望在实望后的 2—3 日。这也得到伊簋的间接证实，改定后的伊簋既望，也是十八日。这一结果，绝非偶然。

在西周的文献中，有朏日的记载，例如《尚书·召诰》有“越若来三月，惟丙午朏”，《尚书·毕命》有“惟十有二年，六月庚午朏”的记载。朏为初见新月的日子。朏日是容易观察的，上古时人们在尚未掌握朔日的测定方法以前，往往以朏日为标准。因此，可以认为，西周是以朏日为月首的。朏日是农历的初二或初三，以初三为多数。从初三

* 根据《武成》《世俘》等记载，克商之日为甲子日。

到十八，为半个月十五天。因此，既望为十八日。这种现象恐怕当有特殊的意义。由此看来，当时人们为何称既望而不称合望或望，其用意也就清楚了。既者，已也。已经过望了之义。更确切地说，是初亏。周人将既望定在初亏而不是望日，是有深刻含义的。由于月初在朏日，经过半个月十五日左右为既望，再经过半个月十五或十四天左右，又回到朏日，为一个朔望月。周人的定月方法即如此确定。

以往学者确定既望日的方法十分不合理。大多以实望前后为基础确定为农历的十四到十六，但具体相合的标准，认为从十五到二十二、三日都可以，这是没有多少科学依据的。我们重新审定的这种方法简称为二分法，其与现行傣历有许多相同之处。这类历法的相同之处，也就是二分历法的基本特点，是以月初、月中为界，将一个朔望月均分为两半，成为白半月（既生霸），黑半月（既死霸），或称为生长光的半月和失去光的半月。不同之处是傣历以朔为月初，望日为月中，晦日为月末。周历则以朏日为月初，十五日后的既望（月亏之日）前一日为上半月（既生霸），以既望至朏前一日，即朔日为下半月（既死霸）。

须务必注意的是，按二分说，月初（朏）距既望（哉死霸）只能是十五天。据宣王金文历谱，宣王时的两个既望均为十八日，那么其初一不可能是朔日，而只能是农历的初三即朏日，为初见新月之日。由此可见，迟至西周宣王之时，仍然使用以朏日为每月的第一天，这一结论明确无误。据《分期断代研究》：“（趋鼎与颂鼎相同，器形、纹饰亦同，其年代应相近，或是宣王前后器。”既然西周最后两个王仍以朏日为初一，那么整个西周时代，就不存在改以朔日为初一的可能性。由此可证，西周时的初一是朏日，而不是朔日。

三、西周金文历谱和诸王王年的推定

有了对西周历法和初吉的基本认识以后，就有了推定西周金文历谱和诸王王年的基础。认识到西周纪日方法具有朏日和既望日两个定点以后，推定金文历谱便呈现以下基本事实：只要诸王王年确定，这两个定

点就是固定的。由此便可找到排谱的一个基本技巧，先确定诸王世中的定点既望和朏日，用以确定该王在位年数的框架，然后再分配既生霸、既死霸和初吉的干支。如果确定是该王世的干支记录，那就一定在设定的范围之内，如果月相干支不合，那就要别求他王。

西周金文历谱可以按以下步骤进行：

（1）寻找尽可能多的、可靠的西周诸王王年的记录。

（2）在保证该王有最高王年记录的情况下，寻求合于上一王世的既望或朏日干支日期。找到合适的既望或朏日日期之后，该王的即位之年也就确定。

（3）逐次往前推定，直到开国元年。

由于是利用张培瑜的《中国先秦史历表》推算，任何人做都是一样的。因此，推得的结果不存在个人偏见，应该是西周历法客观、公正的反映。西周历法只有既生霸、既望和既死霸这三类月相名词。据以上分析，这种状态只可能是一月二分的历法，而且以既望为中分、定点。可确知，西周的历法是一月分为上下两个半月的二分历，初一至十五为上半月，十六至三十或二十九为下半月；下半月的第一天为既望。若该月的第一天为朔后一日，则既望为十七日；该月的第一日为初三，既望即为十八日；若第一日为初四，则既望为十九或二十日。与傣历大同小异。我们与四分月说对既望理解的不同之处在于，朏日与既望之间的日数是固定的，均为十五天。既望是专名、定点。其既望之日序的最大差距仅为十七至二十日，是朏日在朔望月中的变化和推算不精造成的。

值得注意的是，伊簋的廿又七年正月既望丁亥，与宣王廿又七年不合的改动。若将丁亥改为丁丑时，不仅与既望的日序相合，而且合得很好。不仅如此，丁丑与丁亥柔日阴辰，正合于《仪礼·少牢馈食之礼》疏的说法。这应该是符合一定规律的。

1. 厉王与共和的金文历谱

本表（表3）共安排铜器23件，共和世无器。对比《分期断代研究》，这批铜器绝大多数都落在西周晚期，仅个别落在孝夷时期。为了与月相相对应，做出这样的调整是必要的，也是断代范围允许的。

表3　厉王金文历谱

编号	文献或器名	王年	公元前	年月日干支纪时词语	推排结果
厉王（前877—前841）					
49	逆钟	厉元	877	王元年三月既生霸庚申	三月辛亥朔，庚申十日
50	元年师兑簋	厉元	877	元年五月初吉甲寅	五月庚戌朔，甲寅五日
51	郑季盨	厉元	877	王元年……六月初吉丁亥	六月庚辰朔，丁亥八日
52	师俞簋盖	厉三	875	三年三月初吉甲戌	三月己巳朔，甲戌六日
53	师晨鼎	厉三	875	三年三月初吉甲戌	三月己巳朔，甲戌六日
54	四年瘐盨	厉四	874	四年二月既生霸戊戌	二月癸巳朔，戊戌六日
55	谏簋	厉五	873	五年三月初吉庚寅	三月丁亥朔，庚寅四日
56	牧簋	厉七	871	王七年十又三月既生霸甲寅	十三月辛丑朔，甲寅十四日
57	师嫠簋	厉十一	867	十又一年九月初吉丁亥	九月己卯朔，丁亥九日
58	虢季子白盘	厉十二	866	十又二年正月初吉丁亥	正月丁丑朔，丁亥十一日
59	大师虘簋	厉十二	866	正月既望甲午，惟十又二年	正月丁丑朔，甲午十八日
60	大簋盖	厉十二	866	十又二年三月既生霸丁亥	三月丁丑朔，丁亥十一日
61	伯克壶	厉十六	862	十又六年七月既生霸乙未	七月辛巳朔，乙未十五日
62	克镈、钟	厉十六	862	十又六年九月初吉庚寅	九月庚辰朔，庚寅十一日
63	番匊生壶	厉二十六	852	廿又六年十月初吉己卯	十月辛亥朔，己卯二十九日
64	寰盘	厉二十八	850	廿八年五月既望庚寅	五月壬申朔，庚寅十七日
65	鬲攸从鼎	厉三十一	847	卅又一年三月初吉壬辰	三月丙戌朔，壬辰七日
66	伯大祝追鼎	厉三十二	846	卅又二年八月初吉辛巳	八月戊寅朔，辛巳四日
67	晋侯苏钟	厉三十三	845	王卅又三年正月既生霸戊午	正月丙午朔，戊午十三日
68	晋侯苏钟	厉三十三	845	二月既望癸卯（辛卯）	二月乙亥朔，辛卯十七日
69	晋侯苏钟	厉三十三	845	二月既死霸壬寅	二月乙亥朔，壬寅二十八日
70	晋侯苏钟	厉三十三	845	六月初吉戊寅	六月癸酉朔，戊寅六日
71	伯窥父盨	厉三十三	845	卅又三年八月既死霸辛卯	八月壬申朔，辛卯二十日

厉王世可以安排如此众多的青铜器，令人眼花缭乱。首先想到的是“三十七年奔彘”的记录，看此记录是否与专家们定在厉世的几件主要铜器的月相相合？首先注意到的是寰盘和大师虘簋，两件定点既望的记录，尤其是寰盘，《分期断代研究》明确指出“为西周晚期厉王前后器”，以它作为厉世定点没有争议。若共和元年为厉王37年后的一年，厉王元年为前878年，得两个既望均为农历的二十二、二十三日，与月相不合。但若后退1年，以前877年作为厉王元年，则得二器的既望日为十七、十八日，正合于我们设定的日期。考之于厉王世的其他器物也合，于是，厉王末年与共和元年重合的结论由此而得。

晋侯苏编钟出土于晋侯墓地M8中，共16件，铭文共355字。记有7个历日和5个纪时词语，为西周金文所唯一代表：

惟王卅又三年……正月既生霸戊午

二月既望癸卯（辛卯）

二月既死霸壬寅

三月方生霸

六月初吉戊寅……丁亥……庚寅

西周晚期在位超过33年的，只有宣王和厉王。对M8墓中木炭作常规^{14}C年代测定，为公元前808±8年。而据《史记·晋世家》载晋侯苏卒年为宣王十六年（前812年），《史记》所载晋侯苏的卒年与^{14}C所测吻合，如果是宣王三十三年（前795年），入葬的年代要早多了。所以苏钟所载的三十三年当属厉王。这一结论，已为大多数考古学家所认定。

马承源等认为，厉王三十三年为前846年，其二月中的两个干支是颠倒了，应该互相对调。改正后的结果是正月辛亥朔，二月辛巳朔，苏钟正月既生霸戊午为八日，二月既望壬寅为二十二日，既死霸癸卯为二十三日，均合于四分月相，“好似为一月四分月相说和定点月相说的长期讨论，作了一个异常明确无误的结论。所谓定点月相说是不真实的”。*

---

* 马承源：《晋侯苏编钟》，上海博物馆馆刊，1996（7）：1—17页。

首先我们要指出，马先生这个结论是不正确的。其一，传抄中出现干支相邻，只能看作偶然现象，不能作为可以对调的证据，同时改动两对干支中的四个字，在此基础上得出的结论，可信度肯定不高。其二，马先生使用的是以朔为月首的历法，若改为以朏为月首的历法，就都不合了。而经过前面论证，西周是以朏为月首的。而既然要论证四分月说，只讨论了三个元素，尚未涉及初吉，就下这样的结论也许太早了一点。其三，马先生讨论西周行用什么历法时，忘记了讨论六月的干支记录。但实际上，该年六月无初吉戊寅这个干支。由此证明苏钟历日与该年不合。

我们认为，苏钟所载厉王三十三年为前845年，则上年有闰月，正月丙午朔，正月既生霸戊午为十三日；二月乙亥朔，二月既望辛卯为十七日，既死霸壬寅为二十八日；三月方生霸丙午为二日；六月癸酉朔，初吉戊寅为六日，丁亥十五日，庚寅十八日。都符合得很好。

有同行指出，厉王三十七年不应该与共和元年相重合。这个观点值得商榷。对于厉王历谱，笔者作过多种尝试，开始时没有重合，最终改成重合的理由主要有四条。其一，如果不重合，则厉王三十三年六月当没有初吉戊寅这一天。当然，西周的历法当以朏日即哉生魄为每月的第一天，六月朔日为己卯，苏钟六月初吉戊寅为晦日，距六月第一天哉生魄太远。其二，按金文历谱，在厉王时代当有三次既望记录。除苏钟外，还有大师虘簋十二年正月既望甲午和寰盘廿八年五月既望庚寅。如果不重合，苏钟的既望为十一日，大师虘簋和寰盘的既望均为十二日。由于我们认定西周的历法为二分说，这三个既望均越出了我们设定的范围。而如果将二者重合，可得苏钟和寰盘之既望为十七日，大师虘簋之既望为十八日，正处在我们对既望的设定范围。按二分说的意见，既望是下半月的第一天，是定点，其误差的变幅前后不能超过两天。故不得不将二者重合。其三，被前人断为夷厉时期的三十三年伯窥父盨，由于夷王王年不长，故只能在厉世。二者重合，可得既死霸辛卯二十日合。若不重合，推得既死霸辛卯为十四日不合。其四，从实际出发，也有重合的可能性。厉王既是被国人赶跑的暴虐国君，共和执政，当改变政策，自然就有当年改元的可能。于是，可定厉王元年在公元前 877 年。

至于被专家们定位为“厉王前后器”的两件师兑簋，在是否属于同一王世上，观点出现了分歧。由于是低王年，我们认定的初吉并没有必须是前 10 日的规定，故二器无论是同一王世或不同王世，都无关西周王世的确定。

2. 共懿孝夷的金文历谱

《帝王世纪》关于自共王至夷王“四世年纪不明”，已经成为大家的共识。要想弄清连续四世不明的难题，几乎不可能。然而，似乎幸运特别关照我们，特殊情况的出现，使得不可能的事成为可能。这两个特殊情况便是天再旦记录的认证和对趞曹鼎王世认识的改变。

懿王元年天再旦的记录考定为日环食。关于这一点，只有当科学发展到今天的水平才能认识到。这是因为，直到最近几年，天文学家才开始认识到，公元前九世纪前后月亮不均匀运动改正常数能使公元前 899 年日出前后的日环食，确实发生在关中地区。从而证实了《古本竹书纪年》的这条记录，就是懿王元年人们看到的日环食。由此可以确定懿王元年，就是公元前 899 年。*

在探讨天再旦为日食记录的过程中，对交食的发生时间和地点的要求条件都很严格。研究后发现，只有八分以上的大食分日食和日环食，才能产生天再旦现象。也只有在日出前和日落后的短暂时刻，而且只能在狭长的中心食带附近，才能观察到这一现象。从“天再旦”日食记录的叙述来看，显然是没有见到明显的日面亏损现象，因此，日食只可能发生太阳在地平线以下、日出的方向有山岭遮挡或阴云天气，才能见到这一现象。研究者考察了郑地的地形地貌，西周中期史官随懿王观察到的这种异常天象的郑县，就是后世的华县。近年的研究又有人提出，郑在凤翔的线索，经考证也有发生的可能，孰是孰非，尚难定论。

---

* 刘次沅、周晓陆：《“懿王元年天再旦于郑”考证》，《自然科学史研究》，1999（1）：48—54 页。

必须改变趞曹鼎为共王标准器的认识。了解了懿王元年，也就知道了共王末年为前900年。共王元年可用共王标准器来确定。有哪些器可以确定为共王时器呢？据《铜器断代》认定，十五年趞曹鼎是共王标准器，其余还有“共王前后器”走簋、休盘和卫鼎诸器。趞曹鼎为共王标准器的理由是，十五年趞曹鼎说“惟十又五年五月既生霸壬午，龚王在……”按《辞海》等说：“龚，gong 工，供的本体字。通恭。”故大家都认为龚王即共王，趞曹鼎为共王器确定无疑。我们在《简本》即是以此为依据确定的共王元年，以至于穆王五十五年和共王重叠一年等。

然而在这一标准器的指导下，实际与共王时的走簋、休盘等的月相不合，且互相矛盾，从而导致两个既望均出现在农历二十三日的不正常状态。如果走簋、休盘等器不是共王时器，其后懿、孝、夷三王总共只有23年，不可能容纳高王年二十年休盘等器，剩下的就只有穆王。但穆王有三十四年鲜簋标准器，也不能与其相容，那么唯一值得怀疑的就是趞曹鼎了。此事一直使我们心存不安，趞曹鼎会不会不是共王器呢？笔者向著名考古学家请教，得到的答复无容置疑。笔者仍持怀疑态度，后来注意到，《康熙字典》释“龚”说：“《唐韵》俱容切，《集韵》居容切，并音恭。”《汉语大字典》除将龚读作 gong、九容切以外，还释作通“用”（yong）。“龚，叚借为用。”“龚、用，丧、爽音同。”又《说文解字》说：“龚，给也。从共，龙声。”据此可以认为，龚字在上古时，除可读供以外，还可读作同、用、龙。龚王与共王并非一人，但由于均有共字偏旁的关系，当为兄弟辈，故龚王可能是孝王的另一称呼。

我们取共王24年，懿王3年，孝王15年，夷王4年，可得四王世金文历谱如表4。

表4　共、懿、孝、夷王金文历谱

编号	文献或器名	王年	公元前	年月日干支纪时词语	推排结果
共王（前923—前899）					
23	三年卫盉	共三	921	三年三月既生霸壬寅	三月丙申朔朔，壬寅七日
24	达盨盖	共三	921	三年五月既生霸壬寅	五月乙未朔，壬寅八日
25	五祀卫鼎	共五	919	五祀正月初吉庚戌	正月乙酉朔，庚戌二十六日
26	齐生鲁方彝盖	共八	916	八年十二月初吉丁亥	十二月壬戌朔，丁亥二十六日
27	九年卫鼎	共九	915	九年正月既死霸庚辰	正月壬戌朔，庚辰十九日
28	走簋	共十二	912	十又二年三月既望庚寅	三月甲戌朔，庚寅十七日
29	师望簋、鼎	共十三	911	十又三年六月初吉戊戌	六月丁酉朔，戊戌二日
30	十三年瘐壶	共十三	911	十又三年九月初吉戊寅	九月甲子乙丑朔，戊寅十四日
31	休盘	共二十	904	廿年正月既望甲戌	正月戊午朔，甲戌十七日
懿王（前899—前897）					
32	师虎簋	懿元	899	元年六月既望甲戌	六月丙辰朔，甲戌十九日
33	曶鼎	懿元	899	王元年六月既望乙亥	六月丙辰朔，乙亥二十日
34	吴方彝盖	懿二	898	二月初吉丁亥……王二祀	二月壬午朔，丁亥六日
35	趩尊	懿二	898	三月初吉乙卯……王二祀	三月壬子朔，乙卯四日
孝王（前896—前882）					
36	师询簋	孝元	896	元年二月既望庚寅	二月壬申朔，庚寅十九日
37	师遽簋盖	孝三	894	王三祀四月既生霸辛酉	四月己未朔，辛酉三日
38	五年师旋簋	孝五	892	五年九月既生霸壬午	九月甲戌朔，壬午九日
39	宰兽簋	孝六	891	六年二月初吉甲戌	二月壬申朔，甲戌三日
40	齐生鲁方彝盖	孝八	889	八年十二月初吉丁亥	十二月丙戌朔，丁亥二日
41	无曩簋	孝十三	884	十又三年正月初吉壬寅	正月壬辰朔，壬寅十一日
42	十五年趞曹鼎	孝十五	882	十又五年五月既生霸壬午	五月戊寅朔，壬午五日
夷王（前881—前878）					
43	师骰簋	夷元	881	王元年正月初吉丁亥	正月甲戌朔，丁亥十四日
44	师顯簋	夷元	881	王元年九月既望丁亥	九月辛未朔，丁亥十七日
45	元年师旋簋	夷元	881	王元年四月既生霸甲寅	四月癸卯朔，甲寅十二日

续表

编号	文献或器名	王年	公元前	年月日干支纪时词语	推排结果
46	三年师兑簋	夷三	879	三年二月初吉丁亥	二月壬戌朔，丁亥二十六日
47	散伯车父鼎	夷四	878	四年八月初吉丁亥	八月甲申朔，丁亥四日
48	散季簋	夷四	878	四年八月初吉丁亥	八月甲申朔，丁亥四日

从以上四王新的金文历谱可以看出，我们已经根据对西周历法的认识，以既望为月望以后的一个定点，放弃了初吉的四分月说、初干吉日说、龚王为共王说、穆王在位 55 年说，放弃了所谓的共王标准器，专以我们所认识的词语月相推排，重新调整了四王历谱。新历谱有以下特点：

（1）采纳天再旦为发生在关中早晨的日环食记录，从而确定了懿王元年为公元前 899 年。

（2）《简本》以趞曹鼎为标准器，故只能将同样重要的“共王前后器”之两件既望，均置于二十三日。但据我们认定的历法，既望为定点十八日。即使有前后两天变幅，也绝不可能到二十三日。又何况有两件为证。因此，这样的不合是不能允许的，需要怀疑这个标准器。

（3）我们认定龚王就是孝王，并且做出了初步说明，在历谱上也是相合的。

（4）这四王的金文历谱，共吸收了 27 条记录，已经是我们所知的全部了，没有排除不合的任何记录。这 27 条记录，全部合于我们所设定日序。其所在王世，也与《铜器断代》的意见一致。*

（5）我们所认定的西周历法，以朏和既望两个定点最关键。这四世没有朏的记录。其中推定初吉记录在二、三、四日，虽然可以判定它

* 有学者据新近发表的畯簋铭文记载“十年正月初吉甲寅”“今朕不（丕）显考龚王既命女更乃且考事，乍嗣司徒。今余隹申先王命女粗嗣西觧嗣司徒”句，以为龚王即共王，丕显考即是去世的父王共王，则时王就是懿王，可见懿王在位不少于十年。笔者既认为龚王为孝王，又丕显考不一定是指去世的父亲，而是泛指高祖，故这里时王可能是指孝王。从而畯簋不是懿王在位十年的证据。

可能就是初一朏日，但它与朏日的记录是两回事。既望记录却有 6 条，这是排谱时应该特别关注的。其中除共王懿王各有两个既望之外，孝王、夷王也各有一个既望。在这 6 个既望中，推得 4 个在十九日，一个在十七日，另一个在二十日，均在设定的变幅范围之内。可见我们所推定的西周王年，都是严丝合缝的。尤其是懿王元年，原来是用日食记录推得的，是否与实际相合？还有待验证。今有两条既望记录相合，其可信度又得到了进一步加强。

3. 武成康昭穆的金文历谱

在这五个王世中，虽然可供研究的四要素俱全的文献、器物并不多，但是，其中每一王世都有一个确定的、可以作为月相定点的资料可供利用，所缺乏的是每个王世可供估计的大致年代。熟悉推步的人都知道，干支与天文月相大致有每隔五年循环一周、每隔一年后退五个干支的规律，这些规律对判断存在几个王年是有帮助的。

我们既然已经推得共王元年为公元前 923 年，就可以对其余王世作大致的估计。经 ^{14}C 测定，伐纣之年大致可限定在公元前 1050—前 1020 年之间；据《古本竹书纪年》推算，又有公元前 1027 年伐纣的说法；又有“自周受命至穆王百年”之说；武王建国后不久就去世了，实际在位只有 4 年；又有《周本纪》“成康之际，天下安宁，刑错四十余年不用”的记载；昭王在位 19 年是明确的。那么，文、武、成、康、昭前五王约计 80 余年，与百年之说尚有 10 余年的差距，可知百年之说仅是约略之数。但成康年数与 50 年相差不会太远。又据 ^{14}C 测定，开国至共王元年，即公元前 923 年，仅剩 97 到 127 年。将 127 年减去武王 4 年、成康 47 年、昭王 19 年，尚有 57 年，故穆王在位 55 年是可能的。不过，穆王在位年数只能据穆王青铜器的干支推定。推得的结果是穆王在位 53 年。这样推排的结果是，武王 4 年、成康 47 年、昭王 19 年、穆王 53 年，大致相合，但穆王在位有二年之差。可见古代穆王在位 55 年的记载也只是约略之数。

以往有些学者对我们在金文历谱中不用小盂鼎一事，既有意见，也有误会。以为我们故意隐瞒与己不合的资料，其实不然。我们所引用的，都是传统的、认为是四要素俱全的记录，至少我们认为小盂鼎不属于这个范围。小盂鼎说："惟八月既望，辰在甲申……廿又五祀。"在这里，既望是定点，不用于支随后，甲申这个干支是属于"辰"的。例子很多，如宜侯矢簋"四月辰在丁未"、师𩛥鼎"八祀正月辰在丁卯"等。关键在于"辰"是什么？我们对此缺少研究，故未将其纳入金文历谱资料。以往有些学者将辰释作朔，也只是一家之言，今暂用其说，附于表中。我们认为小盂鼎为康王二十五年八月既望。辰在甲申为丙戌之误，既望十八日为癸卯不合。按这种解释，西周人已有朔的观念，但尚未用于历法。

穆王在位年数，与《周本纪》的记载存在二年之差，这是一个令人困惑的问题。共王在位元年，是由走簋、休盘等明显是共王时器推定的。即使用被否定的共王标准器趞曹鼎确定共王元年，也有一年之差。而昭王元年由静方鼎确定，其在位十九年，也是难以动摇的。其以上武王、成王、康王所在王年，也都符合得很好，故推得的穆王在位53年，是很难动摇的。

觐公簋载曰："唐伯侯于晋，唯王二十又八祀。"学者们大都认为，觐公于唐伯侯于晋之年，即成王二十八年，作了这个簋。故认为成王在位当在二十八年以上，本人也赞同这个意见。* 由此说来，以往所定成王、康王在位之年当作出调整。《史记·晋世家》有一段有趣的记载："成王与叔虞戏，削铜叶为珪，以与叔虞曰：'以此封若。'史佚因请择日立叔虞。成王曰：'吾与之戏耳。'史佚曰：'天子无战言。言则史书之，礼成之，乐歌之。'于是遂封叔虞于唐。唐在河、汾之东，方百里，故曰唐叔虞。"

这段记事如果是真实的，成王与唐叔虞的年龄应该相差无几。叔虞被封于唐，当在成王之时，成王在位应大于28年。但是，由于伐纣之

---

* 朱凤瀚：《觐公簋与唐伯侯于晋》，《考古》，2007（3）：64—69页。

年的限制，庚嬴鼎和小盂鼎也都应在成王时代。据庚嬴鼎，成王二十三年当为公元前 1020 年，其四月为庚午朔，该月既望巳酉，当为己丑（二十日）之误。这个干支改一字的庚嬴鼎，与新历法相合得也很好（表 5）。

表 5　武、成、康、昭、穆王金文历谱

编号	文献或器名	王年	公元前	年月日干支纪时词语	推排结果
武王（前 1046—前 1043）					
1	《武成》	武元	1046	一月壬辰旁死霸	正月癸酉朔，壬辰二十日
2	《武成》	武元	1046	二月既死霸，粤五日甲子	二月癸卯朔，既望庚申十八日，甲子二十二日
3	《武成》	武元	1046	四月既旁生霸，粤六日庚戌	四月壬寅朔，旁生霸四日，庚戌九日
4	利簋	武元	1046	斌王征商，惟甲子朝	二月癸卯朔，甲子二十二日
成王（前 1042—前 1011）					
5	《康诰》	成四	1039	三月哉生魄	三月庚寅朔，哉生魄壬辰三日
6	何尊	成五	1038	王五祀四月丙戌	四月乙酉朔，丙戌二日
7	《召诰》	成七	1036	二月既望，粤六日乙未	二月甲午朔，既望庚寅十七日，乙未二十二日
8	《召诰》	成七	1036	三月丙午朏	三月甲辰朔，丙午三日
9	《洛诰》	成七	1036	乙卯……戊辰，十又二月，惟七年	十二月己亥朔，乙卯十七日，戊辰三十日
10	员方鼎	成十	1033	正月既望癸酉，王狩	正月丙辰朔，癸酉十八日
11	庚嬴鼎	成廿三	1020	廿又三年四月既望己酉（丑）	四月庚午朔，己丑二十日
12	小盂鼎	成廿五	1018	八月既望，辰在甲（戊）申……惟王廿又五祀	八月丙戌朔，既望癸卯十八日
13	觋公簋	成廿八	1015	唐伯侯于晋，惟二十又八祀	

续表

编号	文献或器名	王年	公元前	年月日干支纪时词语	推排结果
康王（前1010—前996）					
14	《毕命》	康十二	999	十又二年六月庚午朏	六月戊辰朔，庚午朏三日
昭王（前995—前977）					
15	静方鼎	昭十八	978	（十八年）十月甲子	十月癸亥朔，甲子二日
16	静方鼎	昭十九	977	（十九年）八月初吉庚申，月既望丁丑	八月戊午朔，初吉庚申三日，既望丁丑二十日
17	趞尊、卣	昭十九	977	十又三月辛卯	十三月丁亥朔，辛卯五日
穆王（前976—前924）					
18	或方鼎甲	穆七	970	九月既望乙丑	九月戊申朔，乙丑十八日
19	不栺方鼎	穆二十二	955	八月既望戊辰	八月辛亥朔，戊辰十八日
20	二十七卫簋	穆二十七	950	廿又七年三月既生霸戊戌	三月甲申朔，戊戌十五日
21	虎簋（盖）	穆三十	947	卅年四月初吉甲戌	四月丙寅朔，甲戌九日
22	鲜簋	穆三十四	943	卅又四年五月既望戊午	五月壬寅朔，戊午十七日

由此可得西周王年如下：

武王（前1046—前1043）在位4年；

成王（前1042—前1011）在位32年；

康王（前1010—前996）在位15年；

昭王（前995—前977）在位19年；

穆王（前976—前924）在位53年；

共王（前923—前900）在位24年；

懿王（前899—前897）在位3年；

孝王（前896—前882）在位15年；

夷王（前881—前878）在位4年；

厉王（前877—前841）在位37年；

共和（前841—前828）共和14年；
宣王（前827—前782）在位46年；
幽王（前781—前771）在位11年。

四、将前1046年作为伐纣之年的文献依据

有人批评说，怀疑《古本竹书纪年》西周总年这个真古，"相信假古"，不认定公元前1027年为伐纣之年；说："断代工程对这样好的资料弃而不用，对这样重要的古籍将信将疑，却偏偏去相信伶州鸠的鬼话，去相信贩卖历史假货出了名的刘歆的《武成》历日，这不能不说他们在研究的大思路上迷失了方向。"

何为假古？何为真古？《古本竹书纪年》确实成书较早，可信度较高，本文也从中引用了一些记录为据。但其成书年代最早超不过战国，其所载春秋史事，已发现与《春秋》经和《左传》不合，而西周"共懿孝夷四世年纪不明"早有传闻，难道《古本竹书纪年》能知道这四世的真实王年吗？不能自己不做研究，又不许别人研究，还美其名曰不"怀疑真古"、不"相信假古"。批评者所说的假古，指的就是《汉书·律历志》所引《武成》82字。

这82字经前人多人研究，早有定论。郭沫若在《中国古代社会研究》中指出，《世俘》"除文字体例当属于周初以外，其中所记社会情形与习尚，多与卜辞及古金文中所载者相合""必非后人所伪托""最为可信"。* 文中涉及克商前后的月份、干支、月相，与《召诰》《洛诰》《顾命》《毕命》记载有周公营洛、反政，以及成王临终等大事的月日干支及月相等，前后呼应，是公认的检验克商年的主要依据。

这种指责，与前人的指导意见完全相反。现将所谓的假古和真古文献合在一起加对比（表6），与读者一起赏析是非曲直。** 表中文字一一

* 刘雨、何炳棣：《夏商周断代工程基本思路责疑》，《刘雨金文论集》，紫禁城出版社，2008年。

** 黄永年校点：《逸周书》，辽宁教育出版社，1997年；武成：《汉书·律历志·世经》，上海古籍出版社，1987年，101页。

对应，不同之处以括弧示之，“×”为省略或没有的文字。

表6　所谓假古和真古文献的比较

文献名称	文献文字
《汉书·律历志》引 《武成》《逸周书·世俘》	惟一月壬辰旁（死）霸，若翌日（癸巳） 惟一月丙（子）旁（生）魄，若翼日（丁丑）
《武成》 《世俘》	（武）王乃（朝）步自周，（于）征伐（××）纣，粤若 （×）王乃（×）步自周，（×）征伐（商王）纣，越若
《武成》 《世俘》	来（三）月，既死霸，粤五日甲子，（××××××）咸刘 来（二）月，既死魄，越五日甲子，（朝至接于商则）咸刘
《武成》 《世俘》	商王纣。（惟）四月既旁生霸，粤六日 商王纣。（时）四月既旁生魄，越六日
《武成》 《世俘》	庚戌，武王（××）燎于周（庙）。（×）翌日辛亥，祀 庚戌，武王（朝至）燎于周（×）。若翼日辛亥，祀
《武成》 《世俘》	于（天）位。粤五日乙卯，（××）乃以庶（国）祀 于（×）位。越五日乙卯，（武王）乃以庶（×）祀
《武成》 《世俘》	馘于（×）周庙 馘于国周庙

从表中对比文字可以看出，《武成》与《世俘》，就基本内容而言，是完全一致的，没有什么差别，其所载月、日、月相干支，完全同步于同一年。但是，具体对比分析后，可发现有两点不同：其一，《世俘》所载二月月相干支，《汉书·律历志》（简称《汉志》）所引《武成》却载在三月。其二，《世俘》一月载旁生霸干支，不同版本各有不同，且与它月月相干支不相匹配，故知这些干支为后人所误改，但《尚书·武成》之一月却载旁死霸，与《汉志》所引一致。

关键的问题是，《世俘》中二月月相干支，在《汉志》中却改为三月。其中二者必有一误。熟悉历法的人定知，如果其间没有闰月，相邻两月的干支是不会重复的。而相隔一个月则一定重复。从《汉志》所载三月干支，与一月不重复，知《汉志》所载三月月相干支，为刘歆据三统历推改。事实上，会推算三统历的人能够证明，刘歆所定伐纣之年二月确有闰月，这就找到不合的原因了。而西周使用年终置闰，《汉志》所载三月，必为刘歆误改，并引载在他的《世经》之中。这是符合逻辑推理研究方法的，而不是所谓的真古假古几句空洞的言辞否定得了的。逻辑推理是研究方法中的重要方法之一，很多重要结论甚至定理，都是通过推理得出的。三月的干支不符合逻辑，所以否定了；二月符合逻辑，才被肯定，这有什么不对吗？*

由此可知，《武成》有如下月、日、月相干支：一月壬辰旁死霸，越一日癸巳；二月既死霸（庚申），越五日甲子；四月旁死霸（乙巳），越六日庚戌；下一日辛亥，越五日乙卯。

应该注意的是，这里的既生霸、旁死霸、旁生霸都是定点，即纪日的起点。故这里的旁生霸为朏日，旁死霸、既死霸为既望。

知道了这些月相定点干支之后，便可推定合于这些月相定点干支的年份。根据“断代工程”^{14}C 测定的伐纣的年份，介于公元前 1050—前 1020 年之间，最优解当落在这个范围。

再从另一头说起。我们既然放弃了趞曹鼎是共王标准器的认识，也就决定了穆王不可能在位 55 年，则 55 年这个王世一定可以压缩。穆王最高龄铜器和标准器为三十四年鲜簋，我们暂时可以确定已经建立起来的武王至穆王元年的框架不变，穆王王年不能少于标准器三十四年，五月既望戊午，那么穆王在位之年有 53 年、48 年、43 年和 38 年的四种可能。五十三年与公元前 1046 相配，四十八年、四十三年与公元前 1041 相配，三十八年与公元前 1036 相配。但前 1036 年虽与《武成》相合，与成王的《召诰》却不能配合；前 1041 年则不如前 1046 年配合得严密。故我们最终选择了伐纣之年为前 1046 年。现将公元前 1046 年克商详细历日介绍如下文。

公元前 1046 年阴历一月癸酉朔，壬辰旁死霸二十日，下一天癸巳二十一日，武王离开宗周开始伐商纣王。二月癸卯朔，二十二日甲子，前五日庚申既死霸十八日。甲子这一天杀死了商纣王。从一月二十一日

---

* 陈久金：《中国科技史研究方法》，黑龙江人民出版社，2011 年。

到二月二十二日，共用了32天。《武成》补充说，二月戊午十六日这一天，师渡孟津地区的黄河，癸亥二十一日，夜陈于商郊；甲子早晨，会师于牧野。《世俘》则补充说，甲子夕，纣王取五玉环身以自焚。武王随即征伐不服者，俘商恶臣百人。三月壬申伐卫，庚子命伐磨、宣方、蜀。四月壬寅朔，庚戌九日，其前六日乙巳为四日既旁生霸，武王在周庙祭拜祖先。下一日辛亥十日，即天子位。越五日乙卯十四日，武王祀馘周庙。

将以上《武成》《世俘》克商年一月至四月计10余条月日月相干支，与《中国先秦史历表》的合天历作出拟合，其所有月、日、月相干支都是相合的。需要注意，这里所有的月相干支，例如旁死霸、既死霸、既旁生霸等都是定点月相。在一年之内的4个月中有3个定点月相与其相合，且没有游移，这是很难找到的。它既合于^{14}C测定的克商范围，也合于“成康之际四十年刑措不用”的文献记载，是这个时代利用多学科合作找到的最优解。由此显示出多学科合作的优势，没有多学科合作，是得不到这样的成果的。

至于武王在位4年的推断，则是历法推算和逻辑推理方面的必然结果。既然昭王元年已经确定，则据“成康之际四十年刑措不用”的记载，成王亲政加康王不应少于40年。加上周公七年执政时的东征西讨，武王在位只能是4年。之后李学勤首先推出“武王在位有四年说”*，后来发现当代持4年说观点的并不少。《周本纪》记载有“九年武王上祭于毕”，张守节《正义》中指出：据《尚书·泰誓》，武王当十一年观兵，十三年克纣，十五年疾，后四年而崩；太史公以十一年伐纣，“武王在位年数，与《尚书》违，甚疏矣”。故张守节据《尚书》推为4年，武王在位4年当为正解。** 可惜的是，至今仍有人利用司马迁的失误，坚持武王2年说或3年说。即利用《尚书·泰誓》，即可推得克

* 李学勤：《武王在位有四年说》，《东岳论丛》，2000（3）：63—64页。

** 《史记·周本纪》曰：“武王曰：‘女未知天命，未可也。’乃还师。”见其后“正义”。

商之年在前1046年。

批评者说我们"相信伶州鸠的鬼话""研究思路上迷失了方向"，这又是张冠李戴了。1998年12月在空军招待所召开的武王克商之年的研讨会上，课题组汇报完研究结果，主持人俞伟超先生指名要笔者对他们得出的公元前1044年做出评价。我当即回答说："推算都很精当完美，只是前1044年的月相反了。"由此可以证明，在此之前，笔者已选定公元前1046年作为克商之年。只有这样，才能立即说出"方向反了"这一结论。这是《简本》克商之年不用前1044年的主要依据。

公元前1046年为克商之年，还有一个可靠的天象记录作为实证。

以异常天象来预言社会的治乱是中国古代文化的传统特色。这种现象，至少已经出现在用来解释商代夏政的上帝示警上。周文王与商纣王的斗争，也利用了这一政治斗争的手段。据文献记载，当时出现的瑞象至少有3条：

(1)《墨子·非攻下》说："赤乌衔珪，降周之岐社，曰天命周文王，伐殷有国。"*

(2)《国语·周语》说："武王伐纣，岁在鹑火……我有周之分野。"**

(3)《春秋·元命苞》曰："殷周之时，五星聚。"***

《墨子》是战国时人写的一本书。赤乌就是朱雀，朱雀是四灵之一，周民族属于朱雀图腾的代表。赤乌降落在周社，是说在克商的前几年，有朱雀降落在周地，即出现周民族就要发迹的瑞象。赤乌降落当在文王在位之时。文王受天命，总得找到一个可以借托的理由，这个理由，便是天上出现五星聚合的天象。正是天垂象的第二年，文王受天命讨伐殷纣建国。由此可见，五星聚之年，当是文王受命之前一年。

《国语》是春秋左丘明撰写的书，其中提到武王克商当年，岁星正

---

* 见：《墨子·非攻》，《百子全书（第五卷）》，浙江人民出版社，1984年。

** 邬国义等：《国语译注（卷三）》，上海古籍出版社，1994年，99—103年。

*** 萧统：《昭明文选》，黄山书社，2010年。

在鹑火星次。按星占观念，岁星所在的星次所对应的国家有利，所以殷周之战周胜利了，是周人取得政权的象征。正是出于这句话，张培瑜才著文《殷周天象和征商年代》*，指出克商之年的可能年份为公元前1058、1046、1035、1023年等。可见早在多年之前，张先生就据“岁在鹑火”这句话，将前1046年推为克商之年之一。

第三条文献记录虽然出现在较晚的西汉，而且只是《昭明文选》的转引，但它却真实反映了正确的原始天象记录。它首次记录了殷周之交时，发生了一次五星聚。时间只是含糊的殷周之时，未载聚合的星空方位。

但是，以后的文献，如《御览》等引《春秋·元命苞》为什么又多了“於房”二字呢？笔者认为，这是汉代星占术士作了过分的附会所致，即“於房”二字是汉以后星占术士伪造的。《诗纬》曰：“五星聚，天子穷”，又曰：“五纬聚房，为义者受福，行恶者亡。”周王行义，殷王行恶，周代殷政，是五纬聚于房的必然推理。故《帝王世纪》总结说：“文王在丰，九州诸侯咸起，五星聚于房。”推算的结果表明，殷周之际五星聚合的方位，不合于星占术士推理的结果。

正是由于九州诸侯的支持和星空一系列瑞象的出现，才促使文王受命称王。据《尚书·泰誓》记载和刘歆《世经》等的考证，文王在位共50年，四十二年受命称王，称王后9年卒。武王即位，不改受命之元，十一年八百诸侯盟会于孟津观兵，十三年克商，完成了统一大业。**

由此事情变得很简单，只要这次五星聚的记录是真实的，便可用现代科学手段推得确实发生五星聚的年份，由此可推得克商之年。由于推得五星聚发生在前1059年5月28日，下一年受命，受命十三年克商为前1046年，正与我们所推结果相合。

---

* 张钰哲、张培瑜：《殷周天象和征商年代》，《人文杂志》，1985（5）：68—76页。

** 江灏等：《古今文尚书全译》，贵州人民出版社，1990年，203—217页。

公元前1059年五星聚于鬼宿，下一年即受命元年岁星至柳宿，也就是在鹑火星次。13年后为克商之年，岁星又回到鹑星次，也合于《国语》的说法。故前1046年，既合于五星聚相距的年代，也合于岁在鹑火和赤鸟降周社的记载，则前1046年是克商之年的唯一选择。

五星运动的位置，人们早在二三百年前就能够精密推算了，而且有现成的工具书可以方便地查找。这些简单的问题一直未有人想到，直到最近几年，汉学家美国人班大卫将这次五星聚会的时间定在公元前1059年5月。* 五星聚集在鬼宿附近的4°范围之内，同时还有“大赤乌集于周社”的记录。由此便可推断出武王受命十一年观兵，十三年克商的结果。

班大卫推定的这一结果，正好与“断代工程”据金文历谱所定克商之年相合。当我们初次读到这篇论文时，并没认识到这一推论对于确定克商之年的价值，还认为也仅是普通的一家之言。直到我们最近撰写推定前1046年为克商之年的依据时，重读此文，才清楚地认识到它的价值。可以肯定地说，有了此五星聚会的天象记录为证，公元前1046年为克商之年，已成为不可动摇的铁定事实。也只有通过金文历谱诸多文献和月相论证，与五星聚合天象记录不谋而合，才能得到确定无疑的结果。不然的话，人们仍然只能将信将疑。

事实上，北京国家天文台的赵永恒，已先于我们认识到这一发现的价值。他称已利用《瑞士星历表》软件，推算到公元前1059年5月28日，确实有五星聚于鬼宿的天象，从而推得克商之年为公元前1046年。他最后总结说：“我同意此结论。”** 早在四十年前，张钰哲与张培瑜撰写《殷周天象和征商年代》，已经指出了这次五星聚会的时间为公元前1059年5月28日，聚集的星空为井宿6度的范围。与班大卫、赵永恒所推基本一致，可惜他们只注意到《新论》和《春秋·元命苞》的记

---

* 班大卫著，徐风先译：《中国上古史实揭秘——天文考古学研究》，上海古籍出版社，2009年。

** 赵永恒：《唐虞夏商天象考》，《重庆文理学院学报》，2011（2）：29—34页。

载，时间只是“殷周之际”。他们如果注意到五星聚会距克商的年数，可能早就提出公元前1046年这个伐纣之年了。可见公元前1046年为克商之年，已得到社会的广泛认可。

《古本竹书纪年》记载的西周总年，为武王灭殷以至幽王，“凡二百五十七年”，由此推定克商之年为公元前1027年。这便是有些人认定的、不可动摇的“真古”记录。从上节的介绍可以认定，《古本竹书纪年》的作者充其量可以认定是魏国史官，他没有经过西周和春秋的动荡年代，没有什么根据说它是真古。其实，真正的真古是《世俘》，只有它，才是当时见证的实录。只是现今所见到的文字，由于整理人因简牍排列错乱而产生混乱。

因此，《世俘》的文字是客观存在，后世任何人也不可能编造出这样完整、系统的伐纣记录。它是检验真假克商之年的唯一标准，绝不是伪造之类的话所能诋毁得了的。

现在以合天历来检验公元前1027年《武成》和《世俘》历日月相。

《世俘》说“一月壬辰旁死霸”：前1027年一月壬午朔，“壬辰旁死霸”为十一日。既不合刘歆的上半月为死霸、下半月为生霸的月相定点说，更不合四分月说。又说“二月既死霸，越五日甲子”：二月壬子朔，“二月既死霸，越五日甲子”，可推得既死霸庚申十三日，也与诸说不合。又说“四月既旁生霸，越六日庚戌”：四月辛亥朔，“四月既旁生霸，越六日庚戌”，可推得庚戌为朔前一日，再往前六日寻找旁生霸就更无意义了。由此可见，前1027年与《武成》《世俘》是完全不合的，从而可以证明前1027年不可能是伐纣之年。

五、新出土金文年月日干支月相记录对所定西周诸王王年的考验

有学者指出，研究金文历谱必须与新出土记录一起考虑。这个意见很对。2000年以后，我们共收集到有关资料如下：

（1）吴盉："惟卅年四月既生霸壬午。"年代穆王至厉王。*

（2）觋公簋："唐伯侯于晋，惟王廿又八祀。"年代西周早期。**

（3）斨簋："廿又八年正月既生霸丁卯。"穆王、共王时代。[同*]

（4）倗叔壶："惟廿又六年十月初己卯。"穆王共王时代。[同*]

（5）親簋："惟廿又四年九月既望庚寅。"年代穆王共王。[同*]

（6）奭簋："惟廿年又四年在八月既望丁巳。"[同*]

（7）士山盘："王十又六年九月既生霸甲申。"时代共王前后。***

（8）成钟："惟十又六年九月丁亥。"[同***]

（9）旼簋："惟十年正月初吉甲寅。"[同*]

（10）伐簋："惟王七年正月初吉甲申。"[同*]

（11）七年师兑簋："惟七年五月初吉甲寅。"[同**]

（12）伯吕父盨："惟王元年六月既生霸庚戌。"[同***]

包括3条初吉资料在内，共12条，是否相合？是对我们所定西周诸王王年正确与否的考验和鉴定，是所得结果正确与否的关键问题，今逐条进行讨论：

（1）根据形制，专家们定吴盉王世为穆共时代。据修正历谱，穆王三十年为前947年，得四月丁卯朔，既生霸壬午为十六日。由于本历法模型的平均既望日期为十八，故十六日为既生霸合。

（2）觋公簋载"王二十八年唐伯侯于晋"，唐伯通常理解为第一代晋侯。则这个二十八年的唐伯，就只可能是成王或康王。正与修正历谱合。

（3）斨簋是一件高王年铜器，只能在中前期有其王年，将其定为穆王二十八年，即前949年，得正月庚戌朔，既生霸丁卯十八日。我们认为既生霸是可以十八日的，理由是既望可以是十九、二十日。

---

* 朱凤瀚：《关于西周金文历日的新资料》，《故宫博物院院刊》，2014（6）：11—24页。

** 朱凤瀚：《简论与西周年代学有关的几件铜器》，《新出金文与西周历史》，上海古籍出版社，2011年。

*** 参见《夏商周断代工程简报》。

（4）倗叔壶：“惟廿六年十月初己卯。”这个记录很少见，初字后没有空位，不能理解为初吉，但从文献的用义和目的来看，又应该是初吉。故应该当作有漏字来看待。因此，穆王或共王二十六年十月是有己卯的。

（5）䚸簋：“卄又四年九月既望庚寅。”专家的分期是穆共时代。我们定此年为穆王二十四年，即前953年，得正月癸酉朔既望庚寅十八日。即认为九月是正月之误。

（6）㚸簋：“卄年又四年在八月既望丁巳。”定此年为穆王二十四年即前953年，八月庚子朔，既望丁巳十八日合。

（7）士山盘：“十六年九月既生霸甲申。”共王十六年为前908年，九月戊寅朔，既生霸甲申七日合。

（8）成钟：“十六年九月丁亥。”共王十六年为前908年，九月戊寅朔，丁亥十日合。

（9）旽簋：“十年正月初吉甲寅。”该器应是孝王时器，孝王十年为前887年，正月己酉朔初吉甲寅六日合。

（10）伐簋：“七年正月初吉甲申。”笔者认为，伐簋为共王器。共王七年为前917年正月癸酉朔，初吉甲申十二日。

（11）七年师兑簋：“七年五月初吉甲寅。”至今已出土了三件初吉干支齐全的师兑簋，很多学者用四分月说来解释，结果都困难很大。我们用二分法，对初吉的日序不加限制，月中只需有这个干支就合，这样排列起来就容易多了。例如，几乎可以将三个师兑簋都安排在幽王，则幽王七年为前775年五月丁亥朔，二十八日甲寅，也是相合的。有人说这样解释失去了初的含义，而实际上，在一个月中出现的所有干支都是第一次，故有初吉的含义。如果将七年师兑簋视为孝王时器，则孝王七年为前890年，五月乙未朔，初吉甲寅二十日，结果也差不多。笔者将其定为夷王时器。

（12）伯吕父盨：“元年六月既生霸庚戌。”笔者将其定为夷王时器，夷王元年为前881年，六月壬寅朔，既生霸庚戌九日合。

六、小结

本文在撰写过程中，注意搜集新出土的资料，也阅读了一些有关文献。发现已有学者，以研究新出土西周青铜器为名，否定了懿王元年天再旦是日食的观点；同时也否定了考古界据丰镐遗址划定的前1050—前1020年的克商范围；又肯定了《周本纪》穆王在位55年的记录，从而将克商之年推向前1058年以前。这些意见，都是我们不能接受的：天再旦是日食记录；丰镐遗址确定的商周界标，都是许多人经过认真研究思考和论证的结果，不能不加论证就轻易否定；穆王50岁即位，能否在位55年？早就有人提出怀疑，可是有的学者却将其当作可靠的记录来使用。

我们对十二条年月干支月相记录，都逐条加以论证和计算，所得结果，几乎完全与新历谱相合。这些记录，除前引䀁簋已经掌握外，其余都是研究前未知的。在已完稿的基础上，再扩充研究新资料，无疑是对现有论文的考验和鉴定。鉴定的结果是几乎全部相合。这一结果不是偶然的，它表明我们设定的历法模型，已经接近于真实；我们推得的西周诸王王年，已较接近真实；同时也证实，某些学者不扩大西周的年限，就安排不下西周大部分历日记录，这仅仅是假象，实际是使用了错误模型推导的反映。

后记：2013年底笔者撰《关于夏商周断代工程西周诸王王年的修正意见》一文，向《自然科学史研究》投稿。经过审稿，用时一年，2014年底得到审稿意见。笔者又用了约半年的时间，才据审稿意见对论文作了修改。但之后，在网上不经意间发现《广西民族大学学报（自然科学版）》已经发表了这篇论文，感谢有关刊物爱我论文的美意。按一稿不能两投的原则，尽管已做了许多修改，但原有文字的痕迹仍然存在，我只得放弃再发表的愿望，根据修改意见，重撰一文予以发表。但仍然没有得到该刊的认可，只得另求他刊发表。相关研究过程中，曾得到历史学、考古学界李学勤、朱凤瀚、彭裕商、王世民、张长寿和同行席泽宗、张培瑜等诸位先生的热情帮助和指导，王择文先生曾审核了金文历谱的推排结果，纠正了不少错误，保证了质量，陈悦则为本文的修改、统稿和提要英译等，做了许多繁重的工作，特此表示感谢，以志不忘。文中的观点和责任，全由作者个人负责。

（原载《广西民族大学学报（自然科学版）》2017年第1期）

参考引用书目

1. 方诗铭：《中国历史纪年表》，上海辞书出版社，1980 年。
2. 陆峻岭、林干：《中国历代各族纪年表》，内蒙古人民出版社，1980 年。
3. 山西省图书馆编：《中国、日本、朝鲜、越南四国历史年代对照表》，1979 年（油印本）。
4. 韩国李铉淙编：《东洋年代》，探求堂，1992 年版。
5. 万国鼎：《中国历史纪年表》，商务印书馆，1956 年。
6. 徐江岚编：《中日朝三国历史纪年表》，辽宁教育出版社，1998 年。
7. 翦伯赞主编：《中外历史年表》，中华书局，1961 年。
8. 李崇智：《中国历代年号考》，中华书局，1981 年。
9. 齐召南编：《历代帝王年表》，万有文库，商务印书馆。
10. 谭其骧：《馆传中国史朝代起讫纪年匡谬》，载《长水集续编》，人民出版社，1994 年。
11. 《二十五史》，上海古籍出版社，1986 年。
12. 林干著：《匈奴通史》，人民出版社，1986 年。
13. 马长寿：《突厥人和突厥汗国》，上海人民出版社，1957 年。
14. 岑仲勉：《西突厥史料补阙及考证》，中华书局，1959 年。
15. 杜敦信等：《越南老挝柬埔寨手册》，时事出版社，1988 年。
16. ［越南］陶维英：《越南古代史》，科学出版社，1959 年。
17. 越南社会科学委员会编：《越南历史》，北大东语系译，北京人民出版社，1977 年。
18. 郭振铎、张笑梅主编：《越南通史》，中国人民大学出版社，2001 年。
19. 陈重金著，戴可来译：《越南通史》，商务印书馆，1992 年。
20. ［日本］儿玉幸多编：《日本史年表 · 地图》，（日本）吉川弘文馆，2000 年第 6 版。

后 记

《中朝日越四国历史纪年表》所吸纳的资料是最新、最丰富的，它所提供的功能也最为齐全。在学习总结了前人成果的基础上，年表的编排方式也较为科学和省约，查阅起来比较方便。

编排一份较好、较科学、较先进的年表，非一人之力所能完成。在本书出版之际，必须对为本年表作出贡献的各位予以介绍和表示感谢。综合起来说，为这本书的编排作出贡献的包括四方面的人。今逐一介绍如下：

首先，感谢研究历史的科学工作者，他们一代接一代不断深入研究中国、朝鲜、日本、越南和各地方政权的历史，也包括研究匈奴史、突厥史、西藏史、蒙古史和前几年夏商周断代工程的研究。正是他们的研究，为我们提供了翔实、可靠、具体的资料。

其次，感谢以往编排年表的人。正是他们的努力，为我们的工作开辟了方向，提供了准确的比较系统的资料和较为科学的编排方式，使我们的工作得以顺利进行。我们所做的工作，只是在前人成果的基础上，向前推进了一步。这些推进工作，包括纪年时代的向上拓展，各地方政权的数量、年代的完善，和东洋年表的拓展等。

我们这份年表，也可算是一份扩大了的东洋年表。于此我们要特别感谢一个人，她便是韩国天文史家李银姬博士。她得知我要编排历史纪年表时，特地将李铉淙的《东洋年表》直接送到我手中。《东洋年表》原本是日本和韩国的学者编排的纪年表，包括中朝日在内。国内则有徐江岚的《中朝日三国历史纪年表》。正是他们的工作，使我们想到要把朝鲜、日本的纪年资料也包括在内。

在吸收朝鲜、日本纪年资料的同时，使我们想到了越南。虽然研究越南史的资料比较丰富，但至今我们尚未见到一份完整系统的越南历史纪年表。与此同时，山西省图书馆编《中国、日本、朝鲜、越南四国历史年代对照表》（油印本），也为我们提供了初步的系统资料。本表的编排工作，正是在他们工作的基础上完成的。

第三，感谢对本表提出批评和指正的人。正是他们的批评指正，使我们得以改正错误，促使年表质量获得提高。我们将一如既往地欢迎广大读者对本表提出批评指正。我们期望能向广大读者提供一份较为完善的年表，尽可能减少错误。尤要对李学勤、李解民、汪前进诸先生，还有众多纠正本表错误，弥补遗憾的专家、学者等的指点和帮助表示感谢。

第四，感谢群言出版社。没有他们的支持和帮助，本书是不能顺利出版的。这种支持和帮助包括人力和物力上的，他们付出了很大的代价。要清除年表上的数字和年代错误以及理顺中国和其他三国间纵向、横向之间错综复杂的年代关系并非易事。审校工作庞大又细致，包括总编辑范芳、编辑部主任闻立鼎和责任编辑盛利君、陈佳以及樊伟、孟晓妍等诸位先生在内，为了使年表尽可能编得合理和消除各种错误，仅在时间上他们就已经倾注了几年的精力。没有他们的艰苦付出，这本年表是无法完成出版的，因此可以说他们是这本年表的共同作者。于此特别要感谢他们的贡献。

陈久金

2008 年 3 月